职业教育“十四五”规划教材
职业教育课程改革规划创新教材

电子商务基础

袁骏宇　赵　芬　吴英惠　主　编

中国石化出版社
HTTP://WWW.SINOPEC-PRESS.COM
中国经济出版社
CHINA ECONOMIC PUBLISHING HOUSE

内 容 提 要

本书针对电子商务等专业核心素养、学业水平测试(职教高考)等要求开展编写，注重对学生职业道德和思想政治的教育，并在现有教材基础之上，补充了电子商务新理论、新行业应用、新发展趋势，如新零售、农村电商、电子商务不同行业应用等内容。

本书可作为职业院校市场营销、电子商务、工商管理和物流管理等专业的教材，也可供有志于学习电子商务相关知识的社会人士参考使用。

图书在版编目(CIP)数据

电子商务基础／袁骏宇，赵芬，吴英惠主编．—北京：中国石化出版社，2024.4

ISBN 978-7-5114-7475-9

Ⅰ.①电… Ⅱ.①袁… ②赵… ③吴… Ⅲ.①电子商务 Ⅳ.①F713.36

中国国家版本馆 CIP 数据核字(2024)第 069334 号

中国石化出版社出版发行

地址:北京市东城区安定门外大街 58 号

邮编:100011 电话:(010)57512500

发行部电话:(010)57512575

http://www.sinopec-press.com

E-mail:press@sinopec.com

北京科信印刷有限公司印刷

全国各地新华书店经销

*

787 毫米×1092 毫米 16 开本 15.5 印张 382 千字

2024 年 4 月第 1 版 2024 年 4 月第 1 次印刷

定价:52.00 元

《电子商务基础》
编委会

主　编：

袁骏宇　江苏省惠山中等专业学校

赵　芬　江苏省高淳中等专业学校

吴英惠　广东省电子商务技师学院

副主编：

陆亚幸　江苏省惠山中等专业学校

何　霞　江苏省惠山中等专业学校

李　霞　河北经济管理学校

郭春丽　广东省环保技工学校

编　委：

段凌霄　长沙财经学校

刘素婷　江苏省惠山中等专业学校

褚漪寒　江苏省惠山中等专业学校

何　芳　佛山市顺德区李伟强职业技术学校

张晓艳　山东省烟台信息工程学校

前言

本书遵循现代职业教育的教学理念，以“重基础、明重点、阐前沿”为原则，按照电子商务产业、行业、企业三者的发展历程结合相关学科知识进行撰写，通过大量的案例、图表等来介绍学科中对应知识与技能，形成了如下的编写特色：

1. 案例丰富、应用性强。本书力图贴近行业实际与学生需求，注重理论与行业相结合，突出实用性。

2. 注重能力的培养，针对电子商务等专业核心素养、学业水平测试(职教高考)等要求开展编写，并注重对学生职业道德和思想政治的教育。

3. 配套一定的教学资源，本书提供PPT、电子教案、实践微课、课后习题等资源，以满足广大使用者的需求。

4. 在现有教材基础之上，补充电子商务新理论、新行业应用、新发展趋势。如新零售、农村电商、电子商务不同行业应用等内容。

5. 编写体例按思政+理论+高考点拨+案例(行业分析)+课后(分页练习)进行设计。

在本书编写过程中得到了各位编委的大力支持，

其中袁骏宇老师负责本教材的体例设计与统筹编写工作，完成教材第三、四、五章的内容编写，赵芬老师负责教材第一、二、八章的内容编写，吴英惠老师负责教材第六章及第一、二、八章配套教学资源的设计与制作，陆亚幸老师、何霞老师、李霞老师、郭春丽老师负责教材第七章的内容编写及教材内相关图例的设计与校对工作，段凌霄老师、刘素婷老师、褚漪寒老师、何芳老师、张晓艳老师负责教材课后习题及教学配套资源的编写工作。在此再次感谢各位编委的辛勤付出。

本书在编写过程中参考了大量的资料，在此向有关单位及个人表示诚挚感谢。

由于时间仓促有限，书中难免存在疏漏与不妥之处，敬请各位专家、读者批评指正。

目录

第一章

电子商务基础知识

【思维导图】

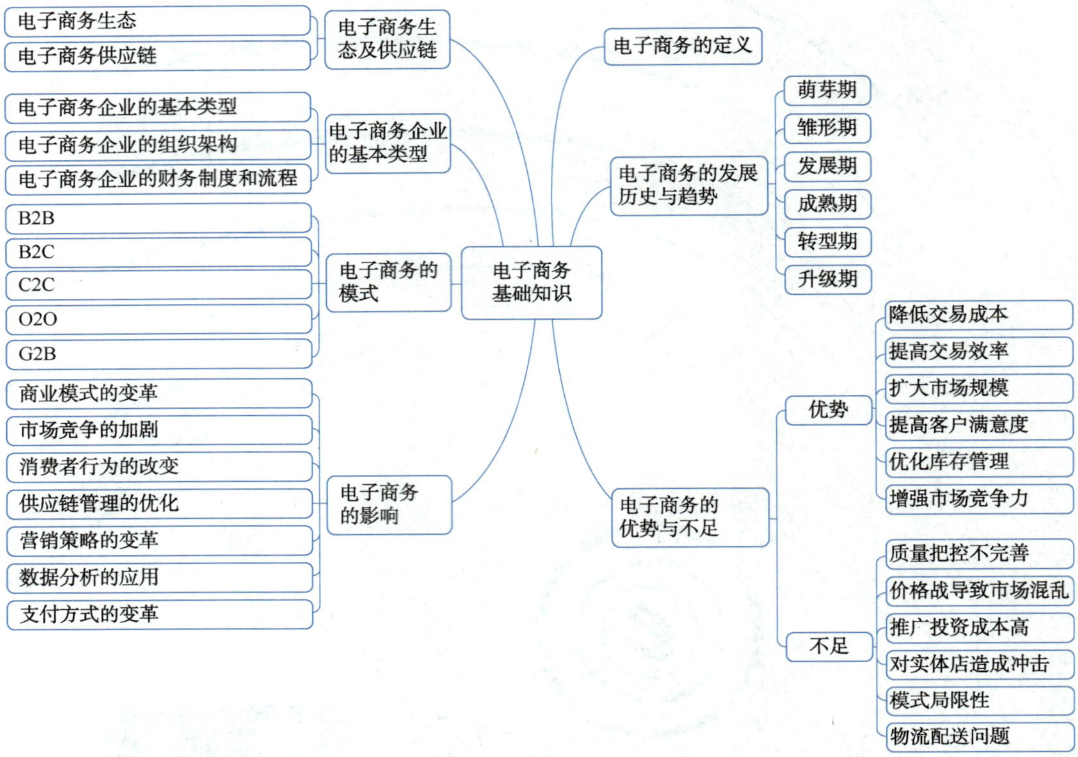

< 学习目标 >

掌握电子商务的基本概念、特点和发展趋势；了解电子商务的商业模式和盈利方式；掌握电子商务营销策略和技巧；熟悉电子商务安全技术和防范措施；了解电子商务法律法规和相关政策。

通过学习本课程，学生将能全面了解电子商务的基本知识，掌握电子商务的商业模式和盈利方式，熟悉电子商务营销策略和技巧，了解电子商务安全技术和防范措施，了解电子商务法律法规和相关政策。同时，您将能够掌握电子商务的基本概念、特点和发展趋势，为未来的电子商务实践打下坚实的基础。

随着互联网技术的迅速发展和普及，我们的生活和工作方式正在发生着深刻的变化。在这个过程中，电子商务作为一种新型的商业形式，正逐渐改变着传统的商业模式和消费习惯。在这一章，我们将深入探讨电子商务的概念，以便更好地理解其在现代社会中的重要性和应用。

一、电子商务的定义

电子商务(Electronic Commerce，简称 EC)是指利用计算机、网络和电子通信技术等信息技术手段，实现企业间的商业活动和消费者与企业之间的商业活动。它具有全球性、交互性、实时性、自动化等特点，使得商业活动的传统模式得到颠覆和创新(图 1.1)。

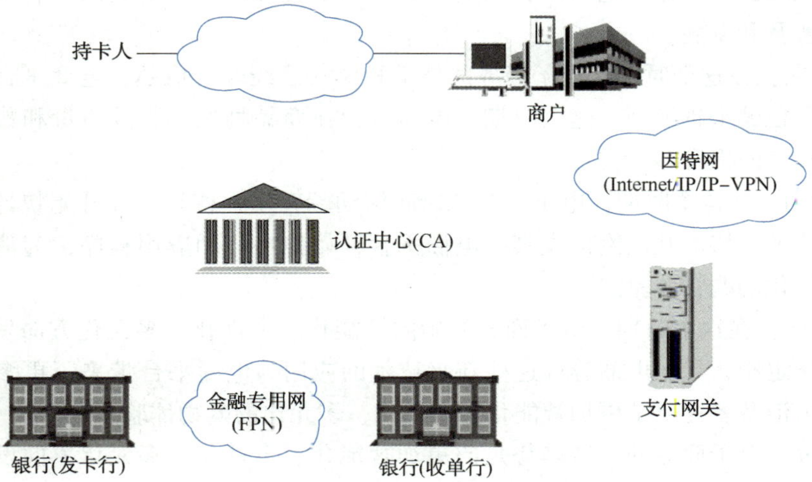

图 1.1　电子商务

电子商务的迅速发展，不仅改变了企业的传统营销模式，也使得消费者的购物方式发生了翻天覆地的变化。在这个全球化的信息时代，电子商务已经成为商业领域不可或缺的一部分。通过互联网这个广阔的平台，电子商务将世界各地的消费者和企业紧密联系在一起。不再受地域限制，消费者可以在任何时间、任何地点进行购物，企业则可以借助网络实现销售的全球化。电子商务的全球性特点，使得商业活动的范围得到了极大的扩展。

同时，电子商务的交互性特点也给企业和消费者带来了全新的体验。消费者可以在网络上主动寻找所需商品，也可以对比不同商家的产品价格和服务质量；企业则可以通过电商平台收集客户反馈，了解市场需求，从而更好地满足消费者需求。这种交互性不仅增强了消费者的购物体验，也使得企业的营销更加精准、更加有效。

电子商务的实时性、自动化特点，使得商业活动的效率得到了极大的提升。通过电商平台，企业可以实现自动化的订单处理、库存管理、物流配送等功能，大大缩短了销售周期，降低了运营成本。而消费者也可以在短时间内找到自己所需的商品，避免了传统购物耗时费力的逛街过程。

电子商务的兴起，是对传统商业模式的颠覆和创新。它不仅改变了人们的购物习惯，也推动了商业模式的变革。在这个信息化的时代，电子商务已经成为商业领域不可或缺的一部分，它将引领着未来商业的发展方向。

二、电子商务的发展历史与趋势

电子商务的发展历史主要可以分为以下阶段：

① 萌芽期：这个时期主要是以美国军方的阿帕网在20世纪60年代的产生为代表，这是电子商务的起源和最初的概念。

② 雏形期：20世纪90年代初，互联网开始快速发展，电子商务的雏形也开始显现。这个时期，人们开始尝试在互联网上开展商业活动，出现了电子商店和在线购物等概念。

③ 发展期：在这个时期，电子商务开始快速发展，各种新型的电商平台开始涌现，如易趣网、阿里巴巴等。这些电商平台为消费者提供了更加便捷、安全的购物环境，促进了电子商务的普及和发展。

④ 成熟期：在这个时期，电子商务的技术和模式已经非常成熟，电商平台的数量也越来越多，竞争也越来越激烈。这个时期，电商平台在商品种类、服务质量和物流配送等方面都得到了极大的提升。

⑤ 转型期：在这个时期，电子商务开始向移动端转型，移动电商开始快速发展。随着智能手机的普及和移动互联网的发展，电商平台开始推出移动应用程序，为消费者提供更加便捷、个性化的购物体验。

⑥ 升级期：在这个时期，电子商务开始向智能化、个性化、多元化方向发展，如智能推荐、个性化定制、社交电商等。这些新兴技术的应用为电商平台带来了更多的机遇和挑战，同时也为消费者提供了更加智能化、个性化、多元化的购物体验。

总体来说，电子商务的发展趋势是向更加智能化、个性化、多元化方向发展，同时移动电商也将成为未来的主流趋势。随着技术的不断进步和创新，电子商务将不断升级和发展，为消费者和整个社会带来更多的便利和价值。

电子商务的安全和隐私问题也日益凸显。在电子商务的交易过程中，涉及大量的个人信息和支付密码等敏感信息，如果电商平台的安全防范措施不到位，就可能导致用户信息泄露或被篡改，从而给用户带来经济损失和隐私风险。因此，电商平台需要加强自身的安全措施，保障用户信息的安全性和隐私性，这也将成为电子商务未来发展的重要趋势之一。

三、电子商务的优势与不足

电子商务相较于传统商业模式具有以下显著优势：

① 降低交易成本：通过采用电子商务的方式，企业可以大幅减少中间环节和实体店铺等成本，从而有效地降低交易成本。此外，电子商务还可以实现线上支付、物流配送等自动化处理方式，提高交易的便捷性和高效性。

② 提高交易效率：传统商业模式中，交易过程需要经过多个环节，而电子商务则可以通过电子化的方式，将交易过程中的各个环节进行自动化处理，从而缩短交易时间，提高交易效率。此外，电子商务还可以实现24小时不间断的交易服务，从而提高企业的客户服务水平。

③ 扩大市场规模：通过电商平台，企业可以突破地域限制，面向全球市场进行销售。这样不仅可以扩大企业的销售范围，还可以拓展更多的商业机会，增加企业的销售额和市场份额。

④ 提高客户满意度：电子商务可以提供更加丰富的商品和服务选择，同时可以根据消费者的需求进行个性化定制，更加灵活地满足消费者的需求。此外，电子商务还可以通过数据分析和客户反馈等方式，不断提高客户满意度和忠诚度，增强企业的品牌形象和竞争力。

⑤ 优化库存管理：电子商务使得企业可以实时跟踪和监控市场需求和库存情况，从而更加精准地进行库存管理和采购计划。这不仅可以避免库存积压和浪费，还可以提高库存周转率和销售效率。

⑥ 增强市场竞争力：电子商务使得企业可以更加快速地响应市场变化和客户需求，并且可以通过数据分析和市场调研等方式，更加深入地了解目标客户的需求和行为特征，从而制定更加精准的市场策略和营销方案。这样不仅可以提高企业的市场竞争力，还可以为企业的长期发展奠定坚实的基础。

电子商务的不足主要表现在以下几个方面：

① 质量把控不完善：尽管电商平台一直在加强商品质量监控，但是依旧有很多商家为了获取利润而逃避质量监控，从而导致商品质量参差不齐。

② 价格战导致市场混乱：因为电子商务使商品价格透明化，一些商家为了销量而盲目打价格战，导致市场混乱。

③ 推广投资成本高：电商平台要想获得高效推广，就需要投入大量的资金和人力进行广告宣传，这无疑增加了商家的运营成本。

④ 对实体店造成冲击：随着电子商务的崛起，许多实体店面临着巨大的冲击，甚至有些店铺因为无法适应改革而面临倒闭的风险。

⑤ 模式局限性：目前的电子商务主要依赖网站向消费者展示商品，对于一些不会使用电脑的人群来说无疑存在一定的局限性。

⑥ 物流配送问题：尽管电子商务发展迅速，但在物流配送方面仍然存在一些问题，如物流速度慢、服务态度不佳等，这在一定程度上影响了消费者的购物体验。

四、电子商务的影响

电子商务的出现对传统商业模式和社会经济活动产生了深远影响，这些影响主要体现在以下几个方面：

① 商业模式的变革：电子商务的出现使得传统的商业模式发生了深刻的变革。电子商务通过互联网进行商品或服务的交易，大大降低了交易成本和复杂性。这使得许多传统企业开始思考如何将电子商务与他们的业务相结合，从而创造出新的商业模式。例如，许多零售商开始建立在线商店，提供在线购物和送货上门服务。此外，电子商务还催生了许多全新的商业模式，如平台型电商、社交电商等。

② 市场竞争的加剧：电子商务的出现使得市场竞争变得更加激烈。在传统的商业模式下，企业的竞争主要是在实体市场中进行的。然而，电子商务打破了地域限制，使全球企业都可以在同一平台上竞争。这使得市场竞争变得更加激烈，企业需要不断提高自身的竞争力以适应市场的变化。

③ 消费者行为的改变：电子商务的出现使得消费者的购物行为和消费习惯发生了改变。在传统的商业模式下，消费者需要在实体店内购物。然而，电子商务提供了更加方便、快捷的购物方式，消费者可以在家中或办公室通过互联网购物。此外，电子商务还提供了更加丰富的商品和服务选择，消费者可以根据自己的需求和偏好进行选择。这些变化推动了市场的变化，企业需要更加了解消费者的需求和偏好，以便更好地满足他们的需求。

④ 供应链管理的优化：电子商务的出现使得供应链管理更加高效便捷。在传统的商业模式下，供应链管理主要依靠人工操作，效率相对较低。然而，电子商务通过电子化的方式进行供应链管理，自动化程度较高，可以大大提高供应链管理的效率和准确性。此外，电子商务还可以实现供应链的优化和升级，通过智能化的分析和管理，实现资源的优化配置和协同工作。这些变化将显著提高企业的运营效率和竞争力。

⑤ 营销策略的变革：电子商务的出现使得营销策略发生了深刻的变化。传统的营销策略主要依靠广告、促销和销售人员的人际关系网络来进行推广。电子商务的兴起使营销策略更加注重网络营销和社交媒体营销，通过互联网平台进行广告投放、内容推广和社交互动。这种新型的营销策略可以更好地满足消费者的需求和偏好，提高企业的知名度和品牌价值。

⑥ 数据分析的应用：电子商务的出现使得数据分析在商业中得到了广泛的应用。在传统的商业模式下，数据分析主要依靠人工操作，效率较低。电子商务可以借助数据分析和挖掘技术，对大量的用户数据进行深入分析，从而更准确地了解消费者的需求和偏好，优化产品和服务设计，提高企业的运营效率和竞争力。这种新型的数据分析应用可以为企业提供更加精准的市场预测和决策支持，推动商业模式的创新和发展。

⑦ 支付方式的变革：电子商务的出现使得支付方式发生了深刻的变化。传统的支付方式主要依靠现金、银行卡等实体支付工具进行支付。电子商务可以通过互联网平台进行在线支付和移动支付，这种方便快捷的支付方式受到了广大消费者的欢迎。此外，区块链等新型支付技术也在电子商务领域得到了广泛的应用，进一步提高了支付的安全性和效率。这种新型的支付方式可以更好地满足消费者的需求和偏好，提高企业的服务质量和用户体验。

总之，电子商务的出现对传统商业模式和社会经济活动产生了深远影响，推动了商业模式的变革、市场竞争的加剧、消费者行为的改变和供应链管理的优化。这些变化将继续影响未来的商业模式和社会经济活动。

五、电子商务的模式

电子商务模式是指相关企业运用互联网技术与平台开展经营活动并取得收入的基本方式，即基于网络环境中一定技术基础的商务运作方式和盈利模式，主要有以下几种。

（一）B2B(Business to Business)

1. 概念

即企业与企业之间的业务模式，B2B(也有写成 BTB，是 Business to Business 的缩写)是指企业与企业之间通过专用网络或 Internet，进行数据信息的交换、传递，开展交易活动的商业模式。它将企业内部网和企业的产品及服务，通过 B2B 网站或移动客户端与客户紧密结合起来，借助网络的快速反应，为客户提供更好的服务，从而促进企业的业务发展。

2. B2B 模式的优势与局限

从电子商务企业经营模式的发展来看，B2B 模式的历史最长、发展最为完善，截至 2015 年，全球 B2B 模式下的销售额达 39 亿美元左右，该模式的优点明显，在企业、中介以及目标顾客之间形成了双向的良好沟通(图 1.2)。其主要优势如下：

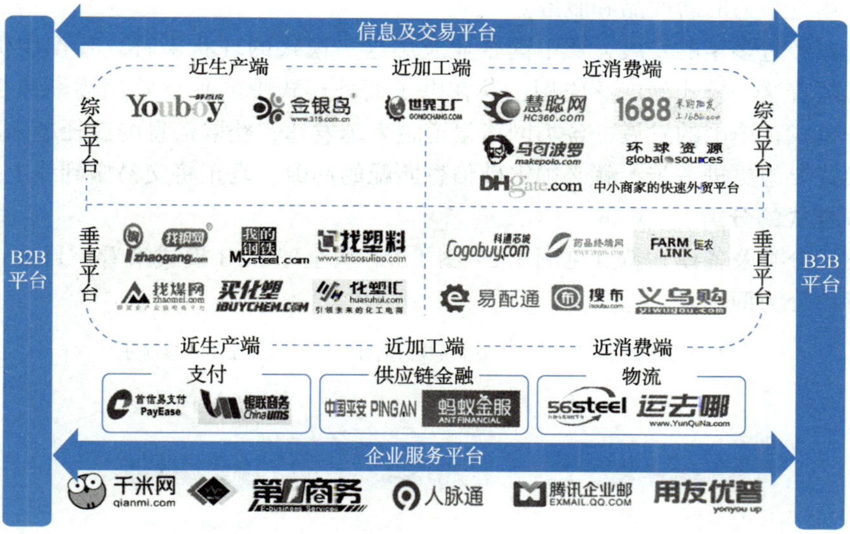

图 1.2　中国 B2B 电子商务产业生态图谱

① 降低采购成本、提升采购效率：该模式可以实现网上自动采购，减少与交易相关的人力、物力和财力的投入。另外，采购方可以通过整合企业内部的原有采购系统，实现规模采购并获得一定的采购折扣优惠。如沃尔玛在美国的 3000 多家超市通过网络统一进行采购配送，通过批量采购节省了大量的采购费用。

② 有效管控库存成本：此模式下的各类企业通过与上游供应商和下游目标顾客建立基于企业模式下的电子商务模式，可以实现以销定产、以产定供，有效提升物流的效率与速度，从而有效控制库存成本。

③ 寻找市场机会：企业通过与潜在的客户建立网络商务关系，可以覆盖传统渠道难以触及的市场，增加企业的市场机会。数据显示，企业通过网上直销方式可以有效拓展约 20%的新客户，且这些客户来自原市场无法顾及的地区和领域，通过与这些企业建立电子商务，大大降低了双方的交易费用，增加了客户网上采购的利益驱动力。

④ 提升客户满意度：这一模式下的企业可以通过建立基于电子商务模式的客户关系管理系统，有效提升企业的客户服务水平，进而提升客户对企业的满意度。通过电商平台，企业可以快速响应客户需求，提供更为便捷的在线客户服务，同时也可以快速收集客户反馈，及时改进产品和服务。例如，通过电商平台，企业可以为客户提供个性化的产品推荐和服务，同时也可以为客户提供更为便捷的支付方式和快速的物流配送服务，提升客户购物体验。

⑤ 优化企业业务流程：通过建立基于电子商务模式的业务流程管理系统，企业可以实现业务流程的自动化和规范化，进而提升企业的运营效率和管理水平。例如，企业可以通过电商平台实现采购、库存、销售、财务等各类业务流程的自动化和规范化，进而提升企业的整体运营效率和管理水平。

⑥ 提升企业创新能力：通过建立基于电子商务模式的研发管理系统，企业可以有效提升自身的产品研发能力和创新能力。例如，企业可以通过电商平台实现研发资源的共享和优化配置，同时也可以通过网络技术手段快速收集和分析客户需求和反馈信息，进而快速

推出更具市场竞争力的新产品和服务。

B2B模式经过多年的发展，从中国企业应用这一模式的现状来看，其作用仍停留在信息匹配，且随着这一模式的广泛应用，其在电子商务模式中的独特效用逐渐减少，因为随着电子商务模式在中国的发展，各类网络渠道越来越发达，获取信息的途径越来越多。B2B电子商务模式要想更进一步，就必须突破信息匹配的局限，真正将交易搬到线上。

3. B2B模式的分类

B2B模式分类及各模式特点见图1.3~图1.8。从全球B2B模式来看，目前企业采用的B2B模式可以分为两种：

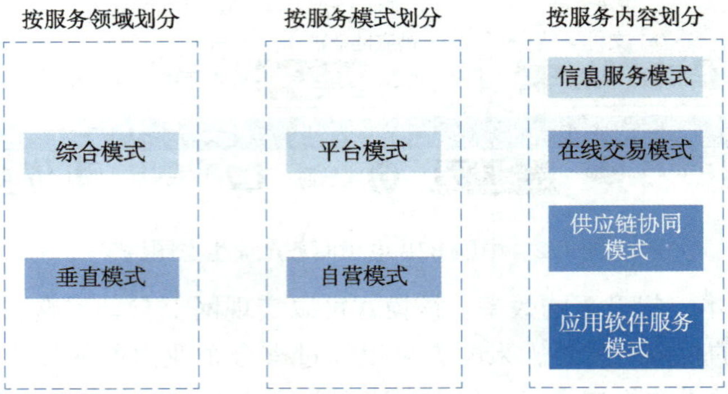

图1.3　B2B模式分类

	模式介绍	优势	劣势	典型企业
综合模式	➢ 综合模式提供跨行业和跨品类的交易 它只提供平台，将供应商和采购商汇集，采购商可以在平台上查到供应商的商品及有关信息	➢ 一站式采购 产品资源信息丰富，可以实现一站式采购	➢ 专业化人才缺失 涉及行业、类目众多，但是网站并不具备专业化的服务水平	阿里巴巴、慧聪网、一呼百应、马可波罗、中国制造网、环球资源网等
垂直模式	➢ 垂直模式专注于某一具体行业，分为上游和下游两个方向 与上游供应商建立供货关系；与下游经销商建立销货关系	➢ 盈利模式灵活 以更加直观便利的方法促进交易、扩大交易，并且盈利模式更加灵活	➢ 行业规模受限 专注于某个行业，不易扩大规模 ➢ 产业链断裂 在具体的细分平台，供应商都是生产本类产品的企业，采购商却并不一定知道这个平台	科通芯城、中国化工网、找钢网、找塑料网等

图1.4　综合模式和垂直模式

① 面向制造业或商业的垂直B2B（又称行业B2B）。垂直B2B可以分为两个方向，即上游和下游。生产商或商业零售商可以与上游供应商建立供货关系，如Dell电脑公司与上游的芯片和主板制造商就是通过这种方式进行合作。生产商与下游的经销商可以形成销货关系，如Cisco与其分销商之间进行的交易。其中，以中国化工网为首的网盛旗下网站成为行业B2B的代表网站，将垂直搜索的概念重新诠释，让更多生意人习惯用搜索模式来做生意、找客户。垂直B2B成本相对较低，因为垂直B2B面对的多是某一个行业内的从业者，客户相对集中而且有限。

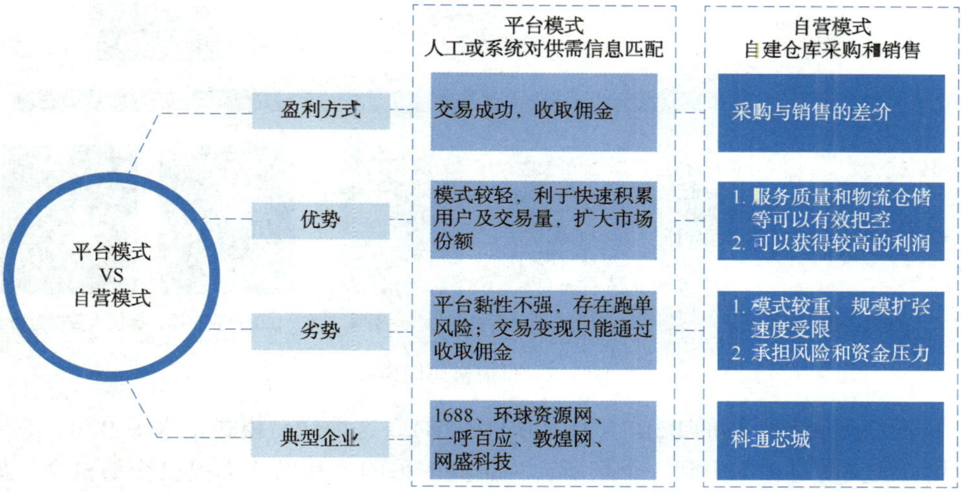

图 1.5　平台模式和自营模式

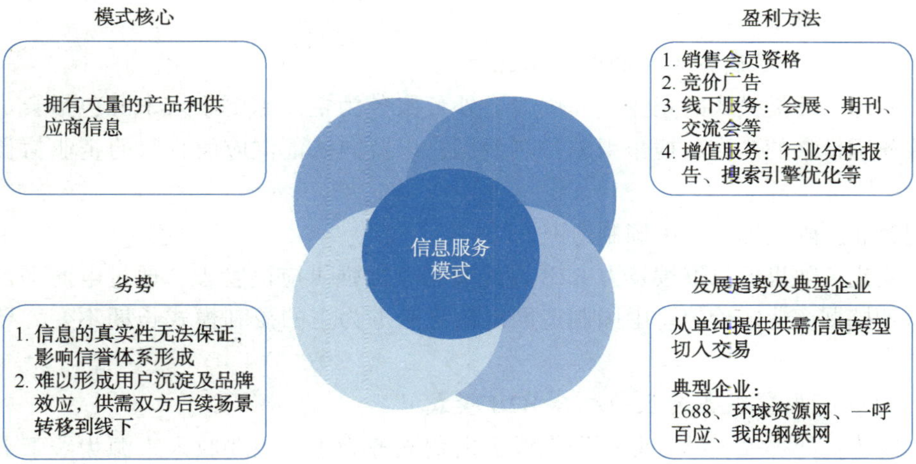

图 1.6　信息服务模式

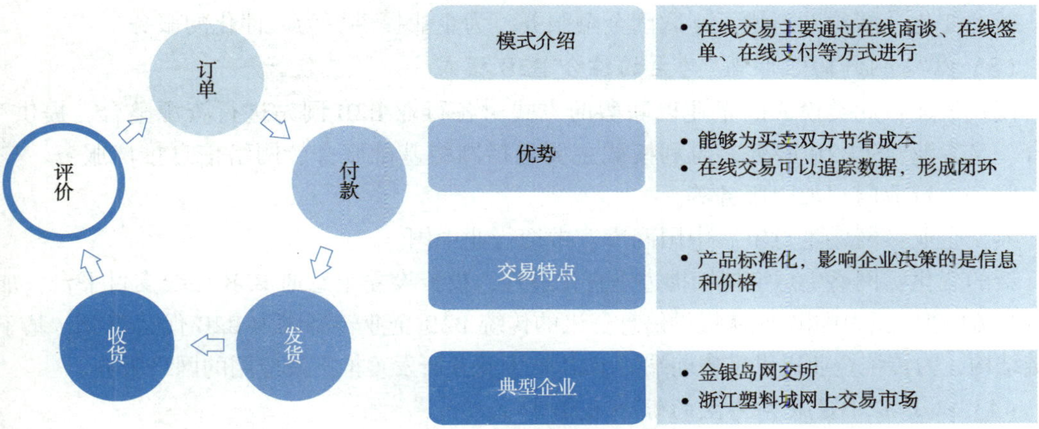

图 1.7　在线交易模式

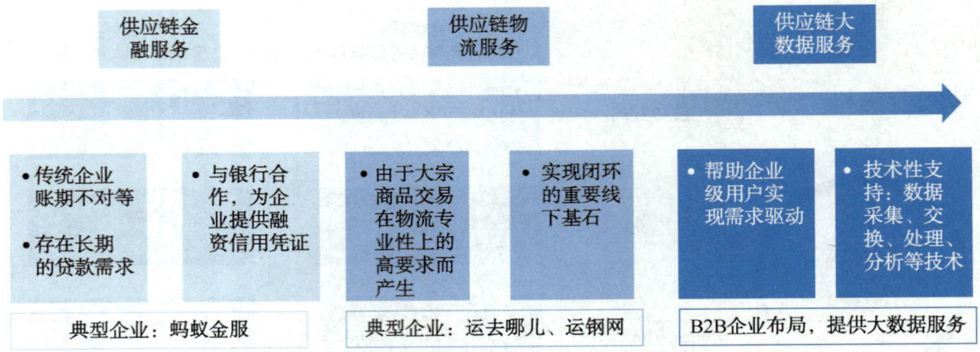

图 1.8　供应链协同模式

② 面向中间交易市场的 B2B（又称区域性 B2B）。这种交易模式是水平 B2B，它将各个行业中相近的交易过程集中到一个场所，为企业的采购方和供应方提供交易机会，如阿里巴巴、中国制造网、瀛商网、环球资源网等。

B2B 模式在中国经过近 30 年的发展和变革，其模式进一步细化，具体可以分成 10 大经典模式，现举例说明：

（1）以线上外贸服务为主的综合 B2B 模式

模式概述：此类模式的企业以提供线上外贸服务为主，主要收入来源包括会员费、提供增值服务所带来的广告和搜索引擎排名费用，以及向认证供应商收取的企业信誉等认证费用。

典型企业：阿里巴巴、中国制造网。

新的变化：阿里巴巴继续发力 B2B 在线交易，加强供应链管理，通过电商平台打通产业链，深入挖掘产业链价值。中国制造网以信息服务为主的盈利模式长期不变，导致发展缓慢。

（2）以线下内贸服务为主的综合 B2B 模式

模式概述：此类模式的企业以提供线下内贸服务为主，主要收入来源为线下会展、商情刊物、出售行业咨询报告等所带来的广告和增值服务费用。

典型企业：慧聪网、环球资源网。

新的变化：慧聪网新增了互联网金融服务，为企业提供更为人性化的服务。

（3）以“行业门户+联盟”为主的综合 B2B 模式

模式概述：此类模式的企业以联盟的方式对各行业 B2B 网站进行资源整合，提供“既综合、又专业”的 B2B 服务。盈利模式主要包括网络基础服务、网络信息推广服务、广告发布服务、行业门户加盟服务等。

典型企业：网盛生意宝、中国网库、中搜行业中国。

新的变化：网盛生意宝持续推进垂直化进程，投资设立生意通 B2B 在线支付平台，加强对资金流的把控。中国网库从提供信息资讯的传统 B2B 企业转型成为 B2B 代运营商，基于产业链结构，为传统企业提供零售前端的 B2B 电子商务研发、推广及应用的网络服务。

（4）以小宗外贸服务为主的综合 B2B 模式

模式概述：此类模式的企业不仅提供信息服务，同时还整合了包括交易的支付、物流以及客户关系管理等，实现在线交易，盈利模式以收取企业交易佣金为主。

典型企业：敦煌网、易唐网。

新的变化：2014 年，敦煌网借助互联网金融被市场熟悉，深耕跨境电商。

(5) 以供求商机信息服务为主的行业 B2B 模式

模式概述：此类模式的企业所涉行业大，企业多，产品品种繁多且标准化，能形成很大的市场，必须做好电话营销。

典型企业：中国化工网、全球五金网、全球纺织网。

(6) 以行业资讯服务为主的行业 B2B 门户模式

模式概述：此类模式的企业一定要有精通行业、善于做市场分析调查的行业专家参与，只有这样才能做出高质量的市场分析报告，帮助企业正确决策、帮助销售得以提升。

典型企业：我的钢铁网、联讯纸业。

(7) 以招商加盟服务为主的行业 B2B 模式

此类模式的企业一般以收取品牌商的广告费、会员费来维持运转，会员可在一级或二级栏目上为自己的品牌做广告，也可以查看大量经销商的联系方式。在经营时一定要将网站的流量做大，尤其要关注网站的排名、访问量等可以量化的数据，一般是招聘大量的电话销售人员卖广告和会员。

典型企业：中国服装网、中国医药网、小生意。

(8) 以在线交易服务为主的行业 B2B 模式

模式概述：此类模式的企业在运营时必须建立好诚信机制，比如，买卖双方诚信审核、支付的安全性、物流的快捷等，可采用第三方合作伙伴来解决物流、资金流及诚信度审核的问题，交易商品一般为大宗商品，目前比较成熟的模式是仓单交易。

典型企业：金银岛网交所、浙江塑料城网上交易市场。

(9) 以技术社区服务为主的行业 B2B 门户模式

模式概述：此类模式的企业一般不会独立出现，往往是几种模式结合起来，比如招聘服务、项目外包服务、在线出版服务等。运营时需要服务好技术市场的两端，即行业技术新手和行业技术专家，让双方都能有所收获，网站才能健康发展下去。

典型企业：中国机械专家网、程序员论坛、螺丝网。

(10) 以项目外包服务为主的行业 B2B 模式

模式概述：此类模式的企业盈利模式为收取加工厂的费用，并为加工厂寻找订单或寻找更好的订单。运营时需注意加强对客户的培育或线下运作。

典型企业：软件项目外包网、全球羊毛衫网。

上海腾道(简称 Tendata)是一家以大数据+人工智能为基础，专注于国际贸易领域的数据收集、挖掘、应用及服务，同时以行业咨询、贸易促成为延伸服务的综合性信息服务商，致力于为外贸企业提供海外营销的整体解决方案。

(二) B2C(Business to Customer)

1. 概念

即商家对消费者的一种经营模式，B2C 模式指的是企业面向个人消费者开展的一系列电子商务活动的总称。

2. B2C 模式的优势与局限

相较于 B2B 运营模式，B2C 的优势可以总结如下：

① 快捷方便，大大缩短了交易时间和空间，实现了非接触式消费。

② 降低企业经营成本，可以进行一定的节税筹划工作。

③ 可以给企业带来稳定的现金流，促进企业引进较新奇或高质量的商品。

④ 对售出商品能提供更优质和针对性的售后服务。

而现阶段发展趋势来看，B2C 的商业运营模式仍有如下的不足：

① 非接触式下的情感共鸣无法实现，从某种程度上限制了双方的沟通。

② 运营模式需要依托一定的平台与技术才能实现，对企业技术要求较高。

③ 买卖双方互动性低，商品议价空间小。

④ 客户服务缺乏互动性与个性化。大多数 B2C 电子商务网站提供相似的服务功能，由于这样的网站在服务功能上缺少新意，其服务对顾客来说基本是发送 E-mail 咨询、QQ 联系、电话咨询等，所以导致顾客越来越看重商品的价格，从而造成 B2C 电子商务网站经常以打价格战的方式吸引人气，对顾客的吸引力不够。

⑤ 业务流程存在一定的局限性。网上购物缺乏体验感，虽然一些企业利用电子商务技术可以更有效地改进商务活动中的业务流程，但在很多情况下，一些业务流程通过传统的商务活动可以更好地完成，这些业务流程无法通过实施新技术得到改进。在商店购物，零售商已经积累了多年的工作经验，可以发现顾客的需要并找到产品或服务来满足这些需要。

3. B2C 模式的分类

B2C 电子商务模式可以分为综合 B2C 电子商务模式、垂直 B2C 电子商务模式、传统企业转型电子直销模式的 B2C 电子商务模式、第三方交易平台型 B2C 电子商务模式等六种类型。

（1）综合 B2C 电子商务模式

实施综合 B2C 电子商务模式可以充分发挥企业自身品牌的影响力，寻求产品或服务新的利润点。综合 B2C 电子商务模式以综合型的 B2C 电子商务网站为运营平台，实际上要搭建一个综合型的 B2C 商城。就 B2C 电子商务网站现阶段总体发展状况而言，综合 B2C 网站建设要进一步细化商品的陈列展示、信息系统智能化等方面。对于新老客户的关系管理，需要精细客户体验的内容，提供更加人性化、直观的服务。选择较好的物流合作伙伴，增强物流实际控制权，提高物流配送服务质量。综合型 B2C 电子商务网站运营代表商城如京东商城。

（2）垂直 B2C 电子商务模式

垂直 B2C 电子商务模式以垂直型的 B2C 电子商务网站为运营平台，应当在核心领域内继续挖掘新亮点，积极与知名品牌生产商沟通与合作，化解与线下渠道商的利益冲突，扩大产品线与产品系列，完善售前、售后服务，提供多样化的支付手段。鉴于个别垂直型 B2C 电子商务网站运营商开始涉足不同行业，笔者认为需要规避多元化的风险，避免资金分散。与其投入其他行业，不如将资金放在物流配送建设上。可以尝试探索“物流联盟”或“协作物流”模式，若资金允许也可以逐步实现自营物流，提高物流配送质量，增强用户的黏性，将B2C电子商务网站的“三流”完善后再寻找其他行业的商业机会(图1.9)。

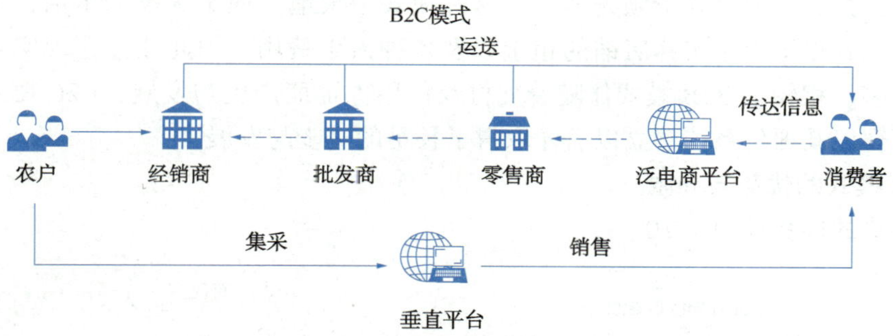

图1.9 垂直B2C电子商务模式

(3) 传统企业转型电子直销模式的B2C电子商务模式

传统企业转型电子直销模式的B2C电子商务模式，首先要从战略管理层面明确这种模式未来的定位、发展与目标。协调企业原有的线下渠道与B2C电子商务网站平台的利益，实行差异化的销售，如网上销售所有产品系列，而传统渠道销售的产品则体现地区特色；实行差异化的价格，线下与线上的商品定价根据不同时间段设置高低。线上产品也可以通过线下渠道完善售后服务。在产品设计方面，要着重考虑消费者的需求感觉，同时大力吸收和挖掘网络营销精英，培养电子商务运作团队，建立和完善B2C电商平台。

(4) 第三方交易平台型B2C电子商务模式

第三方交易平台型B2C电子商务模式的发展受到的制约因素较多，但中小企业在人力、物力、财力有限的情况下，不失为一种拓宽网上销售渠道的好方法。首先，中小企业要选择具有较高知名度、点击率和流量的第三方B2C电商平台；其次，要聘请懂得网络营销、熟悉网络应用、了解实体店运作的网店管理人员；最后，要以长远发展的眼光看待网络渠道，增加产品的类别，充分利用实体店的资源、既有的仓储系统、供应链体系以及物流配送体系发展B2C电子商务模式。

(5) 传统零售商网络销售型B2C电子商务模式

传统零售商自建B2C电子商务网站销售，将丰富的零售经验与电子商务有机结合，有效地整合传统零售业务的供应链及物流体系，通过业务外包解决经营B2C电子商务网站所需的技术问题。

(6) 纯网络电商的电子商务模式

纯网络电商指只通过B2C电子商务网站销售产品的商家，纯网络电商没有实体店。纯网络电商的销售模式主要有自产自销和购销两种。

综上所述，B2C电子商务模式主要有综合型、垂直型、传统转直销型、平台型、网络销售型、纯网商型六种。

(三) C2C(Customer to Customer)

1. 概念

C2C指不同消费者之间互相进行交易的一种电子商务模式，其中比较著名的就是淘宝类平台，相比传统的开店方式更加便捷，省去了店铺租金和人工费用，同时也能节省更多的时间并提供更高的效率。

C2C 模式最大的特色就是消费者之间可以互相进行交易买卖，现在比较著名的是淘宝类运营模式，且其在国内处于领先地位，这种模式极大地方便了买家的生活，节约了大量时间，同时也省去了卖家实体店铺的租金以及各种人工费用，因此往往比现实生活中的价格要便宜许多。相较于 B2B 模式伴随着支付及信用保证而产生与发展，C2C 模式在第三方支付平台出现以及评价系统建立以后才取得了长足的进步与发展。

2. C2C 模式的优势与局限

C2C 模式的优势见图 1. 10。

图 1. 10　C2C 模式的优势

C2C 模式在现阶段也存在如下的问题：

① 诚信问题突出：传统的 C2C 模式由于监管困难，因此存在诚信问题，如退换货、售假问题等。

② 支付手段单一：现阶段的 C2C 模式的支付手段往往依赖现有金融支付平台，手段单一。

③ 法律、法规等制度性保障欠缺：如以微商、咸鱼为主的 C2C 平台在法律制度的建立与相关制度的保障方面仍不成熟。

（四）O2O

1. 概念

O2O 模式指将线下的商务机会与互联网结合，让互联网成为线下交易的前台。O2O 模式的优势在于把线上和线下的优势完美结合。通过网购导购机，把互联网与地面店完美对接，实现互联网落地。让消费者在享受线上优惠价格的同时，也可以享受线下各类的服务（图 1. 11）。

2. O2O 模式的优势

O2O 模式是近年来在 B2B、C2C 等模式的基础之上兴起的一种电子商务模式，其与其他模式相比有如下的优势：

① 将线上商品与线下服务完美结合。

② 增强客户的服务感知力和满意度。

③ 可以增强推广效果的可见性、可追踪性。

3. O2O 模式的分类

O2O 的概念非常广泛，既可涉及线上，又可涉及线下，可以统称为 O2O。O2O 分为四种运营模式，分别是：

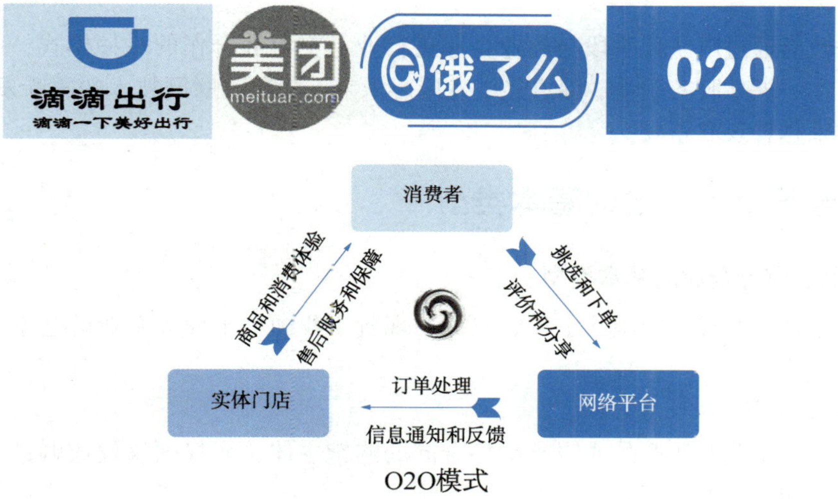

图 1.11　O2O 模式含义

① online to offline：线上交易到线下消费体验。

② offline to online：线下营销到线上交易。

③ offline to online to offline：线下营销到线上交易再到线下消费体验。

④ online to offline to online：线上交易到线下消费再到线上消费体验。

（五）G2B（Government to Business）

G2B（Government to Business）是指政府与商业企业之间的电子商务活动。这种模式主要是指政府通过电子化手段与商业企业进行业务交流和合作，以促进经济发展和提升公共服务水平。

G2B 模式的优势：

① 提高效率：通过电子化的方式，政府可以快速、准确地处理商业企业的申请、审批和监管等流程，提高政府工作的效率。

② 降低成本：传统的手工操作需要大量的人力、物力和时间成本，而电子化手段可以大大减少这些成本，同时还可以减少错误和漏洞。

③ 提高服务质量：政府通过电子化手段与商业企业进行交流合作，可以更加及时、准确地了解企业的需求和问题，提供更好的服务。

④ 促进经济发展：政府与商业企业之间的合作可以促进商业活动的开展，推动经济发展。

G2B 模式常见应用：

① 网上办事大厅：政府可以通过网上办事大厅为商业企业提供各种行政审批、证照办理等服务，方便企业在线办理业务。

② 信息公示：政府可以通过官方网站等渠道公示商业企业的信用信息、监管信息等，帮助消费者更好地了解企业的状况。

③ 政策支持：政府可以通过电子化手段向商业企业提供政策支持和补贴，鼓励企业发展。

④ 资源整合：政府可以通过电子化手段整合各部门的资源，为企业提供更加全面、便

捷的服务。

G2B 是政府通过电子化手段与商业企业进行业务交流和合作的一种模式，可以提高效率、降低成本、提高服务质量、促进经济发展。未来，随着互联网技术的不断发展和普及，G2B 将会越来越普及和重要。

六、电子商务企业的基本类型

（一）电子商务企业的基本类型

电子商务企业经过在中国几十年的发展，现阶段我国电子商务企业的基本类型主要有以下几种。

1. 平台类电商

即电子商务企业并非产品或服务销售合同的购销主体，而仅围绕促成购销交易提供各类辅助服务，如淘宝网、滴滴出行等。

2. 渠道自建类电商

即自行建立网站并基于该网站实现销售的企业，既包括传统产品或服务的销售，如京东自营等，也包括基于互联网技术开发销售的新型产品或服务，如视频网站、在线教育等。

3. 渠道购买类电商

即通过入驻电商平台购买销售渠道并在线上实现销售的企业，如京东、唯品会入驻商户、淘宝卖家等。

（二）电子商务企业的组织结构

很多传统行业中的成功企业做不好电子商务，一个主要的原因是传统企业的组织架构与模式并不完全适合电子商务运营，没有建立适合电子商务运营的营销团队，那么该如何建立、优化、调整电子商务环境之下的企业人力资源和组织运营管理？这就涉及了解一般电子商务企业组织结构的需要。

电子商务企业的组织结构相比传统企业，在制度规范、组织架构、财务制度等方面有着明显的区别和独特的模式。

按照企业发展生命周期理论来看，不同时期的组织形态需要与其当时的经营相匹配。因此按照电子商务组织的运营时期以及运营产品的不同，可以将企业组织架构划分如下。

1. 初创期电子商务企业组织结构

初创期的企业一般适合采用较为扁平化的组织模式，即在一个总负责人(店掌柜)的管理之下，按职能进行一级划分，这个时期的电子商务企业组织模式一定要保持相对的级数平少化，即不能有过多级别的部门分类，以免管理人员的意志和企业总体的经营目标无法快速被领会与贯彻。淘宝网一些初创的淘宝店铺就适合采用这一类架构(图 1. 12)。

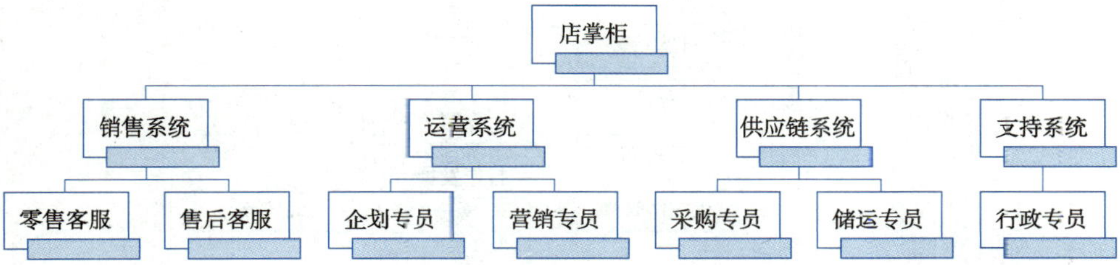

图 1. 12　初创期电子商务企业组织结构

2. 平衡期电子商务企业组织结构

从初创期进入稳定发展期之后，企业的组织结构从保障企业的生存、促进销售等目标转移到提升客户满意度和解决顾客实际问题，即将原有的一级部门重构为销售、运营、供应链、支持四大模块。此时这类电子商务企业的经营已经日益成熟并从促进销售转向树立形象(图 1. 13)。

平衡期的电子商务企业由于所属行业和所经营产品的不同，其组织结构也有所不同，如服装类企业较为常见的组织结构如图 1. 14 所示。

从上面的组织结构图可以发现，由于服装类属于传统行业向线上转移型的电子商务企业(业务)，因此其在电子商务运营中会保留一部分线下的组织架构，并按照职能或产品线来增减一些部门与组织，以此来适应电子商务运营的需求与目标。

(三) 电子商务企业的财务制度与流程

无论是线下的传统行业还是依赖电商平台和技术的新兴产业，它们在组织建设中最关键的一环就是财务制度的设立和流程的规划。传统行业的财务制度多以线下交易为基础，

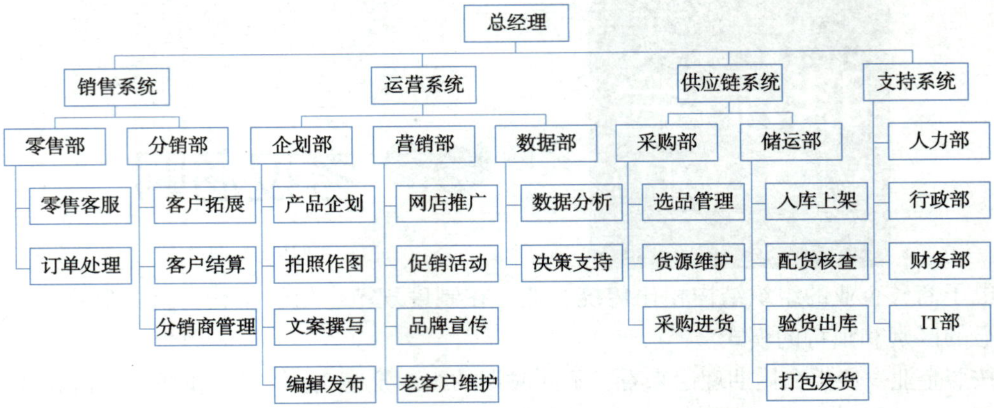

图 1.13　平衡期电子商务企业组织结构

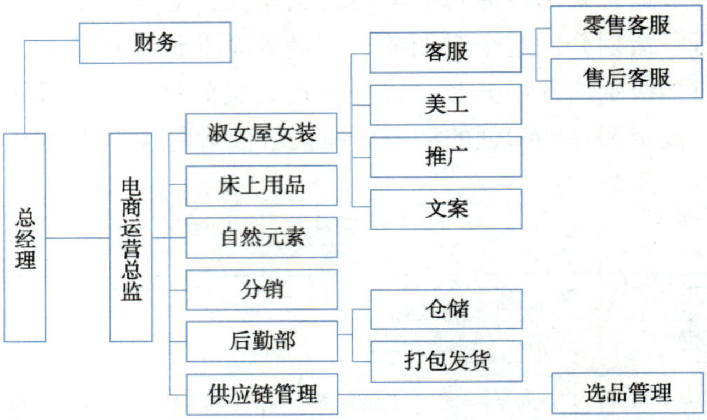

图 1.14　服装类企业常见组织结构

而电子商务由于其特殊的运营模式，资金流和物流的分离程度较传统行业更高，因此其财务制度的设立和运行就显得尤为重要。

电子商务企业的财务体系应包括总则、适用范围、电商部财务职责、电商部财务人员组织架构、淘宝店铺和支付宝账户管理、电商部资金管理、电商部费用报销、费用报销规定(流程)、电商部借款管理、电商部账务处理方法等详细内容。这个体系不仅涉及电子商务运营的各个方面，也确保了电子商务企业财务工作的规范性和有效性。

对于新兴产业来说，除了财务制度的设立和流程规划，数据安全和风险管理也是组织建设中的重要环节。由于电子商务的特性，网络安全和数据保护是电子商务企业能否稳定运营的关键因素。为了应对日益复杂的安全挑战，电子商务企业需要建立健全的网络信息安全体系，严密防范黑客攻击、保护消费者个人信息，以及防止账户被盗用等风险。

同时，为了确保业务顺利开展，电子商务企业还需要制定出一套完善的供应链管理策略。这涉及供应商的选择与评估、库存管理与物流派送等多个环节。电子商务企业需要与供应商建立长期稳定的合作关系，保证产品的质量与供应链的稳定。同时，需要建立高效的库存管理体系，保证库存既能满足客户需求，又不会过多占用企业资金。

此外，为了提升客户体验和服务质量，电子商务企业还需建立完善的客户服务体系，这包括售前咨询、售后服务、退换货政策等方面。优秀的客户服务不仅能提升客户满意度，还能增加客户对企业的信任和忠诚度。

综上所述，无论是传统行业还是电子商务产业，组织建设都涉及多个关键环节。只有在这些方面都得到充分考虑和规划，企业才能更好地应对市场竞争，实现持续稳定的发展。

【知识链接】常用电子商务企业财务制度

电子商务企业的财务制度应包含以下几个主要部分：

一、财务管理制度

会计制度：包括会计科目及使用说明、会计报表及编制说明等。

财务报告制度：包括财务报告的内容、格式、时间要求等。

财务分析制度：定期进行财务分析，了解公司财务状况，发现潜在风险和问题。

二、资金管理制度

资金收支管理：明确资金收支流程和审批权限，防范资金流失和风险。

存款管理制度：建立银行存款账户，加强存款管理和监督，防止存款被非法挪用。

贷款管理制度：建立贷款审批和管理制度，规范贷款申请、审批、发放和收回等环节。

三、采购与销售管理制度

采购管理制度：明确采购流程和审批权限，建立供应商评估和管理机制。

销售管理制度：明确销售流程和审批权限，建立客户信用评估和管理机制。

四、库存管理制度

库存管理规定：明确库存管理职责和要求，建立库存盘点和清查制度。

库存控制制度：采用合理的库存控制方法，降低库存成本，避免库存积压和过期等问题。

五、成本管理制度

成本核算制度：明确成本核算方法和流程，建立成本分析和控制机制。

成本控制制度：采用成本控制方法，降低成本，提高效益。

六、税务管理制度

税务申报制度：明确税务申报流程和时间要求，确保及时缴纳税款。

税务优惠政策：了解和运用国家相关税收优惠政策，降低税收负担。

以上是一个电子商务企业的基本财务制度与流程框架。您需要根据实际情况，对每个部分进行详细规划和设计，建立一套符合公司实际情况的财务制度与流程体系。

七、电子商务生态及供应链

（一）电子商务生态概述

1. 电子商务生态的定义和重要性

电子商务生态是指将自然界中生态系统的概念和商业生态系统的理论结合起来应用在电子商务领域。电子商务生态系统由一系列关系密切的企业和组织机构组成，超越地理位置的界限，将互联网作为竞争和沟通平台，通过虚拟、联盟等形式进行优势互补和资源共享，结成一个有机的生态系统。

电子商务生态的重要性在于：

电子商务生态能够将众多企业集中起来，形成一个有机的生态系统，从而降低企业的运营成本，提高效率。电子商务生态能够促进企业之间的合作与交流，从而推动整个行业的创新与发展。

电子商务生态能够将虚拟与实体相结合，为企业提供更多的商业机会和资源，从而拓展企业的业务范围和发展空间。电子商务生态能够提高企业的竞争力和市场占有率，从而增加企业的收益和利润。

此外，电子商务生态还能够为企业带来更多的品牌曝光和推广机会。在传统的商业生态系统中，企业的推广和宣传需要投入大量的资金和人力资源，而在电子商务生态中，企业可以利用互联网的传播效应，通过社交媒体、搜索引擎优化等方式将品牌信息传递给更多的潜在客户，从而提高品牌知名度和影响力。

电子商务生态还能够为企业提供更广阔的市场空间和商机。通过电商平台，企业可以突破地域和国界的限制，将产品和服务销售到全球各地，从而扩大销售渠道和市场份额。同时，电子商务生态也能够为企业提供更多的贸易机会和合作伙伴，从而促进企业之间的互利共赢。

此外，电子商务生态还有助于提高企业的可持续性和环保性。通过电子商务，企业可以减少实体店铺和仓储设施的投入，降低能源消耗和排放，从而减少对环境的影响。同时，电子商务生态中的企业可以采取更加灵活的生产方式和采购策略，实现快速响应和高效运作，减少库存和浪费。

另外，电子商务生态还有助于促进社会就业和经济发展。电子商务生态中的企业需要不断引进新技术、新业务、新模式，这将会催生更多的创业机会和就业岗位。同时，电子商务生态也需要大量的技术、管理、营销等方面的人才，这将会为整个社会创造更多的就业机会和职业选择。而且，电子商务生态的发展也将带动相关产业的发展，如物流、金融、IT 等，从而促进整个社会经济的发展。

综上所述，电子商务生态是一种高度复杂、高度多元化的商业形态，它涉及众多的企业、组织、个人以及市场、技术、管理等多个方面。在电子商务生态中，企业需要不断创新、不断适应市场的变化，同时还需要与合作伙伴建立良好的合作关系，以实现互利共赢、共同发展。因此，对于现代企业而言，融入电子商务生态已成为一种必然趋势和重要战略选择。

2. 电子商务生态的构成要素

电子商务生态的构成要素主要包括以下几类：

① 电商平台：是整个电子商务过程的基础架构，包括网站的搭建、系统的安装、数据的维护和代码的编写等。

② 商品搜索服务：是实现电子商务的关键，可以让用户快速、有效地搜索到特定的商品。

③ 网页设计：可以吸引顾客，展现电子商务系统特有的高水准。它包括网页布局、网站图案以及网站结构的划分。

④ 商品展示：用于呈现商品的详细信息，包括商品介绍中的文字和图片、价格走势图和购买链接等。

⑤ 商业数据库：包括商品信息表、顾客信息表、订单信息表等，让电子商务系统在物流配送、客户管理等方面更具有针对性。

⑥ 安全服务：为了保证电子支付安全和防止数据泄露，需要安全保护架构，例如，设置可靠的数据加密和身份验证机制等。

⑦ 支付系统：可以使用户以多种支付方式进行支付，除了现金以外，还包括网上、移动端和第三方支付平台等。

⑧ 用户行为分析：通过分析用户的购买记录、浏览历史等数据，可以了解用户的购物习惯和需求，为商家提供精准的营销策略和个性化推荐。

⑨ 智能推荐：利用人工智能技术，可以根据用户的购物历史和偏好，推荐相关商品或服务，提高用户购买的效率和满意度。

⑩ 移动电商：通过移动设备进行购物的趋势越来越明显，因此移动电商已成为电子商务生态的重要组成部分。移动电商需要构建移动应用、优化用户体验、保证移动支付的安全等。

除了之前提到的电子商务生态的构成要素，另外还有领导种群、关键种群、支持种群、寄生种群等，这些种群在电子商务生态系统中也扮演着重要的角色。领导种群通常包括大型电子商务平台如亚马逊、阿里巴巴等，它们在电子商务生态中发挥着核心作用，为其他物种提供生存和发展的环境和资源，维护生态的稳定和发展。这些大平台通过制定规则和标准，打造良好的营商环境，吸引众多商家和消费者参与其中。

关键种群是电子商务生态中承担主要商业活动的物种，如购物网站、支付平台、物流公司等。它们围绕着领导种群，与其合作，共同构建完整的电子商务生态系统。同时，关键种群也与其他支持物种合作，为整个生态系统提供支持和保障。

支持种群则为电子商务生态系统提供基础设施和关键技术支持，例如服务器提供商、网络带宽提供商、数据分析公司等。它们为电子商务生态系统的正常运行提供必要的技术支持和保障。

寄生种群则依附于电子商务生态系统的其他物种生存，通常包括广告公司、营销推广平台等。它们通过向其他物种提供服务，获取生存所需的营养和能量。尽管它们不是电子商务生态系统的核心组成部分，但它们的存在可以促进整个生态系统的繁荣和发展。

这些物种在电子商务生态系统中相互依存、相互影响，共同构建了一个复杂而有序的生态系统。它们的协同作用可以促进电子商务生态系统的繁荣和发展，为整个商业社会带来巨大的经济价值和社会效益。

除了以上提到的构成要素和种群，电子商务生态还包含一些其他重要方面，包括用户行为分析、智能推荐、移动电商等。

此外，随着电子商务的发展，物流配送也变得越来越重要。智能化的物流系统可以根据实时的库存信息和订单数据，合理规划配送路线，提高配送效率，降低成本，同时也可以提高用户的购物体验。因此，物流服务也成为电子商务生态的重要构成要素之一（图 1.15）。

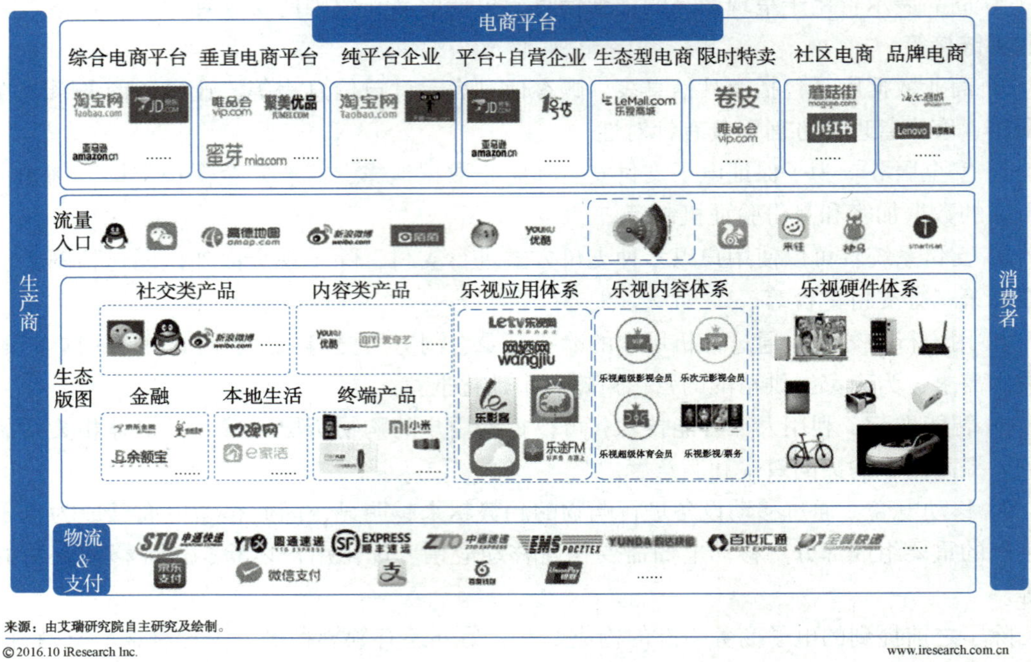

图 1.15　电子商务生态系统

3. 电子商务生态的发展趋势

电子商务生态的发展趋势如下：

① 智能化：将智能化应用于电子商务，优化客户体验，将 AI 技术应用于营销，实现智能客服系统，提升用户体验。

② 流量集中：各种电商平台的流量集中在一定的平台中，微商、小程序等都是衡量电子商务趋势的重要指标，也是用户购买力最大的地方。

③ 数字化：商家将从线下转向线上，增加客户的便捷性，商家将更多的资源投入数字化管理，大幅提升企业利润。

④ 跨境交易：跨境电商正不断发展，国际市场将给中国电子商务带来更多贸易及投资机会，拓展中国商家的销售渠道。

⑤ 共享经济：以共享经济为代表的新技术将对电子商务造成重大影响，如分布式物流、按需生产、3D 打印、区块链等技术将改变电子商务的发展方式。

⑥ 社交电商：社交电商将进一步发展，以社交媒体为平台，将电商与社交有机地结合在一起，以更自然的方式向用户推荐商品，更有效地提升用户购物体验。

⑦ 个性化定制：通过大数据和 AI 技术，商家能更好地理解消费者需求，提供个性化定制服务，满足消费者独特的消费需求，提升消费者满意度。

⑧ 新零售：新零售是结合线上、线下、物流等环节的新商业模式，通过虚实结合的体验，增加客户黏性，满足客户的多元化需求。

⑨ 行业整合：随着市场竞争加剧，电子商务行业将出现更多整合，电子商务企业通过合作、兼并等方式，优化资源配置，提升企业整体竞争力。

⑩ 绿色电商：绿色电商是未来发展的趋势，将环保理念融入电子商务中，包括再生资

源利用、节能减排等方面，从而促进可持续发展。

（二）电子商务供应链的基本概念

1. 电子商务供应链的定义和组成

电子商务供应链是指围绕核心企业，通过对信息流、物流、资金流的控制，从采购原材料开始，制成中间产品以及最终产品，最后由销售网络把产品送到消费者手中的多功能网链结构模式。

电子商务供应链的组成可分为以下部分：供应商：原材料供应商或零配件供应商；制造商：加工厂或装配厂；分销商：代理商或批发商；零售商；消费者：目标顾客及潜在顾客，但也有学者认为这一消费者即指全部市场上的顾客。

电子商务供应链的核心企业，通常是具有强大资金和技术实力的企业，它们通过整合各种资源，构建起一个完整的供应链系统。在这个系统中，信息流、物流和资金流贯穿于整个供应链之中，形成了一个有机整体。

在采购阶段，供应商需要根据核心企业的需求，提供相应的原材料或零配件。这些原材料和零配件将直接影响生产出的产品质量和成本效益。因此，供应商需要具备高效的供货能力和良好的信誉，以确保及时供应且价格合理。

在制造阶段，制造商需要负责从原材料开始，经过一系列的加工和装配过程，制造成中间产品和最终产品。制造商需要拥有高效的生产线和管理团队，能够保证产品质量和交货期。此外，制造商还需要关注环境保护和可持续发展等方面的要求，以实现可持续发展。

在销售阶段，分销商和零售商需要将产品通过各种销售渠道，如电商平台、实体店等，销售给消费者。在这个过程中，分销商和零售商需要具备高效的物流配送能力和营销策略，以保证产品能够及时送达消费者手中，并且满足消费者的需求和期望。

最后，消费者是整个供应链的最终目标。消费者的需求和反馈将直接影响整个供应链的运作和管理。因此，核心企业需要关注消费者需求的变化和市场趋势，以制定合理的营销策略和管理措施。

总之，电子商务供应链是一个有机整体，需要各个组成部分协同合作，实现信息流、物流和资金流的顺畅流通，以提供高效的产品和服务，满足消费者的需求和期望。

2. 电子商务供应链与传统供应链的区别

电子商务供应链与传统供应链的区别如下：

① 交易方式不同：传统供应链的交易通过人工、电话、传真、邮件等方式来完成；而电子商务供应链的交易通过互联网和电商平台来完成，交易流程更加简化，可以实现全程在线操作。

② 信息传递效率不同：传统供应链中的信息传递效率较低，而电子商务供应链中的信息传递效率较高。因为信息可以在供应链上流动，可以更快速、更准确地实现信息共享。同时，供应链中的每个环节都可以通过系统进行数据采集、分析和管理，从而更好地掌握信息，实现信息的实时共享和交互。

③ 组成方式不同：传统供应链的组成方式围绕核心企业，通过对信息流、物流、资金流的控制，从采购原材料开始，制成中间产品以及最终产品，最后由销售网络把产品送到

消费者手中；而电子商务供应链是由供应商、制造商、分销商、零售商和消费者等组成的网链结构模式。

④ 资源利用不同：传统供应链资源利用不充分，可能会出现资源浪费、重复采购等问题；而电子商务供应链可以通过互联网平台，实现资源的共享和优化配置，提高资源的利用率，同时也能够降低采购成本，提高企业的竞争力。

3. 电子商务供应链的主要挑战与机遇

现阶段电子商务供应链的主要挑战与机遇如下：

首先，随着科技的发展，如大数据、人工智能、区块链等技术的不断应用，为供应链管理带来了更多的可能性。企业可以通过数据分析和预测，更加精准地掌握市场需求和供应情况，进而优化供应链计划和决策，提高效率和降低成本。同时，利用区块链技术，可以实现供应链信息的透明化和可追溯，增强供应链的信任和合作，为供应链的稳定性和可靠性提供保障。

其次，消费者的需求和行为也在不断变化，这也为供应链带来了新的机遇。消费者越来越注重个性化、定制化、高品质的产品和服务，对于企业的供应链管理提出了更高的要求。企业可以通过与消费者建立更加紧密的联系，了解消费者的需求和偏好，快速响应市场变化，调整供应链策略，提升产品和服务的质量和附加值。

再次，全球化和互联网的发展也为企业带来了更广阔的市场和商机。企业可以通过跨境电商(图 1.16)、跨境物流等方式，拓展国际市场，实现全球化运营。同时，互联网的发展也使得企业可以更方便地进行信息共享、协同合作，优化资源配置，提高供应链的效率和灵活性。

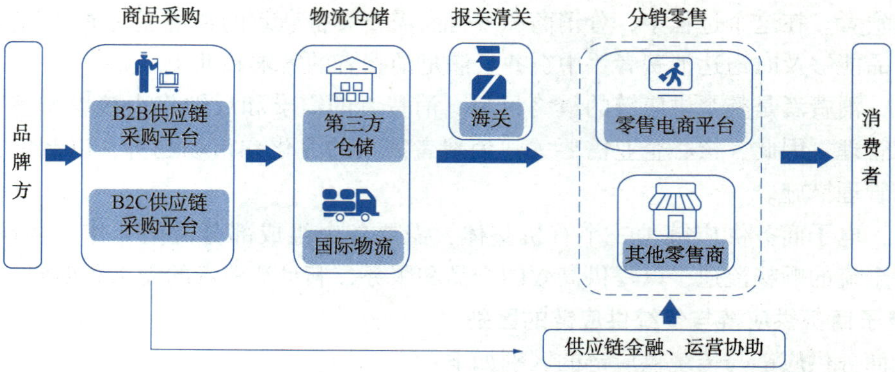

图 1.16　跨境电商供应链

最后，政策的支持和鼓励也为供应链的发展提供了良好的环境。近年来，政府出台了一系列政策，鼓励企业进行技术创新、产业升级、跨境电商等方面的发展，为企业提供了更多的支持和保障。企业可以利用政策的优惠和支持，优化供应链策略，提高自身的竞争力和市场地位。

电子商务的发展为供应链的进步提供了强大的推动力。随着互联网技术的不断发展，这些技术为供应链的优化提供了重要的技术支持。例如，云计算和物联网技术的应用使得企业可以更有效地监控库存和运输过程，从而确保产品的及时到达。

客户需求的多样化对企业提出了更高的要求，要求企业不断创新以适应市场变化。

这也促使供应链不断升级以实现更高效和灵活的运作。通过引入智能化的供应链管理系统，企业可以根据市场需求和消费者行为及时调整生产和销售策略，从而提升企业的竞争力。

大数据和人工智能的应用为企业提供了更好的预测市场需求并制定精确计划的能力。通过分析历史销售数据和市场趋势，企业可以预测未来的市场需求，从而制定更为精确的生产计划。此外，人工智能技术的应用还可以帮助企业进行精准的库存管理，预测库存需求并及时调整库存水平，避免库存积压和缺货现象的出现。

电商平台可以提供更透明和及时的物流信息，使消费者可以更好地掌握商品的状态。通过电商平台，消费者可以实时了解产品的运输状态和预计到达时间，这为消费者提供了更好的购物体验。同时，这也促使企业更注重物流效率和服务质量，不断提升供应链的协同性和透明度。

借助电商平台的数据分析工具，企业可以更好地分析消费者行为并制定相应的销售策略。通过对消费者购买历史、浏览记录等数据的分析，企业可以深入了解消费者的需求和喜好，从而制定更为精准的营销策略。例如，企业可以根据消费者的购买记录为其推荐相关的产品，或是根据市场趋势调整产品定价和促销活动，从而实现销售业绩的提升。

课后习题

名词解释

1. 电商平台

2. 电子商务运营

3. 电子商务推广

4. 电子商务物流

5. 电子商务客服

6. 电商支付

7. 电子商务安全

8. 电子商务法律

9. 电子商务数据分析

10. 电子商务创新

单项选择题

1. 电子商务的基本概念是(　　)。

A. 利用电子技术进行商务活动　　B. 利用互联网进行商务活动

C. 利用电子技术进行信息交流　　D. 利用互联网进行信息交流

2. 电子商务的主要特点不包括(　　)。

A. 全球化　　B. 信息化　　C. 实时性　　D. 无风险性

3. 电子商务的分类中，不包括(　　)。

A. B2B　　B. B2C　　C. B2G　　D. C2C

4. 电子商务的交易模式不包括(　　)。

A. 直接交易模式　　B. 中介交易模式　　C. 代理交易模式　　D. 网络交易模式

5. 电子商务的基础设施不包括(　　)。

A. 网络设施　　B. 安全设施　　C. 物流设施　　D. 支付设施

6. 电子商务的发展趋势不包括(　　)。

A. 移动化　　B. 社交化　　C. 个性化　　D. 无风险化

7. 电子商务的安全问题不包括(　　)。

A. 数据安全　　B. 交易安全　　C. 产品质量安全　　D. 网络安全

8. 电子商务的支付方式不包括(　　)。

A. 信用卡支付　　B. PayPal 支付　　C. 货到付款　　D. 现金支付

9. 电子商务的物流配送方式不包括(　　)。

A. 快递公司配送　　B. 自提点配送

C. 上门配送　　D. 第三方物流配送

10. 电子商务的客户服务方式不包括(　　)。

A. 在线客服　　B. 电话客服

C. 邮件客服　　D. 实体店面服务

多项选择题

1. 电子商务的主要特点包括(　　)。

A. 全球化　　B. 信息化　　C. 实时性　　D. 无风险性

2. 电子商务的交易模式包括(　　)。

A. B2B　　B. B2C　　C. B2G　　D. C2C

3. 电子商务的基础设施包括(　　)。

A. 网络设施　　B. 安全设施　　C. 物流设施　　D. 支付设施

4. 电子商务的发展趋势包括(　　)。

A. 移动化　　B. 社交化　　C. 个性化　　D. 无风险化

5. 电子商务的安全问题包括(　　)。

A. 数据安全　　B. 交易安全　　C. 产品质量安全　　D. 网络安全

6. 电子商务的支付方式包括(　　)。

A. 信用卡支付　　B. PayPal 支付　　C. 货到付款　　D. 现金支付

7. 电子商务的物流配送方式包括(　　)。

A. 快递公司配送　　B. 自提点配送

C. 上门配送　　D. 第三方物流配送

8. 电子商务的客户服务方式包括(　　)。

A. 在线客服　　B. 电话客服

C. 邮件客服　　D. 实体店面服务

9. 在线客服通常使用的工具有(　　)。

A. QQ　　B. 微信　　C. 旺旺　　D. 商务通

10. 实体店面服务需要注意的礼仪包括(　　)。

A. 热情迎接顾客　　B. 主动介绍商品或服务

C. 注意沟通技巧和态度　　D. 送别顾客并感谢光临

简答题

1. 电子商务的基本概念是什么？

2. 电子商务的主要特点有哪些？

3. 电子商务的交易模式有哪些？

4. 电子商务的基础设施包括哪些？

5. 电子商务的发展趋势有哪些？

第二章

电子商务基础技术

【思维导图】

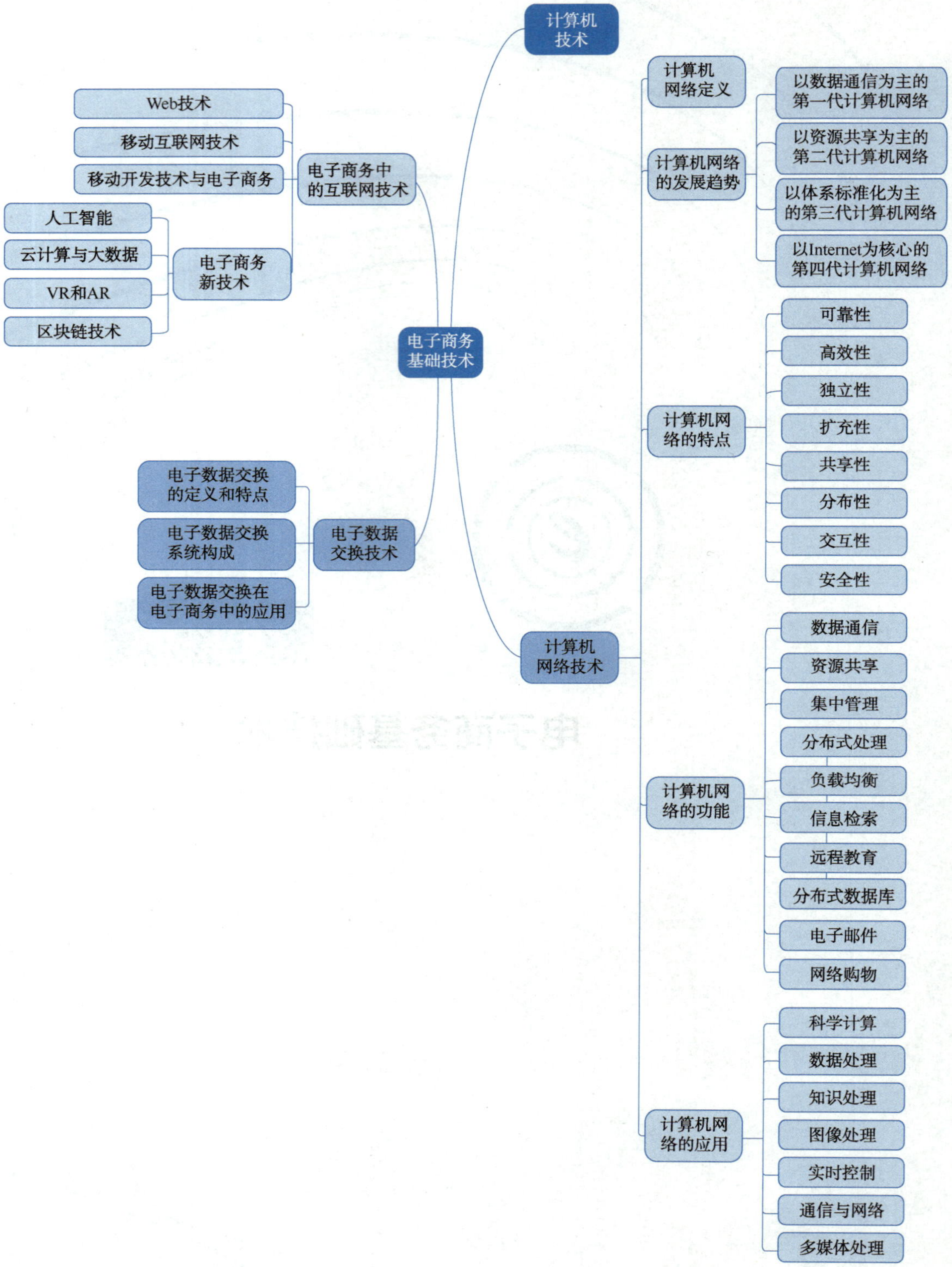
电子商务基础技术
计算机技术
电子商务中的互联网技术
Web技术
移动互联网技术
移动开发技术与电子商务
电子商务新技术
人工智能
云计算与大数据
VR和AR
区块链技术
电子数据交换技术
电子数据交换的定义和特点
电子数据交换系统构成
电子数据交换在电子商务中的应用
计算机网络技术
计算机网络定义
计算机网络的发展趋势
以数据通信为主的第一代计算机网络
以资源共享为主的第二代计算机网络
以体系标准化为主的第三代计算机网络
以Internet为核心的第四代计算机网络
计算机网络的特点
可靠性
高效性
独立性
扩充性
共享性
分布性
交互性
安全性
计算机网络的功能
数据通信
资源共享
集中管理
分布式处理
负载均衡
信息检索
远程教育
分布式数据库
电子邮件
网络购物
计算机网络的应用
科学计算
数据处理
知识处理
图像处理
实时控制
通信与网络
多媒体处理

< 学习目标 >

1. 理解电子商务的基本概念、分类和运作模式。

2. 掌握电子商务的基础技术，包括互联网技术、数据库技术、信息安全技术等。

3. 了解电子商务的商业模式和盈利方式，以及如何设计和实施有效的电子商务战略。

4. 熟悉电子商务的法律法规和政策，以及如何合规经营。

5. 掌握电子商务营销策略和技巧，包括搜索引擎优化、社交媒体营销、电子邮件营销等。

6. 了解电子商务客户服务和管理，以及如何提高客户满意度和忠诚度。

7. 掌握电商支付和结算技术，包括电子钱包、网上银行、第三方支付等。

8. 熟悉电子商务物流和供应链管理，以及如何优化物流和降低成本。

9. 掌握电子商务安全技术，包括防止黑客攻击、数据保护、身份认证等。

10. 了解电子商务的未来发展趋势和创新方向，以及如何应对未来的挑战和机遇。

随着互联网的普及和信息技术的快速发展，电子商务已成为全球商业领域的重要组成部分。越来越多的企业开始将其业务拓展到电子商务领域，通过在线交易、数字化营销等手段，实现盈利和业务增长。在这一过程中，电子商务基础技术发挥着至关重要的作用。本章将对电子商务基础技术进行概述，探讨它们在电子商务领域的应用，并展望其未来发展趋势。

一、计算机技术

计算机技术是电子商务的发展支撑。计算机技术的出现早于电子商务，并且它的研发用意也并非专门为了电子商务应用，而是用以解决复杂的运算问题。随着计算机技术的不断发展，相关的软件技术、硬件技术等均得到完善，尤其是网络技术的快速发展，为电商平台的形成奠定了基础。

当电子商务发展到一定规模之后，原有的计算机技术呈现出无法适应的工作状态，而鉴于电子商务在社会中的重要地位，从而形成倒逼计算机技术进步的力量。计算机网络信息与安全技术在电子商务中的应用，打破了信息传播的时间与空间限制。商贸活动的店家与消费者可以通过网络交流，达成一定的产品购买共识，然后完成网络购物与信息支付等商务活动。

自 1946 年第一台现代计算机问世以来，计算机技术持续地发展与丰富，现阶段主要的计算机技术主要有以下几个方面：

① 科学计算：科学计算主要是使用计算机进行数学方法的实现和应用。

② 数据/信息处理：数据/信息处理也称为非数值计算，计算机在文字处理方面已经改变了纸和笔的传统应用。

③ 过程控制：过程控制是指利用计算机对生产过程、制造过程或运行过程进行监测与控制。

④ 计算机辅助：计算机辅助是计算机应用的一个非常广泛的领域。

⑤ 网络通信：计算机网络是由多个独立的计算机系统组成的。

⑥ 人工智能：人工智能可以用计算机模拟人类的某些智力活动。

⑦ 多媒体应用：多媒体应用包括文本、图形、图像、音频、视频等。

计算机网络技术是电子商务交易的基础。现代电子商务的发展离不开计算机网络技术的发展，没有计算机网络技术的发展就不可能有电子商务的发展。计算机网络技术安全一旦出现问题，电子商务的发展就一定得不到保障。

电子商务作为虚拟的线上交易市场，主要通过计算机网络技术开展业务的交流与交易活动。计算机网络信息与安全技术在电子商务中的应用，打破了信息传播的时间与空间限制。商贸活动的店家与消费者可以通过网络交流，达成一定的产品购买共识，然后完成网络购物与支付等商务活动。

计算机的硬件系统组成及软件层次结构如下：

硬件系统组成：计算机硬件系统由电子线路及精密机械装置等构成，是看得见、摸得着的物理设备，负责数据计算与处理。

软件层次结构：计算机软件层次结构由系统软件和应用软件组成。系统软件包括操作系统、语言处理程序等，应用软件包括办公软件、图像处理软件等。

计算机系统的层次结构从下到上依次是微程序设计级、一般机器级、操作系统级、汇编语言级、高级语言级、应用语言级。

从上述介绍中我们可以看出，电子商务的可持续发展离不开计算机技术的发展与更新，此外，基于计算机应用生态下所产生的网络计算也对电子商务的发展有着重要的作用与意义。

二、计算机网络技术

（一）计算机网络的定义

计算机网络是指将地理位置不同的具有独立功能的多台计算机及其外部设备，通过通信线路和通信设备连接起来，在网络操作系统、网络管理软件及网络通信协议的管理和协调下，实现资源共享和信息传递的计算机系统（图 2.1）。

计算机网络主要是由一些通用的、可编程的硬件互联而成，这些可编程的硬件能够用来传送多种不同类型的数据，并支持广泛的和日益增长的应用。

由定义可知，计算机网络是通信技术与计算机技术的一种结合，其作用在于数据的传递、储存及共享。

（二）计算机网络的发展与特点

计算机网络的发展历史与趋势如下：

第一阶段：以数据通信为主的第一代计算机网络。这一阶段以电子计算机为主，将多

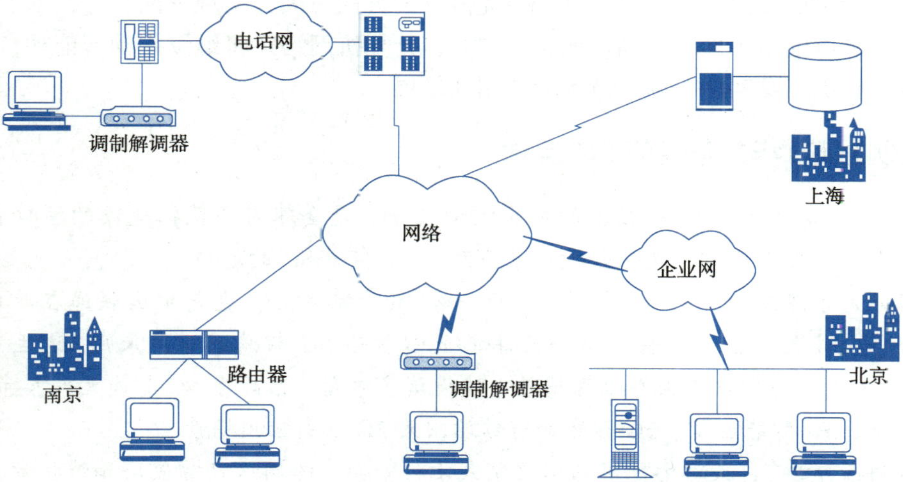

图 2.1 计算机网络示意图

台计算机互联起来，实现计算机之间的数据通信和资源共享。这个阶段的主要特点是计算机之间的数据传输是面向字符的，传输速度慢，稳定性差。

第二阶段：以资源共享为主的第二代计算机网络。这个阶段以局域网为主，将多台计算机互联起来，实现计算机之间的资源共享和信息交流。这个阶段的主要特点是计算机之间的数据传输是面向数据的，传输速度较快，稳定性较好。

第三阶段：以体系标准化为主的第三代计算机网络。这个阶段以互联网为主，将多台计算机互联起来，实现计算机之间的体系标准化和信息交流。这个阶段的主要特点是计算机之间的数据传输是面向对象的，传输速度更快，稳定性更好。

第四阶段：以 Internet 为核心的第四代计算机网络。这个阶段以全球互联网为主，将多台计算机互联起来，实现计算机之间的全球信息交流和资源共享。这个阶段的主要特点是计算机之间的数据传输是面向服务的，传输速度更快，稳定性更好，安全性更高（图 2.2）。

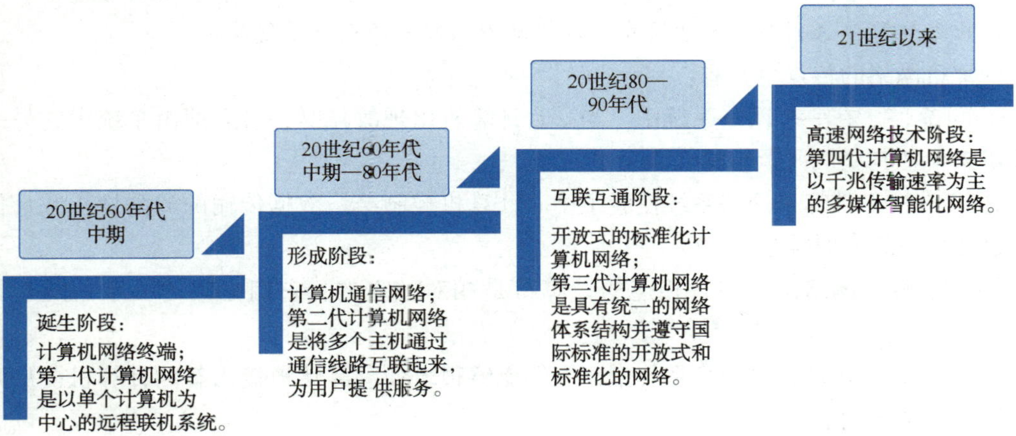

图 2.2 计算机网络技术发展历程

计算机网络的发展趋势是向IP技术+光网络的方向发展，实现三网合一，即通信网络、计算机网络和有线电视网络的高度融合。同时，计算机网络还将继续推动智能化、自动化、云计算、大数据、物联网等新兴技术的应用和发展。

【案例思政】华为与通信5G技术

5G智慧天津港是华为5G技术的应用案例之一，是全球首个获批建设的港口自动驾驶示范区，也是实现全球首个无人集卡场景下陆侧“一键着箱”的港口。

天津港是京津冀的海上门户，是“一带一路”的战略支点，也是中国联通在港口领域重要战略合作伙伴之一。天津联通携手天津港匠心打造5G智慧港口，采用“边生产、边改造”的建设方式，相继攻克世界性智慧港口建设诸多难题，落地了5G智能无人集卡、5G岸桥远程控制、5G智能理货、5G智能加解锁站四大5G创新应用场景。

在应用5G之前，天津港原有的网络制式比较繁杂，给网络日常应用和维护带来很多困扰。天津联通工业互联网拓展部总经理何凯在接受采访时说：“天津港进行5G智能化改造之后，尤其在集装箱码头，基本上做到了用5G一张网替代原先所有的网络。这样网络环境比较‘干净’，而且5G网络凭借大带宽、低时延和广连接的特性，基本能够满足港口全业务的网络要求，并且在未来可以实现基于5G的全连接码头。”比如利用5G网络，1名岸桥司机可以在中控室中远程控制3~6个岸桥，大大提高了工作效率，降低了成本，岸桥司机的工作环境也得到明显改善。

思考1：5G智慧天津港的成功应用对港口行业的发展有何积极影响？

答：5G智慧天津港的成功应用对港口行业的发展有积极影响。首先，它提高了港口的工作效率，降低了成本，改善了工作环境。其次，它促进了港口的智能化发展，推动了港口的转型升级。最后，它也为其他港口提供了借鉴和参考，推动了港口行业的数字化转型。

思考2：5G智慧天津港的成功应用对中国经济的发展有何启示？

答：5G智慧天津港的成功应用对中国经济的发展具有启示意义。首先，它表明中国正在积极推进数字化转型，加速智慧城市建设，这将促进中国经济的持续发展。其次，它展示了中国在5G技术领域的应用实力，彰显了中国在信息技术领域的创新能力。最后，它启示我们应当注重技术创新和人才培养，以推动中国经济的高质量发展。

计算机网络的特点主要有：

① 可靠性。在一个网络系统中，当一台计算机出现故障时，可立即由系统中的另一台计算机来代替其完成所承担的任务。

② 高效性。计算机网络系统摆脱了中心计算机控制结构数据传输的局限性，并且信息传递迅速，系统实时性强。

③ 独立性。网络系统中各相连的计算机是相对独立的，它们之间的关系是既互相联系，又相互独立。

④ 扩充性。在计算机网络系统中，人们能够很方便、灵活地接入新的计算机，从而达到扩充网络系统功能的目的。

⑤ 共享性。计算机网络系统实现了资源共享，包括硬件资源共享、软件资源共享和数据资源共享。用户可以通过网络访问共享的资源，避免了重复投入和浪费。

⑥ 分布性。计算机网络系统中的计算机可以分布在不同地理位置，它们可以由不同的组织或个人拥有和管理，这使得网络系统的结构更加灵活和开放。

⑦ 交互性。计算机网络系统支持多用户同时进行数据传输和交流，用户之间可以实时交互，提高工作效率和协作效果。

⑧ 安全性。计算机网络系统通常采用加密技术、防火墙等安全措施来保护系统和数据的安全，确保网络系统的稳定性和可靠性。

（三）计算机网络的功能与应用

1. 计算机网络的功能

计算机网络的功能主要有：

① 数据通信：计算机网络可以轻松实现计算机和计算机、计算机和终端以及终端与终端之间的数据信息传递。这种通信方式显著加快了信息交流的速度，使得不同计算机之间可以方便地进行数据的传输和共享。

② 资源共享：计算机网络可以充分利用已有的信息资源，使得计算机资源如硬件、软件和数据等都可以被网络中的所有用户共享。这种方式可以减少软件开发过程中的重复劳动，避免大型数据库的重复建设，从而大大提高了工作效率。

③ 集中管理：计算机网络可以实现集中管理，通过这种方式可以提高工作效率，增加经济效益。例如，网络管理员可以对网络中的所有用户进行统一管理，同时也可以对网络中的各种资源进行统一的配置和维护，从而减少了人力和物力的投入。

④ 分布式处理：计算机网络中的用户可以根据具体情况合理地选择网络中的资源，实现就近快速处理。这种方式可以实现网络资源的最佳利用，提高处理速度和处理效率，从而满足用户的需求。

⑤ 负载均衡：计算机网络可以大大扩展计算机系统的功能，扩大其应用范围，提高可靠性，为用户提供方便，同时也减少了费用，提高了性能价格比。例如，在网络中，负载可以被均匀分配到不同的计算机上，从而提高整个网络的性能和稳定性。这种方式也可以避免单点故障的发生，从而保证网络的可靠性。

⑥ 信息检索：计算机网络可以提供方便快捷的信息检索服务，用户可以通过网络访问各种各样的资源，如数据库、图书馆的电子图书、互联网上的网页等。计算机网络可以实现对大量信息的快速处理和查找，使用户能够更方便地获取所需的信息。

⑦ 远程教育：计算机网络可以突破传统的地域限制，实现远程教育。通过网络，学生可以在任何地点接受教育，而教师也可以通过网络向不同地点的学生进行教学和指导。这使得教育资源可以被更加广泛地共享，有助于提高教育的普及程度和质量。

⑧ 分布式数据库：计算机网络可以构建分布式数据库系统，将多台计算机连接起来，形成一个庞大的数据库网络。这种数据库系统可以集中管理大量的数据信息，并实现数据安全、可靠和高效的存储、维护和使用。这种分布式数据库系统可以实现数据共享和数据一致性，提高数据管理的效率和安全性。

⑨ 电子邮件：计算机网络可以提供电子邮件服务，用户可以通过网络发送和接收电子邮件。这种方式可以实现信息快速传递和交流，方便用户之间的联系和沟通。同时，电子邮件

还可以实现文件、图片、音频和视频等多种形式的传输，提高了信息传递的多样性和灵活性。

⑩ 网络购物：计算机网络可以提供网络购物服务，用户可以通过网络购买各种商品。这种购物方式方便快捷、省时省力，同时还可以提供多种支付方式，如在线支付、货到付款等，方便用户的选择。此外，网络购物还可以减少商品库存积压、降低成本，提高商品流通的效率和经济效益。

2. 计算机网络的应用

计算机网络的应用包括以下方面：

① 科学计算：利用计算机网络进行大规模数值计算，求解各种数学问题，为科学研究提供强有力的支持。例如，气象预报、地震预测、航天工程等领域都需要依赖科学计算来进行分析和模拟。

② 数据处理：计算机网络可以高效地收集、存储、处理和检索各种类型的数据，如文字、图像、音频和视频等。通过数据处理，我们可以获得新的信息形式，为决策提供依据。例如，商业智能分析、大数据挖掘等方面都离不开数据处理技术。

③ 知识处理：利用计算机网络进行知识的表示、利用和获取，实现知识的自动化处理和智能化管理。例如，人工智能、自然语言处理等技术正在被广泛应用于智能问答、智能推荐、机器翻译等领域。

④ 图像处理：计算机网络可以处理各种类型的图像数据，包括遥感图像、医学影像、数字艺术等。通过图像处理技术，我们可以进行目标检测、特征提取、图像分割等操作，为各种应用提供强大的支持。例如，医学影像分析、安防监控、虚拟现实等领域都涉及图像处理技术的应用。

⑤ 实时控制：计算机网络可以实时地收集、处理各种传感器数据，并根据预设条件进行自动控制或调节，以满足各种实际需求。例如，在工业生产、电力系统、交通控制等领域，实时控制技术发挥着重要的作用。

⑥ 通信与网络：计算机网络可以作为通信和网络设备，实现数据的高速传输和交换。通过各种通信和网络技术，我们可以将各种设备、系统、地区、国家连接起来，形成一个全球性的信息交流和共享网络。例如，互联网、移动通信、卫星通信等领域都离不开通信与网络技术的应用。

⑦ 多媒体处理：计算机网络可以处理各种多媒体数据，包括音频、视频、图像、动画等。通过多媒体处理技术，我们可以进行音频和视频的编辑、压缩、播放等操作，实现多媒体数据的综合应用。例如，娱乐产业、教育学习、远程会议等领域都涉及多媒体处理技术的应用。

此外，计算机网络的应用还涵盖了许多其他方面，如计算机辅助设计、制造、测试（CAD/CAM/CAT）、办公自动化、情报检索等。例如，通过计算机辅助设计软件，工程师可以更加高效地进行产品设计和建模；办公自动化则可以帮助企业提高工作效率，实现无纸化办公；情报检索则可以快速地获取所需的信息，为科研和学习提供便利。计算机网络的广泛应用正在不断推动着社会的发展和进步。

以上是计算机网络应用的一些重要方面，并不代表全部。随着科学技术的不断发展和进步，计算机网络将会在更多领域发挥其独特的优势，不断推动社会的发展和进步。

三、电子数据交换技术

（一）电子数据交换的定义和特点

电子数据交换(EDI)是一种利用计算机系统进行企业间商务信息交换的标准方法。通过使用预先定义的数据格式和通信协议，EDI 将企业之间的商务文档如订单、发票、库存报告、产品清单等进行标准化并以此进行交换，实现信息的共享和交互(图 2. 3)。

图 2. 3　EDI 系统模型图

简要来说，EDI 的特点主要表现在以下几个方面：

首先，EDI 并不仅仅是两个用户之间简单的数据交换，而是通过使用国际通用的消息格式和标准语法规则来进行信息传递。这意味着任何接收方都可以理解并处理这些信息，而无须了解发送方的具体系统和语言。

其次，EDI 是计算机之间自动进行的信息交换，整个过程无须人工干预。这大大减少了由于人为错误而引起的错误和延误，同时提高了信息传输的效率和准确性。

此外，一个 EDI 信息是由多个数据元素组成的字符串，每个元素代表一个单一的事实，如价格、商品型号等，元素之间通过特定的分隔符隔开。整个字符串被称为一个数据段。一个或多个数据段由头和尾限制定义为一个交易集，这个交易集就是 EDI 传输单元，也称为一个信息。当两个企业通过 EDI 交换这些信息时，它们就被视为交易伙伴。

综上所述，EDI 是一种高效、准确且标准化的信息交换方式，对于提高企业间的商务处理效率和信息共享有着重要的意义。

（二）电子数据交换系统构成

EDI 系统的三个核心要素是数据标准化、用于 EDI 通信的软件和硬件以及通信网络。该系统的应用旨在实现企业间商务文档的标准化交换，从而促进信息共享和交互。

具体而言，EDI 主要应用于不同组织之间，用于传输具有特定含义和目的的商务文档，如订单、发票、库存报告、产品清单等。这些文档的传输并非简单的数据交换，而是通过计算机系统间的直接信息交互来实现。

值得注意的是，EDI 传输的报文格式必须符合国际标准，这样才能确保计算机能够自动处理这些报文。这种标准化数据格式的使用，极大地提高了信息处理的效率和准确性。此外，EDI 所使用的数据通信网络通常是增值网或专用网，这些网络能够确保数据传输的安全性和可靠性。计算机系统之间通过 EDI 进行的数据传输不需要人工介入操作，从而减少了人为错误和延误。同时，EDI 国际标准是指用于行政、商业和运输领域的电子数据交换标准(EDIFACT)。这一标准不仅规范了 EDI 消息的格式，还明确了发送方和接收方应遵循的语法规则。因此，使用 EDI 进行信息交换时，必须遵循这些国际标准，以确保信息的准确理解和处理。

此外，EDI 的应用还为企业提供了更多商机。由于 EDI 能够实现标准化、安全且可靠的商务文档交换，因此它可以帮助企业缩短交货周期、提高产品质量、降低成本并改善客户服务。此外，EDI 还能为企业提供更广泛的客户和供应商网络，从而扩大其商业机会。

同时，EDI 的实施还促进了企业的可持续发展。由于 EDI 可以提高信息处理效率和准确性，减少纸张浪费和人力成本，因此它可以帮助企业实现更环保、更可持续的经营方式。同时，EDI 还可以为企业提供更好的供应链管理，从而减少库存成本和浪费，并提高客户满意度。

总之，EDI 是一种非常重要的企业应用。它可以实现企业间商务文档的标准化交换，促进信息共享和交互，提高企业的可持续发展能力(图 2.4)。

图 2.4　EDI 工作原理

EDI 通信网络协议的相关内容如下：

① 要素：EDI 通信网络协议建立在 EDI 通信网络的基础上，以保证各类 EDI 用户系统的互联。EDI 通信网络协议是实现企业间信息交流和业务协作的重要基石，它为不同企业之间的数据交换和信息共享提供了一种标准化的通信协议和规范。通过建立基于 EDI 通信网络协议的通信通道，可以实现各类 EDI 用户系统的互联，从而促进企业间信息共享和业务协作的顺利进行。

② 特点：EDI 通信网络协议的特点是简单、迅速、安全、可靠、高效、经济、实用，它与数据库、管理信息系统(如 MRP Ⅱ)等接口有关。这些特点使得 EDI 通信网络协议在企业间信息交流和业务协作中具有重要的应用价值。

③ 功能：EDI 通信网络协议的主要功能是解决 EDI 用户所属的其他信息管理系统或数据库与 EDI 系统之间的接口问题。通过使用 EDI 通信网络协议，可以实现不同系统之间的数据格式转换和信息传输，从而确保各个系统之间的数据交互和信息共享能够顺利进行。

④ 类型：EDI 通信网络协议的类型包括 MHX(X.400)等。这些不同类型的 EDI 通信网络协议为企业提供了多样化的选择，可以根据自身的业务需求和技术条件选择适合自己的协议类型从而建立 EDI 通信网络。

EDI 的软硬件具备以下几种关键特性和作用：

硬件方面，EDI 的核心依赖于计算机系统，因为计算机能够快速、准确地处理大量的数据信息。调制解调器作为实现 EDI 的关键设备，能够将计算机发出的数字信号转换为模拟信号，或者将模拟信号转换为数字信号，从而实现数据的传输。此外，电话线和通信网络也是必不可少的硬件设备，它们提供了数据传输的通道，使得数据可以在不同的计算机之间进行交换。

软件方面，EDI 的功能实现主要依赖于各种专业软件。数据转换软件可以将不同贸易伙伴的数据格式进行转换，使得不同的数据格式能够统一为标准的电子数据交换格式，从而实现数据的无障碍交换。通信软件则负责将数据包发送给指定的贸易伙伴，它的功能类似于电子邮件系统，能够确保数据准确无误地传输到目的地。而安全软件则以强大的加密和解密功能，确保 EDI 过程的安全性，防止数据被非法获取或篡改。

总的来说，EDI 的软硬件共同作用，使得贸易伙伴之间可以方便、快捷、安全地交换数据，显著提高了商业运作的效率和便利性。

（三）电子数据交换在电子商务中的应用

EDI 是电子商务中不可或缺的一部分，它通过自动化和标准化商业流程，显著提高了企业间的信息交流效率。这种高效的信息交流降低了运营成本，同时改善了客户体验。随着电子商务的不断发展和普及，EDI 在未来的应用前景将更加广阔。

以下是一些关于 EDI 在主要应用场景与领域中的说明：

① 供应链管理：EDI 在供应链管理中的应用是最为广泛的。供应商、生产商和零售商可以通过 EDI 系统共享实时的库存、订单、发货和交付信息。这有助于减少库存积压、提高交货速度，同时降低物流成本，从而优化整个供应链的效率。

② 订单处理：EDI 可以自动化订单处理流程。当客户在电商平台上下单时，订单信息可以通过 EDI 系统直接传输到供应商的系统中。这大大缩短了订单处理时间，提高了效率，同时减少了人为错误的可能性。

③ 发票处理：EDI 可以简化发票处理流程。通过将发票信息转换为 EDI 格式，企业可以快速地将发票发送给客户。这不仅提高了发票的传输速度，还方便客户快速查看和下载，从而提高了工作效率。

④ 库存管理：EDI 可以实现库存信息的实时共享。供应商可以及时了解销售商的库存情况，以便制定更精确的生产计划。同时，销售商也可以了解供应商的库存情况，以便进行更有效的销售预测。这种信息共享机制有助于减少库存积压，提高库存周转率。

⑤ 采购管理：EDI 可以简化采购流程。企业可以直接通过 EDI 系统向供应商发送采购订单，无须再经过烦琐的人工操作。这大大减少了采购过程中的人工操作，提高了采购效率，同时降低了由于人为错误而引起的误差。

综上所述，EDI 在电子商务中的应用领域多样且广泛，从供应链管理到订单处理、发票处理、库存管理和采购管理等方面，都发挥着不可忽视的作用。它不仅提高了企业间信息交流的效率，还降低了运营成本，改善了客户体验，为整个电子商务生态系统的流畅运行提供了强有力的支持。随着电子商务的不断发展和普及，EDI 在未来的应用前景将更加广阔，其在更多领域的应用值得我们期待（图 2.5）。

【案例思政】医疗机构数据交换系统新变革——助力医疗体系改革

随着医疗技术的不断发展和进步，医疗体系面临着越来越多的挑战。其中，医疗机构

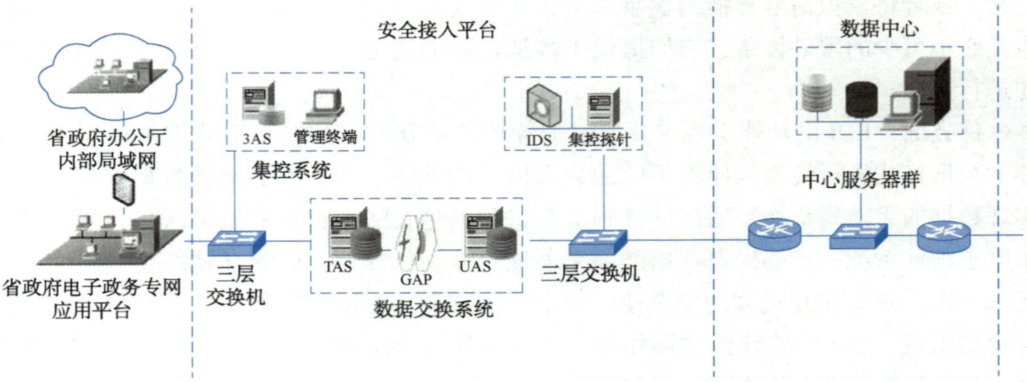

图 2.5　EDI 成功案例

之间的数据交换是一个重要的瓶颈。不同医疗机构之间的数据格式、传输方式和安全协议各不相同，导致数据交换困难，无法实现信息共享，严重影响了医疗效率和质量。

目前，在医疗行业中，出于安全性和合规性考虑，医院网络物理上为一张网，而逻辑上划分为外网、内网两部分，外网通常为办公服务及医院网站系统，内网为医院业务服务及系统，如 HIS、PACS、检验系统等，通过逻辑隔离或物理隔离的方式保障各网络内部数据安全。

随着互联网移动办公的开展以及业务需求的多元化，各网络间仍有文件传输的需求。与此同时，伴随着《网络安全法》《数据安全法》和卫健委相关法规、政策的落地和施行，医疗行业的网络安全和信息安全建设逐步加强，对跨网文件传输安全要求也不断提高。智慧医院的本质是数据。在数据交换方面，保障数据交换安全的同时，不降低业务效率，做到安全与效率的高度统一，是构建智慧医院的关键能力之一。传统数据交换方式缺乏统一的安全通道，数据传输无序，缺乏统筹管理，隐通道和暗通道无法及时发现，违规行为难以发觉，数据安全无法保障。如何保障医疗行业数据交换安全？对于医院来说同样面临着新挑战。

对于医疗机构数据交换的“新打法”，华山医院给出了全新答案。

华山医院安全数据交换系统通过部署联软科技安渡 UniNXG 安全数据交换系统（以下简称 UniNXG），实现了不同区域间的数据交换，多管齐下，保障数据安全。同时针对医院数据交换场景，通过 UniNXG 的强大功能及不同技术手段，让医院在保障数据安全的同时，降低安全对效率的影响，解决好“度”的问题，实现安全与效率的统一。

华山医院安全数据交换系统凭借自身在数据安全交换、OA 集成高效办公、多场景文件传输以及保障业务效率等方面的突出表现，协作配合，实现智慧医院应用创新和智能升级。华山医院安全数据交换系统是一款融合网闸、网盘和 DLP 的一体产品，系统同时支持多网交换、查杀毒、审计审批、敏感内容识别等功能，是解决用户网络隔离、网间及网内数据传输、交换、共享/分享、存储的理想安全系统，具有开创性意义。它能够对多网用户统一认证源，对用户操作文件事先授权，对用户上传的文件进行病毒查杀和内容检查与敏感性过滤（数据防泄露），以及进行多级审批（可对接 OA 系统审批），对用户的行为和文件的内容进行事后审计，并且能够为文档打上标签以备追溯。事前有授权审批，事中有数据防泄露，事后有审计与文档追踪，数据交换全程安全可控。

在不破坏原有网络隔离性的前提下，华山医院安全数据交换系统可实现多网间的交换文件，系统可同时支持2~8个隔离网络间的数据交换，提升业务效率并降低成本。同时，系统自带灵活的管理权限，提升管理及工作效率。系统根据用户控制上传、下载和分享文件权限，一套系统多网统一规范管理。管理员可基于账户对文件上传、下载、分享等权限进行统一规范管理，有效防止用户的恶意操作。此外，系统提供类似网盘的操作体验，零学习成本，快速上手，操作便利，提升用户使用体验。安全数据交换系统可以协同各个系统，构建强大且全面的安全防护能力，深化安全能力体系协同建设。后续，华山医院安全数据交换系统将与UniDLP数据防泄露系统协同，保护华山医院业务系统和终端的业务数据，打造更安全、高效、便捷的数据传输通道，避免敏感数据外泄。

针对医院不同的数据安全场景，华山医院携手联软科技，“量体裁衣”定制解决方案，根据各个使用场景采用不同策略，使得安全与效率兼得。以技术为驱动、场景为核心，华山医院安全数据交换系统以智慧化的产品和解决方案，突破传统数据交换模式的局限，构建更强的智慧医疗数据安全防护能力，为智慧医疗创新发展提供参考借鉴的同时，让数据安全交换更高效。目前，联软安全方案已经成为大型医院的首选。联软客户遍布全国，且大多数为三级甲等医院。近20年来，联软已实现金融、制造业、运营商、政府、医疗、能源企业各类行业覆盖，为超过3000家政企用户提供全面的产品、解决方案和服务。

思考1：什么是医疗机构数据交换系统？它的作用是什么？

思考2：实施新的数据交换系统后，医疗机构在哪些方面得到了改进？

四、电子商务中的互联网技术

（一）Web技术

随着互联网技术的不断发展，Web技术已成为电子商务的重要组成部分。电子商务是指利用互联网、移动设备等，实现商务活动和交易的过程。在这个过程中，Web技术扮演着极其重要的角色，为商务活动的信息发布、交易处理、在线支付等提供了便捷和高效的服务。

1. Web技术概述

Web技术是建立在互联网基础之上的一种计算机技术，其核心技术包括HTML、CSS、JavaScript等。HTML负责网页的结构和内容的定义，CSS负责网页的样式设计，JavaScript负责网页的交互效果实现。这些技术结合在一起，可以实现动态、交互、多媒体的Web应用程序。

Web技术作为互联网的基础，不仅改变了人们获取信息的方式，还深刻影响了我们的生活方式和社会交往形式。它的发展和演变，不仅体现了技术的进步，也反映了人类对于信息共享和交流的需求。

近年来，随着Web技术的不断更新和发展，其涉及的领域已经越来越广泛。除了传统的网页浏览和信息检索，Web技术还应用到了在线购物、在线支付、在线办公、远程教育、电子政务等各个方面。可以说，Web技术已经深入我们生活的每一个角落，并不断为我们带来便利和快乐。

同时，Web 技术也在推动着计算机科学技术的发展。随着 Web 技术的不断演变和进步，前端开发和后端开发技术也在不断发展和更新。其中，HTML5、CSS3、JavaScript 等前端技术的发展，使得 Web 应用程序的界面更加美观，交互更加流畅，用户体验更加优秀；而 Node. js、Python 等后端技术的发展，则进一步提高了 Web 应用程序的性能和安全性。

未来，Web 技术将继续发挥其重要作用。随着 5G、物联网、人工智能等技术的不断发展，Web 技术将进一步与其他技术结合，形成更为复杂的应用程序。同时，Web 技术也将在保护用户隐私、增强安全性、提高性能等方面进行不断的优化和改进，以满足人们日益增长的需求。

2. 电子商务中的 Web 技术应用

电子商务网站建设是实现电子商务活动的重要环节，它不仅需要满足用户的需求，还需要具备高度的可靠性和安全性。Web 技术作为构建电子商务网站的关键，能够将各种功能集成在一个交互式的网站中，使得用户可以在线购物、在线支付等。通过 Web 技术，电子商务网站可以提供商品信息、交易流程、用户注册和登录等多种服务，同时还可以支持多种支付方式，如支付宝、微信支付等。

移动电商是一种新的电子商务模式，它将传统的电子商务与移动通信技术相结合，利用 Web 技术实现移动设备的响应式网页开发。通过响应式网页设计，可以自动适应不同大小的屏幕和设备，使用户可以在手机、平板等移动设备上随时随地进行购物和交易。移动电商具有方便快捷、随时随地购物等特点，成为现代人们购物的一个新选择。

电子商务安全是 Web 技术应用的一个重要方面，它涉及电子商务交易的安全性和可靠性。Web 技术可以通过数据加密、数字签名等安全措施来保护电子商务交易的数据和信息，防止数据被泄露、篡改或损坏等情况的发生。这些安全措施能够保证电子商务交易的安全性和可靠性，保护用户的隐私和财产安全。

由此可以发现，Web 技术是电子商务发展的重要支撑。它为电子商务提供了便捷的信息发布、交易处理和在线支付等服务，同时也保障了电子商务的安全性和可靠性。随着技术的不断进步和应用领域的不断拓展，Web 技术在电子商务中的应用将更加广泛和深入。

除了在电子商务网站建设和移动电商中的应用，Web 技术还为电子商务提供了更加智能化的服务。通过利用人工智能、大数据等技术，可以实现对用户需求的精准分析和预测，为消费者提供更加个性化的购物体验。例如，通过对用户历史交易数据的分析，可以了解用户的购物习惯和偏好，从而为其推荐更加符合需求的商品和服务。

另外，Web 技术还为电子商务网站的运营提供了更加高效的管理和运维手段。通过利用自动化测试、持续集成等技术，可以快速响应网站故障和问题，保障网站的稳定性和可靠性。同时，Web 技术还可以实现网站的自动化管理和维护，提高网站的管理效率和维护成本。

在未来发展中，随着电子商务的不断普及和深化，Web 技术在电子商务中的应用将更加广泛和多样化。例如，利用物联网技术实现智能物流、无人仓库等功能，提高物流效率和降低成本；利用区块链技术实现更加安全可信的交易和支付服务等。可以预见，Web 技术将继续在电子商务领域发挥重要作用，推动电子商务的持续发展和进步。

（二）移动互联网技术

移动互联网是 PC 互联网发展的必然产物，它集移动通信和互联网的特性于一体。移动互联网继承了移动通信随时、随地、随身的特点，同时也吸收了互联网开放、分享、互动的优势。它是一个全国性的网络，以宽带 IP 为技术核心，能够同时提供各种高品质的电信服务，如语音、传真、数据、图像、多媒体等。这个新一代的开放的电信基础网络，由运营商提供无线接入，互联网企业则提供各种成熟的应用，为人们的生活和工作带来了极大的便利。

1. 移动互联网技术结构

移动互联网的技术结构可以分为三个层次，这些层次相互依赖和作用，共同构成了移动互联网的基础架构。

首先，终端层是整个移动互联网技术结构的基础，它包括各种不同类型的移动终端设备，如智能手机、平板电脑、电子书阅读器、MP3 播放器、MP4 播放器等。这些设备通过各种不同的无线通信协议和网络连接，为用户提供随时随地访问互联网的便利。

其次，网络层是移动互联网技术结构的核心，它包括各种不同的移动通信网络和无线网络技术，共同构建了一个广泛的通信网络，使得移动终端设备能够相互通信和访问互联网。移动通信网络如 CDMA、TD-SCDMA、GSM、WCDMA 等，各种无线网络技术如 Wi-Fi、蓝牙、RFID 等，都是网络层的重要组成部分。

最后，应用层是移动互联网技术结构的最高层次，它是指运行于终端和网络之上的各种应用程序和服务。这些应用程序和服务包括电子邮件、短信、电话、互联网浏览、在线游戏、音乐和视频播放等。用户可以通过这些应用程序和服务，在任何时间、任何地点进行通信、娱乐和工作。

综上所述，移动互联网的技术结构是一个由终端层、网络层和应用层组成的完整体系，每个层次都有其特定的功能和作用。随着移动互联网技术的不断发展和创新，这个体系也将不断演进和完善。

2. 移动网络技术

（1）移动通信技术

现阶段中国的移动通信技术以 4G、5G 技术为主流，其影响较大。

4G 一般指第四代移动通信技术。第四代移动通信技术是在 3G 技术上的一次更高层次的飞跃，具有高速移动数据传输、高分辨率视频、更佳的语音质量、高密度数据业务等特点。与上一代技术相比，4G 的性能得到显著提高。它的传输速度达到 100Mbps，能在 50km/h 的移动速度下进行传输，网络能容纳大量的用户。其操作具有灵活性、智能性、兼容性。

4G 技术对移动通信行业产生了巨大的影响，推动了移动通信行业的发展，使移动通信行业进入了一个新的阶段。它为用户提供了更高速、更稳定、更流畅的通信体验，开启了新的移动通信时代。

5G(第五代移动通信技术)是移动通信技术的一次重要飞跃，具有高速、低延迟、大容量等特点。与前一代技术相比，5G 的性能得到了显著提升，其传输速度可达 10Gbps，延迟仅为 1ms，可容纳更多的用户。

5G 技术对移动通信行业产生了巨大的影响，推动了移动通信行业的快速发展。它为用户提供了更高速、更稳定、更流畅的通信体验，开启了新的移动通信时代。

同时，5G 技术也推动了物联网、工业互联网、智能制造、智慧城市等新兴行业的发展，为社会带来了巨大的经济效益。相比于 4G 技术，5G 技术在如下方面取得了长足的进步：

第一，传输速度更快：5G 的数据传输速度比 4G 快得多，它的峰值下载速度可达到 20Gbps。在 5G 网络下，用户可以通过高清视频进行沉浸式的体验，可以实时播放 3D 视频。

第二，响应时间更短：5G 的信号响应时间很短，可以达到 1ms，这是 4G 无法比拟的。这意味着在 5G 网络下，数据传输的延迟时间将是微不足道的。这对于需要实时操作或交互的应用程序(例如在线游戏或应急救援)将是一个很大的进步。

第三，连接的设备数量更多：5G 的连接性能非常强，它能同时连接大量的智能设备。在 5G 网络下，用户可以同时连接多个移动设备，例如手机、笔记本电脑、平板电脑、智能电视以及物联网设备等。

第四，可靠性更高：5G 网络的可靠性非常高，它能够在高速运动的情况下保持稳定的连接。在 5G 网络下，用户可以顺畅地进行视频通话或使用其他在线服务，而无须担心连接中断或网络延迟。

(2) 蓝牙技术/热点技术

蓝牙技术是一种支持设备短距离通信的无线电技术，能在包括移动电话、PDA、无线耳机、笔记本电脑、相关外设等众多设备之间进行无线信息交换。

蓝牙技术的起源：蓝牙这个名称来自 10 世纪的丹麦国王哈拉尔德的外号，蓝牙技术使用高速跳频和时分多址等先进技术，在近距离内最廉价地将几台数字化设备呈网状链接起来，蓝牙技术是网络中各种外围设备接口的统一桥梁，它消除了设备之间的连线，取而代之以无线连接。1998 年 5 月，爱立信、诺基亚、东芝、IBM 和英特尔五家著名厂商在联合开展短程无线通信技术的标准化活动时提出了蓝牙技术，其宗旨是提供一种短距离、低成本的无线传输应用技术，这五家厂商还成立了蓝牙特别兴趣组，以使蓝牙技术能够成为未来的无线通信标准。

蓝牙技术的应用场景有很多，例如：

- 蓝牙耳机连接。由于众多手机已取消 3.5mm 耳机插孔，许多用户选择使用蓝牙耳机进行音频传输。
- 蓝牙具备文件传输功能。该功能是蓝牙的基础功能之一，在智能手机时代，人们通常会选择蓝牙进行音乐或电子书等文件的传输。
- 蓝牙可实现网络共享。通过蓝牙技术，两部手机可以共享同一个网络连接，共同访问互联网。
- 蓝牙用于解锁共享单车。使用蓝牙技术进行解锁，即使在没有网络的情况下也能实现。

• 通过蓝牙实现即时通信。将手机与电脑连接后，可利用蓝牙技术进行来电接听以及拨打电话。

• 蓝牙使手机与键鼠相连。现代手机已具备类似微型电脑的功能，通过蓝牙技术，手机可以连接鼠标和键盘等外部设备，使得编辑文字更加便捷。

移动热点技术是一种可以将移动设备(如手机、平板电脑等)转换成无线网络接入点的技术。通过移动热点，用户可以在没有 Wi-Fi 网络的情况下，利用自己的移动设备来创建一个小型的 Wi-Fi 网络，让其他设备通过该网络连接互联网。

移动热点和蓝牙都是无线通信技术，但它们之间存在一些区别与不同：

• 连接数量：一般情况下，使用蓝牙共享网络仅能支持 1 台设备的配对，而使用手机的热点共享网络可以支持 2 台以上的设备共享网络。

• 连接速度：蓝牙 5.0 的带宽最高为 24Mbps，而热点方式 Wi-Fi 技术可达 54Mbps 或以上的带宽。

• 传输距离：蓝牙 5.0 对一些低功率设备传输距离可达 300m，而热点共享 Wi-Fi 只有 10m 左右的传输距离。

• 传输频段：蓝牙使用 2.4GHz 频率传输，而手机热点可使用 2.4GHz 和 5GHz 两个频率传输。特点是：2.4GHz 频率穿透性好、抗干扰能力弱；5GHz 频率穿透性差、抗干扰能力强。

（三）移动开发技术与电子商务

现阶段中国的移动开发技术主要涉及原生开发、Web 开发、跨平台开发等。

原生开发是针对某一移动平台(如 iOS 或 Android)特有的应用，使用相应平台支持的开发工具和语言，并直接调用系统提供的 SDK API。原生开发可以提供最佳的用户体验，因为它是直接针对特定平台的 API 和框架进行开发的。例如，Android 原生应用使用 Java 或 Kotlin 语言，iOS 原生应用使用 Objective-C 或 Swift 语言。

原生开发的优点是速度快、性能高，可以实现复杂动画及绘制，整体用户体验好。主要缺点是平台特定，开发成本高，不同平台必须维护不同代码，人力成本随之变大，内容固定，动态化弱。

Web 开发则是将应用程序或网站通过 HTML、CSS 和 JavaScript 等技术进行开发，使其可以在各种移动设备上浏览。Web 开发具有跨平台性，可以同时适用于 iOS、Android 等多种平台。

跨平台开发是为了解决原生开发成本高、维护困难等问题而出现的。跨平台开发技术可以将一套代码同时运行在多个平台上，如 React Native、Flutter 等。React Native 是使用 JavaScript 进行开发的跨平台框架，而 Flutter 是使用 Dart 语言进行开发的跨平台框架。

总的来说，原生开发适用于对性能和用户体验要求较高的应用，而 Web 开发和跨平台开发则适用于需要在多个平台使用的应用。常见的移动开发技术有：

Flutter：Flutter 是 Google 开发的跨平台移动应用开发框架，使用 Dart 语言编写。

React Native：React Native 是 Facebook 开发的跨平台移动应用开发框架，使用 JavaScript 语言编写。React Native 基于 React 框架，可以使用相同的代码库构建 iOS 和 Android 应用。

Kotlin：Kotlin 是一种基于 Java 虚拟机的新型编程语言，由 JetBrains 公司开发。

Swift：Swift 是一种由苹果公司开发的编程语言，被用于 iOS 和 macOS 应用程序的开发。

AR/VR 技术：增强现实和虚拟现实技术，为移动应用带来更加丰富的交互体验。

AI 技术：人工智能技术的应用，使移动应用能够更好地理解和适应用户需求。

区块链技术：区块链技术为移动应用提供了更加安全可靠的数据存储和交互方式。

近年来，移动开发技术及其成果在电子商务领域的应用越来越普及，具体来说有如下几个方面：

① 无线应用协议：WAP 是开展移动电商的核心技术之一，通过 WAP，手机可以随时随地、方便快捷地接入互联网，不受时间和地域约束。

② 移动 IP：移动 IP 通过在网络层改变 IP 协议，从而实现移动计算机在 Internet 中的无缝漫游。

③ 移动端开发技术：移动端开发技术包括前端和后端开发技术，前端技术包括 HTML、CSS、JavaScript 等，后端技术包括 PHP、Python、Java 等。

④ 人工智能技术：人工智能技术主要应用于个性化推荐、客户服务、营销等方面，例如机器学习、自然语言处理、图像识别等。

⑤ 移动支付技术：移动支付技术提供安全可靠的支付方式，例如支付宝、微信支付等。

⑥ 物流技术：物流技术提供快速、准确的配送服务，如顺丰、圆通、韵达等快递公司的物流管理系统。

⑦ 虚拟现实技术：虚拟现实技术应用于移动端，可为移动用户提供沉浸式体验，例如移动游戏、虚拟现实购物等。

⑧ 大数据技术：大数据技术通过对海量数据进行分析，为企业提供市场趋势、用户行为等方面的数据，有助于企业更好地制定营销策略和业务决策。

⑨ 云计算技术：云计算技术可以实现灵活、高效的计算和存储资源，为企业提供更高效的移动端服务，如移动 CRM、移动 ERP 等。

⑩ 物联网技术：物联网技术将各种设备、传感器等连接在一起，实现信息的交互和共享，从而提高生产效率和管理效率，如智能制造、智能家居等。

⑪ 区块链技术：区块链技术可以提供安全、可信、不可篡改的数据记录，有助于解决移动端交易信任问题，如移动支付、移动物流等。

⑫ 5G 技术：5G 技术是新一代移动通信技术，具有高速、低延迟、大容量等特点，可以为移动端用户提供更好的网络连接体验和更丰富的业务应用。

综上所述可以看出①~③的应用我们称为传统技术流应用，④~⑥的应用是电子商务在 PC 端及移动端的应用成果，2015 年以来⑦~⑫的相关应用开始出现并不断发展，无论在行业实践方面还是学术科研方面都取得了一定的成绩与发展。

（四）电子商务新技术

1. 人工智能

人工智能（Artificial Intelligence，AI）是研究、开发用于模拟、延伸和扩展人的智能的理论、方法、技术及应用系统的一门新的技术。人工智能是计算机科学的一个分支，其目的是生产出一种能以人类智能相似的方式做出反应的智能机器，该领域的研究包括机器人、语言识别、图像识别、自然语言处理和专家系统等。

人工智能的发展已经引发了新一轮的科技竞赛。在追求更高效、更便捷、更准确的智能服务中，人工智能技术已经渗透到人们日常生活的方方面面。从智能家居、医疗诊断到自动驾驶、智能制造等领域，人工智能正以前所未有的速度改变着社会生产和生活方式。

在语言识别领域，人工智能技术使得人们可以通过语音与计算机进行交互，实现更为便捷的信息获取和服务。这一技术被广泛应用在智能客服机器人、智能语音助手等领域，大大提升了人们的工作效率和生活品质。

在图像识别领域，人工智能技术更是取得了惊人的突破。如今，计算机已经能够准确地识别和解读图像中的各种信息，如人脸、物体、文字等。这一技术在安防、医疗、金融等领域有着广泛的应用，极大地提高了社会公共安全和管理效率。

自然语言处理是人工智能领域的另一重要研究方向。通过模拟人类的语言理解和表达能力，人工智能在文本分析、机器翻译、智能写作等方面取得了显著成果。这使得人们可以更加便捷地进行跨国交流和获取信息，推动了全球信息共享和文化交流。

专家系统是人工智能中的另一个强大工具。通过将专家的知识和经验整理成知识库，并利用人工智能算法进行推理和判断，专家系统能够模拟人类专家的决策过程，为人们提供更为精准的专业建议和服务。这在医疗、金融、教育等领域具有广泛的应用前景。

人工智能的关键技术包括计算机视觉、自然语言处理、语音处理、机器学习等，结合近年来相关行业发展趋势与研报可以看出，未来人工智能将主要在以下 6 个技术方向持续推进与演化。

① 大数据分析、处理和应用：人工智能需要处理大量的数据，大数据处理是人工智能发展的基础。

② 自然语言处理技术：使人工智能系统更好地理解和生成类似人类的语言，完成包括机器翻译、情感分析和问题回答等任务。

③ 计算机视觉技术：使人工智能系统更好地识别和分析视觉信息，完成包括图像分类、物体检测和面部识别等任务。

④ 机器学习和深度学习算法：人工智能的这一领域正在迅速发展，并被广泛应用，包括玩视频游戏、控制机器人和优化能源利用。

⑤ 虚拟现实与增强现实技术：模拟真实世界，为人工智能的发展提供更多可能。

⑥ 机器视觉和图像处理：使人工智能系统可以识别图像和物体，并对其进行分析和处理。

之所以说人工智能为电子商务行业带来了全新的发展契机与动力，主要原因在于其改变了传统电子商务及其业态的经营模式，逐渐形成一种全新的消费关系，其在电子商务领域的应用主要有：

智能客服机器人：涉及机器学习、大数据、自然语言处理、语义分析和理解等多项人工智能技术。主要功能是自动回复顾客问题，消费者可以通过文字、图片、语音与机器人进行交流。可以有效降低人工成本、优化用户体验、提升服务质量、最大限度地挽回夜间流量，以及帮助客服解决重复咨询问题。

推荐引擎：建立在算法框架基础之上的一套完整的推荐系统，利用人工智能算法，可以实现海量数据集的深度学习，分析消费者的行为，并且预测哪些产品可能会吸引消费者，从而为他们推荐商品，这有效降低了消费者的选择成本。

图片智能搜索：电商平台的商品展示与消费者的需求描述之间，是通过搜索环节产生联系的，不过基于文字的搜索行为有时很难直接引导用户找到他们想要的商品

智能推荐系统：利用人工智能技术，根据消费者的兴趣、购买行为等数据，分析消费者的需求，向其推荐相应的产品或服务。该系统可以实时更新推荐结果，以适应市场的变化和消费者需求的变化，有效提高了转化率和客户满意度。

语音智能交互：通过自然语言处理和语音识别等技术，让消费者可以通过语音与智能设备进行交互，实现智能家居等场景中的智能交互，提升用户体验和便利性。

智能影像识别：利用人工智能技术，对图片或视频中的人、物体等进行识别、分类和标注，从而为消费者提供更多有关信息，帮助他们更好地了解产品或服务。

智能文本摘要：利用自然语言处理等技术，对大量文本进行自动阅读、分析和概括，从而生成简短的摘要，方便消费者快速了解文本的主要内容。

智能决策支持系统：基于人工智能技术，利用数据挖掘等技术，从海量数据中提取有用的信息，帮助企业做出更明智的决策。该系统具有预测性分析功能，可以预测市场趋势、用户行为等。

智能移动应用：利用人工智能技术，为移动设备提供更为智能、个性化的应用体验。如智能语音助手、智能相机等，都使用了自然语言处理、计算机视觉等技术。

【案例思政】人工智能助力企业员工思想政治教育

某公司为了加强员工思想政治教育，提高员工的思想觉悟和道德水平，决定引入人工智能技术，开发一款针对员工思想政治教育的人工智能系统。

该公司的思想政治教育人工智能系统主要包括以下几个功能：

智能推荐学习资源。该系统的算法会根据员工的学习历史、学习偏好和思想表现，推荐相关的学习资源，包括在线思想政治教育课程、学习资料、书籍等。

智能评估员工思想表现。该系统的算法可以自动评估员工的思想表现，包括员工在工作中的行为表现、言行举止以及个人思想动态等，为管理层提供参考依据。

智能制定思想政治教育计划。该系统的算法可以根据员工的学习历史、思想表现和学习偏好，制定针对性的思想政治教育计划，为员工提供个性化的学习服务。

智能监测员工学习情况。该系统的算法可以实时监测员工的学习情况，包括学习进度、学习时间、学习效果等，为管理层提供参考依据。

该思想政治教育人工智能系统的应用，极大地提高了员工思想政治教育工作的效率和质量，降低了管理成本，同时也为员工提供了更加便捷、个性化的学习服务。

思考 1：该公司为何决定引入人工智能技术来加强员工思想政治教育？

答：该公司决定引入人工智能技术来加强员工思想政治教育，主要有以下几个原因：

提高效率和质量：人工智能技术可以帮助公司自动评估员工的思想表现、智能制定思想政治教育计划、实时监测员工的学习情况等，从而提高员工思想政治教育工作的效率和质量。

降低管理成本：通过人工智能技术，公司可以减少需要投入的人力资源，降低管理成本。

个性化学习服务：人工智能技术可以根据员工的学习历史、学习偏好和思想表现，推荐相关的学习资源，为员工提供更加便捷、个性化的学习服务。

思考2：该思想政治教育人工智能系统有哪些主要功能？

答：该思想政治教育人工智能系统主要包括以下四个功能：

智能推荐学习资源：该系统的算法会根据员工的学习历史、学习偏好和思想表现，推荐相关的学习资源，包括在线思想政治教育课程、学习资料、书籍等。

智能评估员工思想表现：该系统的算法可以自动评估员工的思想表现，包括员工在工作中的行为表现、言行举止以及个人思想动态等，为管理层提供参考依据。

智能制定思想政治教育计划：该系统的算法可以根据员工的学习历史、思想表现和学习偏好，制定针对性的思想政治教育计划，为员工提供个性化的学习服务。

智能监测员工学习情况：该系统的算法可以实时监测员工的学习情况，包括学习进度、学习时间、学习效果等，为管理层提供参考依据。

2. 云计算与大数据

云计算和大数据的结合应用，可以更好地发挥大数据的价值，提升数据处理的效率和精度，同时也可以提供更加稳定可靠的云计算服务。

云计算是一种通过互联网提供计算资源和服务的模式，它将大量的计算资源和应用程序通过网络提供给用户，使得用户可以随时随地获取所需的服务。这种计算模式具有超大规模、虚拟化、高可靠性、通用性、高可伸缩性、按需服务、极其廉价等特点，能够满足不同用户的需求。

大数据则是指处理和分析大量数据的技术和方法，这些数据不仅包括结构化数据，还包括非结构化数据，如文本、图像、视频等。大数据的特点是数据体量巨大、种类繁多、处理速度快、价值密度低，它能够从海量的数据中提取有价值的信息，帮助企业更好地了解市场和客户需求，优化业务流程，提高决策效率。

云计算和大数据的结合应用，可以更好地发挥大数据的价值。通过云计算平台，大数据可以更加高效地进行存储、处理、分析以及应用，使得数据处理和分析的效率和精度得到显著提升。同时，云计算的稳定性和可靠性也为大数据的处理提供了更加可靠的保障，使得用户可以更加放心地使用云计算和大数据服务。云计算和大数据技术的深度融合，进一步优化了数据处理流程，让数据处理变得更加高效，让企业的运营管理更加精确。通过云计算平台和大数据技术，企业可以在短时间内获取更多的数据，同时还可以快速分析这些数据，为企业的决策提供更加精准的依据。企业还可以通过云计算平台获取更加可靠的服务，确保数据的安全和隐私。此外，云计算平台还可以帮助企业更好地整合数据资源，让企业的数据更加高效地共享，为企业的业务增长提供了更多的可能性。因此，云计算和大数据的结合应用对于企业来说，是一项具有很高价值的技术应用。

3. VR 和 AR

VR 和 AR 都是计算机图形学和视觉技术领域的重要应用，它们的主要区别在于应用方式和效果。

VR 指虚拟现实（Virtual Reality），是一种通过计算机模拟技术，创造出一个虚拟的环境，让用户感觉自己置身于其中。VR 技术通常需要使用头戴式显示器、手柄等设备，以及专门的虚拟现实软件来呈现虚拟环境。

AR 指增强现实（Augmented Reality），是一种将计算机生成的虚拟信息与真实世界场景相结合的技术。通过使用 AR 技术，用户可以在现实场景中看到虚拟元素，在游戏、广告、教育、医疗等领域都有 AR 应用。

AR 和 VR 在电子商务中的应用如下：

AR 技术可以应用到电子商务中，例如服装店，客户可以通过手机屏幕，在人像上叠加各种衣服，来选择适合自己的衣服，并实时更换，非常方便。

VR 技术可以为电子商务提供一种全新的购物体验，即虚拟现实购物。它允许客户虚拟地看到整个商店的产品，让客户感受到布料的面料和颜色，然后决定是否要购买该产品。这样可以提高客户的参与度。

当然，AR 与 VR 并不是孤立发展的，而是表现出一种整合式发展的倾向，随着其整合与技术的进步也产生了 MR（混合现实）、CR（影像现实）、ARVR（增强虚拟现实）等，值得相关电商人员高度关注。

4. 区块链技术

区块链技术是一种基于去中心化、不可篡改的数据块链式结构，通过密码技术保证数据传输和访问的安全，实现数据或信息分布式存储和共享的技术。

区块链技术包括以下核心要素：

区块链结构：区块链是一种链式结构，由许多数据块组成，每个数据块包含了一定的信息，并且通过密码技术保证数据块之间不可篡改和不可伪造。

分布式存储：区块链技术中的数据块可以在多个节点上存储，每个节点都可以存储完整的区块链数据，从而保证了数据的安全性和可靠性。

共识机制：区块链技术中的节点之间需要达成共识，以确保数据的一致性和可信度。常见的共识机制包括工作量证明（Proof of Work）、权益证明（Proof of Stake）等。

智能合约：区块链技术可以支持智能合约，即可以在区块链上自动执行合约条款的程序，从而实现自动化和智能化的交易和操作。

区块链技术的应用范围非常广泛，包括数字货币、供应链管理、电子投票、医疗保健、版权管理等多个领域。但是，区块链技术也存在一些问题，如能耗较高、扩展性不足、隐私保护不够等，需要进一步完善和改进。

区块链技术的核心特点还包括去中心化和安全性。它通过去除中心化信任的方式，实现了数据传输和存储的安全性和可靠性。在区块链技术中，每个节点都有机会参与验证和添加新的数据块，这意味着任何人都可以通过参与区块链网络来验证和确认交易。同时，区块链技术使用先进的密码技术来保护数据传输和访问的安全性，使得数据不易被篡改和窃取。

区块链技术的另一个重要特点是匿名性和隐私保护。在区块链上，交易可以保持匿名和得到隐私保护，使得交易可以保持安全和私密。这使得区块链技术在医疗保健、供应链管理等领域有着广泛的应用，可以保护患者的隐私和供应链的交易秘密。

此外，区块链技术还具有可追溯性和透明度。在区块链上，每笔交易都可以被记录和跟踪，使得人们可以轻松地跟踪交易的历史记录。这种可追溯性在医疗保健、食品溯源等领域有着重要的应用价值。

总的来说，区块链技术是一种非常具有潜力的技术，其核心特点包括去中心化、安全性、匿名性、隐私保护、可追溯性和透明度等。这些特点使得区块链技术在数字货币、供应链管理、医疗保健、版权管理等领域有着广泛的应用前景。但是，随着区块链技术的不断发展和应用，也需要进一步完善和改进，如提高能源效率，解决拓展性、隐私保护等方面的技术难题，以更好地满足实际应用的需求。

【案例阅读】招商银行首创区块链直联跨境支付技术

2017 年 3 月，招商银行通过首创区块链直联跨境支付应用技术，为前海蛇口自贸区注册企业南海控股有限公司通过永隆银行向其在香港同名账户实现跨境支付，标志着国内首个区块链跨境领域项目在前海蛇口自贸片区成功落地应用，在国内区块链金融应用领域具有里程碑意义。

本章从电子商务技术出发，着重介绍了相关行业的新技术、新理念、新发展、新趋势，这些部分也许在现阶段并没有完全代替传统电子商务的相关内容与技术，下一章我们将详细介绍电子商务形成的最底层的逻辑要素即电子商务安全性问题。

课后习题

名词解释

1. 电子商务

2. 电商平台

3. 电子支付

4. 物流配送

5. 电子商务推广

单项选择题

1. 电子商务的定义是什么？（　　）

A. 通过互联网进行商品交易的活动　　B. 通过电话进行商品交易的活动
C. 通过电视进行商品交易的活动　　D. 通过传真进行商品交易的活动

2. 下列哪项不属于电子商务的基本技术？（　　）

A. 电子支付技术　　B. 网络安全技术　　C. 电子政务技术　　D. 电子广告技术

3. 电子商务的主要特点是什么？（　　）

A. 无时无刻不在进行交易　　B. 交易双方必须面对面
C. 交易过程中需要物流支持　　D. 交易过程中不能使用电子支付

4. 下列哪项不是电子商务的分类？（　　）

A. B2B　　B. B2C　　C. C2C　　D. B2G

5. 电子商务的发展趋势是什么？（　　）

A. 向线下实体店转移　　B. 向线上虚拟市场转移
C. 向传统市场转移　　D. 向无人售货机转移

6. 电子商务的优势不包括哪项？（　　）

A. 提高交易效率　　B. 降低交易成本
C. 扩大交易范围　　D. 增加交易风险

7. 在电子商务中，哪种模式是企业对企业的交易模式？（　　）

A. B2B　　B. B2C　　C. C2C　　D. B2G

8. 在电子商务中，哪种模式是企业对消费者的交易模式？（　　）

A. B2B　　B. B2C　　C. C2C　　D. B2G

9. 在电子商务中，哪种模式是消费者对消费者的交易模式？（　　）

A. B2B　　B. B2C　　C. C2C　　D. B2G

10. 在电子商务中，哪种模式是企业对政府的交易模式？（　　）

A. B2B　　B. B2C　　C. C2C　　D. B2G

多项选择题

1. 电子商务的主要技术包括哪些？（　　）

A. 电子支付技术　　B. 网络安全技术　　C. 电子政务技术　　D. 电子广告技术

2. 电子商务的模式包括哪些？（　　）

A. B2B　　B. B2C　　C. C2C　　D. B2G

3. 电子商务的优势包括哪些？(　　)

A. 提高交易效率　　B. 降低交易成本

C. 扩大交易范围　　D. 增加交易风险

4. 电子商务中，哪些因素对交易安全有影响？(　　)

A. 网络安全技术　　B. 电子支付技术

C. 数据加密技术　　D. 用户隐私保护技术

5. 电子商务中，哪些模式可以提高交易效率？(　　)

A. B2B　　B. B2C

C. C2C　　D. O2O(线上到线下)

6. 电子商务中，哪些模式可以降低交易成本？(　　)

A. B2B　　B. B2C

C. C2C　　D. O2O(线上到线下)

7. 电子商务中，哪些模式可以扩大交易范围？(　　)

A. B2B　　B. B2C

C. C2C　　D. O2O(线上到线下)

8. 电子商务中，哪些模式可以提高用户体验？(　　)

A. B2B　　B. B2C

C. C2C　　D. O2O(线上到线下)

9. 电子商务中，哪些模式可以提高企业竞争力？(　　)

A. B2B　　B. B2C

C. C2C　　D. O2O(线上到线下)

10. 电子商务中，哪些模式可以提高政府服务水平？(　　)

A. B2G(企业对政府)　　B. G2B(政府对企业)

C. G2C(政府对消费者)　　D. G2E(政府对员工)

简答题

1. 请列举电子商务的四个基础技术。

2. 什么是电子商务中的网络技术？

3. 在电子商务中，安全技术的作用是什么？

4. 什么是电子商务中的支付技术？

5. 物流技术在电子商务中的作用是什么？

第三章

电子商务安全：策略、技术和实践

【思维导图】

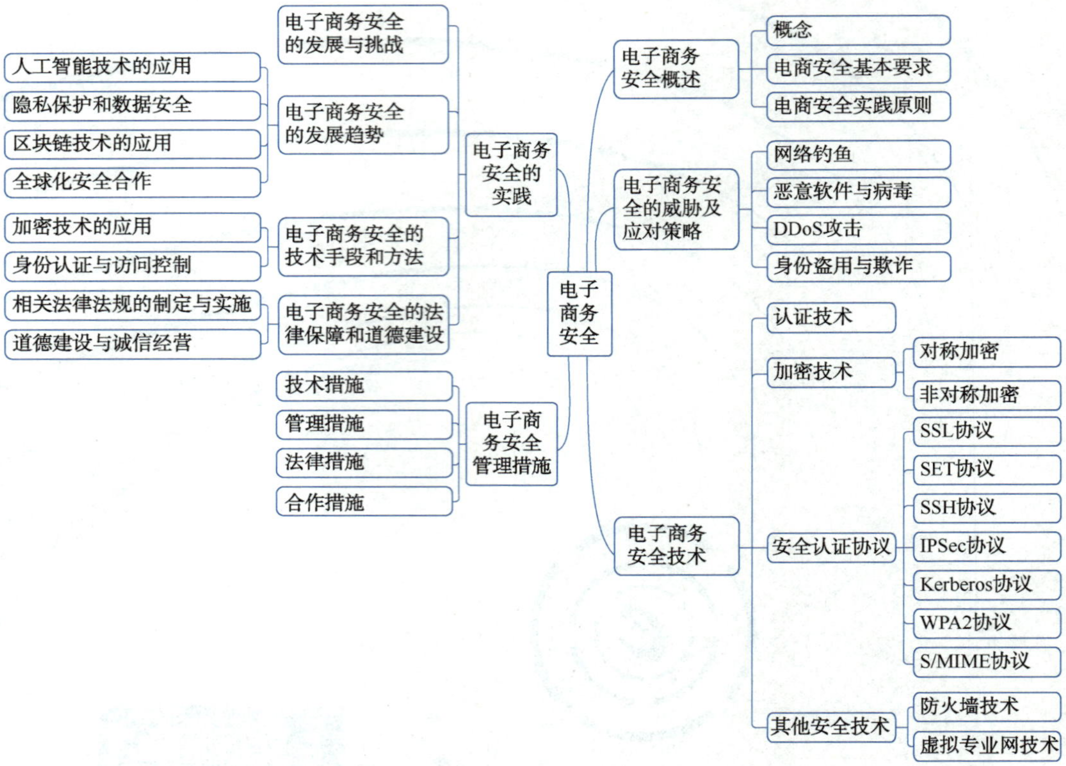

< 学习目标 >

1. 理解电子商务安全的基本概念和重要性。
2. 掌握电子商务安全的策略，包括数据加密、安全协议、防火墙等。
3. 熟悉电子商务的技术基础，包括网络技术、Web 技术、数据库技术等。
4. 掌握电子商务安全的实践，包括如何防范网络攻击、如何保护客户隐私、如何加强网络安全等。

随着互联网的普及和电子商务的迅速发展，电子商务安全问题也日益凸显。电子商务安全涉及保护企业和消费者的利益，以及维护交易过程中的数据和资金安全。为了帮助读者更好地理解电子商务安全方面的知识，本章将详细介绍电子商务安全的策略、技术和实践。

电子商务安全策略是企业为了保护自身和客户的利益而采取的一系列措施。这些策略通常涉及制定和实施安全管理政策、规范员工行为、建立安全管理体系等方面。此外，针对不同的安全威胁，企业还需要制定相应的应急预案，以便在遭受攻击时能够迅速应对。

电子商务安全技术是保护电商平台和交易数据所必需的手段。其中，密码技术是基础的安全措施之一，通过加密算法对数据进行加密，确保未经授权者无法获取敏感信息。身份认证技术用于验证用户的身份，常用的方法包括用户名和密码、数字证书和多因素认证等。数据加密技术可以在数据传输过程中对数据进行加密，确保数据在传输过程中不被窃取。然而，每种技术都有其局限性，需要结合使用多种技术来提高安全性。

为了提高电子商务的安全性，企业可以采取一系列有效的安全实践。例如，使用安全浏览器可以防止恶意软件入侵，保护个人计算机和敏感数据的安全；使用安全电子邮件可以防止电子邮件被拦截、篡改或泄露；使用安全的社交媒体可以保护个人信息和隐私。然而，这些实践也存在一定的风险，需要在使用过程中注意防范。

总之，电子商务安全是一个至关重要的问题，它关乎企业、消费者和整个电子商务生态系统的利益。因此，企业必须建立完善的安全策略、采用先进的安全技术并实施有效的安全实践，以确保电商平台和交易数据的安全性。同时，消费者也需要提高自身的安全意识，正确使用电商平台，避免遭受欺诈或盗窃。未来的电子商务安全将更加依赖人工智能、大数据等先进技术的支持，这些技术可以帮助企业更高效地发现和应对安全威胁，提高整体安全性。因此，读者需要关注电子商务安全领域的发展趋势，及时了解最新的技术和实践方法，以便更好地保护自己和企业的利益。

一、电子商务安全概述

电子商务安全是指电商平台及其交易过程中所涉及的各个方面的安全，包括数据传输、数据存储、数据使用等方面的安全。电子商务安全涉及多个方面，如网络设备、操作系统、应用程序、数据库、用户等，这些方面的安全都需要得到有效的保障。

电子商务安全的基本要求包括以下几个方面：

数据传输的安全性：电商平台的数据传输需要采用安全的协议和技术，确保数据在传输过程中不被窃取、篡改或泄露。常用的安全协议包括 SSL 和 TLS 等。

数据存储的安全性：电商平台需要对存储数据进行加密处理，以防止未经授权的人员访问和篡改数据。同时，还需要建立数据备份和恢复机制，确保数据的安全性和完整性。

数据使用的安全性：电商平台需要建立完善的数据使用规范和流程，确保数据的正确性和安全性。例如，对于敏感信息，需要进行脱敏处理，避免敏感信息的泄露。

网络设备的安全性：电商平台需要建立完善的网络设备安全策略，包括防火墙、入侵检测和防御系统等，以防止未经授权的访问和攻击。

用户的安全性：电商平台需要对用户进行身份认证和授权管理，以确保用户的安全性和可追溯性。常用的身份认证方式包括用户名和密码、数字证书等。

从电子商务行业安全实践的角度来看，其必须遵循一定的原则与要求，电子商务安全的实践原则是指在实际应用中需要遵循的一些指导原则，以保障电商平台的安全性和稳定性。

以下是一些常用的电子商务安全实践原则：

最小权限原则：每个用户只能拥有其所需的最低权限，以避免权限滥用和潜在的安全风险。

密码管理原则：电商平台需要建立安全的密码管理体系，避免密码泄露和被盗取。例如，可以采用多因素身份认证方法提高密码安全性。

安全审计原则：电商平台需要建立完善的安全审计机制，对安全事件进行记录、分析和报告，以便及时发现和处理安全问题。

备份和恢复原则：电商平台需要建立完善的备份和恢复机制，确保数据丢失后能够及时恢复到正常状态。

安全培训原则：电商平台需要对员工进行安全培训，增强员工的安全意识和技能水平，避免因人为原因导致安全事故。

漏洞管理原则：电商平台需要建立完善的漏洞管理机制，及时发现和处理系统漏洞，避免被黑客利用进行攻击。

合规性原则：电商平台需要遵守相关法律法规和标准要求，确保业务运营的合规性和安全性。

风险评估原则：电商平台需要对业务进行全面的风险评估，识别出潜在的安全风险和漏洞，采取相应的措施进行防范和应对。

事件响应原则：电商平台需要建立完善的事件响应机制，对发生的安全事件进行及时响应和处置，尽可能减少损失和不良影响。

安全管理原则：电商平台需要建立完善的安全管理体系，包括安全策略、安全流程、安全管理机构等，确保电商平台的安全性和稳定性。

加密管理原则：电商平台需要对敏感信息进行加密处理，以保障数据的安全性和机密性。同时，也需要对加密密钥进行妥善保管，避免密钥泄露或被盗取。

安全测试原则：电商平台应定期进行安全测试，以验证系统的安全性及性能。通过模拟攻击、漏洞扫描等手段，发现潜在的安全隐患并及时修复。

安全意识培养原则：电商平台的每一位员工都应具备基本的安全意识，清楚了解自己在保障电子商务安全方面的责任。通过培训、宣传等方式提高员工的安全意识水平。

以上是几个常用的电商安全实践原则，这些原则的贯彻与执行有助于保障电商平台的安全性和稳定性，降低安全风险和损失。当然，随着业务环境和安全威胁的变化，电商平台需要及时调整和完善自身的安全策略与措施。

二、电子商务安全的威胁及应对策略

电子商务安全的威胁是指那些可能破坏电子商务系统、盗取敏感信息、削弱系统性能或造成其他不利的各种潜在因素。下面我们针对一些主要的电子商务安全威胁进行介绍。

（一）网络钓鱼

网络钓鱼是一种利用电子邮件、社交媒体等手段，以虚假信息诱骗用户提供个人信息或执行恶意操作的一种攻击方式。例如，2016 年，一家大型电子商务公司的用户就收到了伪装成公司官方的钓鱼邮件，邮件中声称用户的账户已被冻结，需要点击链接进行账户验证。由于该公司在网络安全方面的疏忽，导致大量用户信息被泄露，造成了严重的社会影响和经济损失。

案例索引：网络钓鱼是指通过伪造虚假网站、电子邮件或短信，诱使用户访问虚假网站，并输入个人信息或财务信息等敏感信息，从而达到窃取他人财产或其他目的的行为。

以下是一个可能的案例：假设某公司发现其员工经常收到一些来自陌生人的电子邮件，这些邮件声称可以提供某种产品或服务的优惠。该公司在调查后发现，这些电子邮件是由一个人为控制的虚假网站发出的，利用“网络钓鱼”技术来获取用户的个人信息或财务信息。在这种情况下，如果有人点击了这些电子邮件中的链接，他们将进入一个虚假的网站，并被要求提供他们的姓名、地址、电话号码和其他个人信息。一旦这些信息被收集起来，骗子就可以用来进行其他形式的违法活动，例如诈骗转账或者盗刷信用卡。因此，对于任何用户来说，应该保持警惕并且避免点击可疑的电子邮件和链接。同时，公司也应该采取措施来防止这种欺诈行为的发生，例如定期检查员工的电子邮件收发记录，确保没有收到异常的电子邮件或链接。

（二）恶意软件与病毒

恶意软件和病毒是网络安全领域常见的威胁，它们通过多种手段如感染用户计算机、窃取敏感信息、破坏数据等方式对电子商务系统造成严重的危害。这些恶意软件和病毒可以轻易地渗透到用户的计算机中，窃取个人信息、破坏数据，甚至篡改系统设置，给用户和相关机构带来不可估量的损失。

例如，2017 年出现的一种名为“WannaCry”的勒索软件在全球范围内爆发，它利用微软 Windows 系统的漏洞进行攻击，并加密用户的文件和资料，然后通过敲诈勒索的方式向用户索要赎金。这一攻击事件影响范围广泛，大量企业和组织被攻击，其中包括英国国家健康中心和西班牙电信等知名企业和组织。这次攻击事件不仅造成了严重的经济损失，还对社会造成了严重的影响。

恶意软件与病毒常见的类型有：

① 蠕虫：My Doom 是蠕虫病毒的一种，它可以通过电子邮件在网络中迅速传播，无须人工干预。

② 勒索软件：WannaCry 是迄今为止影响最大的勒索软件之一，感染了 100 多个国家的电脑系统。

③ 计算机病毒：计算机病毒是大多数媒体和用户调用恶意软件程序的起因，纯计算机病毒并不常见，占所有恶意软件的不到 10%。

④ 震网病毒：Stuxnet 病毒是针对工业控制系统的恶意软件，通过攻击工业控制系统的基础设施，导致伊朗的核设施遭到破坏。该病毒的复杂性和隐蔽性使其成为历史上最具破坏性的病毒之一。

⑤ 爱虫病毒：Iloveyou 是一种蠕虫病毒，通过电子邮件附件传播，并在被打开时释放出隐藏的恶意代码。该病毒传播迅速，造成了全球范围内的破坏和恐慌。

⑥ 网络钓鱼攻击：Phishing 攻击是一种网络诈骗行为，通过伪装成合法的网站或服务，诱使用户输入敏感信息，如密码、银行信息等。这种攻击通常通过电子邮件或短信进行，给用户带来财务和隐私上的风险。

【案例索引】

熊猫烧香病毒主要通过下载的文件传染，于 2006 年 10 月出现，2007 年 1 月肆虐网络，它拥有自动传播、自动感染硬盘和强大的破坏能力。熊猫烧香病毒不但能感染系统中 exe、 com、html、asp 等文件，还能终止大量的反病毒软件进程并且删除扩展名为 gho 的文件(该类文件是一系统备份工具“GHOST”的备份文件，删除后会使用户的系统备份文件丢失)。被感染的用户系统中所有 exe 可执行文件全部被改成熊猫举着三炷香的模样。

2007 年 2 月 12 日，湖北省公安厅宣布，李俊以及其同伙共 8 人已经落网，这是中国警方破获的首例计算机病毒大案。经过审讯后，李俊对所犯罪行供认不讳，进入监狱之后，主动编写程序配合工作人员清除在网上传播甚广的熊猫烧香病毒。

(三) DDoS 攻击

分布式拒绝服务，英文全称为 Distributed Denial of Service，简称 DDoS。DDoS 攻击是一种通过大量合法或非法请求，使目标服务器过载并无法响应正常请求的攻击方式。例如，2018 年，中国的一家大型电子商务公司在“双十一”促销期间遭受 DDoS 攻击，导致其网站无法访问，大量用户流失，销售额大幅下降。

DDoS 攻击的危害非常大，可以给企业和用户带来不可估量的损失。为了防范 DDoS 攻击，企业需要采取一系列措施加强自身的网络安全防护。首先，企业应建立完善的安全管理制度，包括定期进行安全漏洞扫描，及时修复发现的安全漏洞。其次，应加强安全监控和应急响应能力，一旦发生 DDoS 攻击，能够及时发现并立即采取措施进行应对。

除此之外，企业还需要加强对域名服务器的管理。域名系统是互联网的基础设施之一，DDoS 攻击可以导致域名服务器过载或故障，从而影响整个互联网的运行。为了减少 DDoS 攻击的影响，企业可以采取限制域名的注册和使用、加强对域名持有者的身份验证和审核等措施来提高域名服务器的可靠性。

另外，采用负载均衡、分布式架构等技术也可以提高网站的可用性和可扩展性，从而减少 DDoS 攻击的影响。这些技术可以使得网站能够在遭受 DDoS 攻击时，保持一定的可用性和响应能力。

总之，防范 DDoS 攻击需要企业在多个方面加强安全防护。只有建立完善的安全管理体系，采取综合的防护措施，才能有效地减少 DDoS 攻击的影响并保护企业和用户的利益。

(四) 身份盗用与欺诈

身份盗用与欺诈是一种极其危险的攻击方式，它通过非法获取用户的个人信息，巧妙地利用这些信息进行各种恶意活动。这是一种既阴险又狡猾的攻击手段，它利用用户的信任和信息的不透明度，给用户和相关企业带来了巨大的损失和困扰。

例如，2015 年，一家电子商务公司的用户就遭受了身份盗用与欺诈攻击。攻击者通过各种手段窃取了用户的个人信息，包括账户信息、密码、联系方式等，然后恶意注销了用户的账户，更改了密码，从而完全掌控了受害者的账户。更可恶的是，攻击者使用受害者的账户进行了大量的恶意购买活动，购买大量的商品或者服务，给受害者造成了严重的经济损失。

这种攻击方式的存在，使得电子商务公司的用户面临巨大的风险和威胁。这也提醒我们，安全意识的薄弱和必要的安全措施的缺乏，可能会给我们带来巨大的损失。因此，电子商务企业必须加强安全防范措施，增强安全意识，以确保用户信息和公司资产的安全。

面对这种身份盗用与欺诈攻击，电子商务企业应该如何防范呢？首先，企业需要加强用户身份认证和访问控制管理，通过多重认证和动态口令等技术，确保只有授权的用户才能访问和操作账户。其次，企业应定期对员工进行安全意识培训，教育他们如何识别和避免网络钓鱼、恶意软件与病毒以及其他类型的网络攻击。最后，企业应采用多因素身份认证方式提高账户安全性，如指纹或面部识别，以增强账户的安全性。对于异常行为和可疑活动，企业应该有一套完整的监控和报警机制来及时发现和处理这些情况。如果发生身份盗用与欺诈事件，企业应立即采取行动，保护受害者的个人信息和经济利益。综上所述，身份盗用与欺诈是一种严重的网络威胁，电子商务企业必须采取有效的安全措施来防止其发生。通过增强安全意识、加强安全管理以及采用先进的安全技术等手段，我们能够有效地抵御这种攻击，保护用户和企业的安全。

身份盗用与欺诈是一种违法行为，可能会导致严重的后果。以下是一些相关的例子：

① 个人信息泄露：不法分子通过非法途径获取个人身份信息，并利用这些信息进行诈骗活动。例如，他们可能会冒充银行或信用卡公司，向受害人发送短信或邮件，骗取钱财或其他利益。

② 网络诈骗：不法分子利用网络技术手段，伪造虚假网站、电子邮件等，诱使受害者输入个人身份信息或银行卡号等，从而实施诈骗行为。

③ 恶意软件：不法分子编写恶意软件，并将其植入计算机系统中，从而窃取用户的个人信息和财务数据等敏感信息。

④ 黑客攻击：不法分子通过非法手段获取受害人电脑的控制权，对电脑系统进行破坏和入侵，从而窃取用户的信息和财产。因此，我们应该加强自我保护意识，不要轻易将个人信息泄露给他人，同时也要注意网络安全问题，避免点击不明来源的软件和链接。如果遇到相关情况，应该及时报警并向相关部门举报。

三、电子商务安全技术

电子商务安全技术是电子商务系统的重要组成部分，是保证电子商务系统安全、可靠和高效运行的关键。电子商务安全技术涉及众多方面，包括数据加密、数字签名、身份认证、防火墙技术、反病毒技术等，这些技术的合理应用可以有效保护电子商务系统的安全，避免电子商务活动中出现的各种安全威胁(图 3.1)。

在电子商务活动中，数据加密技术是保证信息安全的基础，它可以保护商业机密和客户信息等敏感数据不被泄露；数字签名技术可以用来验证信息的完整性和真实性，防止在电子商务交易中发生欺诈行为；身份认证技术可以验证参与交易的各方身份，确保电子商务交易的合法性和安全性；防火墙技术可以有效防范外部攻击，保证电子商务系统的稳定运行；反病毒技术可以防止病毒对电子商务系统的破坏，避免商业活动中出现损失。

电子商务安全技术不仅对保护企业商业机密和个人信息安全具有重要意义，而且对于维护社会经济秩序和促进电子商务健康发展至关重要。因此，掌握电子商务安全技术的基本概念、原理和应用显得尤为重要。本节将介绍电子商务安全技术的基本概念、原理和应用，使读者了解电子商务安全技术的必要性和重要性，并掌握一些基本的防范措施和技术手段，以确保电子商务的安全可靠。

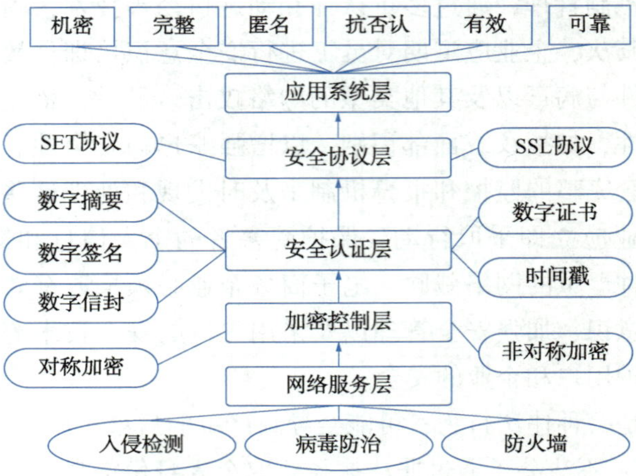

图 3.1　电子商务安全体系结构

(一) 认证技术

在电子商务中，认证技术是一种重要的安全技术，用于验证参与交易的各方的身份，确保电子商务交易的合法性和安全性。下面将介绍电子商务认证技术的概念、原理和应用，以及如何防范和应对各种网络安全威胁。

1. 认证技术的概念

认证技术是一种通过验证用户身份信息来确认其身份的技术，主要包括数字签名、身份认证和时间戳等。数字签名利用公钥密码算法对数据进行签名，以验证数据的完整性和真实性。身份认证是利用用户名、密码、数字证书等身份信息来确认用户的身份。时间戳是利用时间戳服务器来确认数据的产生时间，防止数据被篡改。

2. 认证技术的原理

(1) 数字签名

数字签名是利用公钥密码算法对数据进行签名，以验证数据的完整性和真实性。常用的公钥密码算法有 RSA、DSA 和 ECDSA 等。数字签名的过程包括三个步骤：密钥生成、签名和验证。密钥生成是将一对公钥和私钥生成的过程；签名是利用私钥对数据进行签名；验证是利用公钥对签名进行验证。

(2) 身份认证

身份认证是利用用户名、密码、数字证书等身份信息来确认用户的身份。常用的身份认证协议包括基于口令的认证协议和基于公钥密码的认证协议。基于口令的认证协议是利用用户名和密码进行身份认证；基于公钥密码的认证协议是利用数字证书进行身份认证。

3. 认证技术的应用

(1) 数字签名在电子商务中的应用

数字签名在电子商务中的应用包括电子合同、电子支付和电子政务等方面。在电子合同方面，数字签名可以用来确认电子合同的合法性和真实性；在电子支付方面，数字签名可以用来确认电子支付指令的有效性；在电子政务方面，数字签名可以用来确认电子文件的合法性和真实性。

(2) 身份认证在电子商务中的应用

身份认证在电子商务中的应用包括电子银行、电商平台和虚拟货币等方面。在电子银行方面，身份认证可以用来确认客户的身份信息；在电商平台方面，身份认证可以用来确认用户的身份信息；在虚拟货币方面，身份认证可以用来确认交易的真实性和合法性。

4. 如何防范和应对网络安全威胁

(1) 数字签名的安全防范

数字签名的安全防范主要包括密钥保护、防止重放攻击和中间人攻击等方面。密钥保护可以通过使用安全的密钥管理系统来实现；防止重放攻击可以通过添加随机数来实现；防止中间人攻击可以通过使用安全的通信协议来实现。

(2) 身份认证的安全防范

身份认证的安全防范主要包括保护用户名和密码、使用安全的身份认证协议和防止钓鱼网站等方面。保护用户名和密码可以通过加强密码强度、使用两步验证等方法来实现；使用安全的身份认证协议可以选择安全性较高的协议；防止钓鱼网站可以通过使用安全的网站链接和确认网站地址等方式来实现。

(3) 防范网络钓鱼攻击

网络钓鱼攻击是一种常见的网络安全威胁，其通过伪装成合法网站或服务，诱导用户输入用户名、密码等敏感信息。为了防范网络钓鱼攻击，用户应该注意以下几点：

确认网站地址：用户在输入用户名和密码之前，要认真核对网站地址是否正确，特别是要注意 URL 中的域名和协议是否正确。

检查网站链接：用户可以通过查看网页的源代码或使用浏览器开发者工具等方式，检查网站链接是否真实可靠。

使用安全协议：用户在登录网站时，应该使用 SSL 等安全协议，确保数据传输的安全性和完整性。

不要轻信陌生人：用户不要轻信来自陌生人的邮件、短信或电话等，特别是要求提供敏感信息的更要谨慎对待。

(4) 增强数据加密

数据加密是一种至关重要的网络安全技术，它可以有效地保护数据的机密性和完整性。在电子商务交易中，数据加密变得尤为重要。由于电子商务的快速发展，大量的个人和企业信息在互联网上传输，因此，确保这些数据的机密性和完整性变得尤为重要。通过使用加密算法和密钥，用户可以轻松地对数据进行加密，从而防止未经授权的访问和泄露。这种加密方法可以确保敏感信息不会被窃取或滥用，同时也可以防止数据在传输过程中被篡改或破坏。

为了确保数据的安全性，电商平台也应采用高强度的加密算法和密钥来保护用户的个人信息和交易数据。电商平台需要建立强大的安全系统，以防止黑客和恶意攻击者侵入系统并窃取敏感数据。通过采用先进的加密技术，电商平台可以大大降低数据泄露和网络攻击的风险，从而为用户提供更安全、更可靠的交易环境。同时，平台还需要定期更新密钥，并确保密钥的存储和使用安全，以防止密钥被盗或滥用。总之，数据加密是保障电子商务交易安全的重要措施之一，用户和电商平台都应该重视并采用这种技术来保护数据的机密性和完整性。

（二）加密技术

电子商务的加密技术是确保电子商务系统安全的重要手段之一。以下是一些相关的加密技术及其在电子商务中的应用。

1. 对称加密

对称加密技术是一种广泛使用的数据保护方法，它采用相同的加密和解密密钥对数据进行处理(图 3.2)。常见的对称加密算法包括高级加密标准(AES)、数据加密标准(DES)和三重数据加密算法(3DES)等。这类加密算法的优势在于其加密和解密过程速度快、效率高，然而，对称密钥管理难度较大，存在被攻击者成功破解的风险。

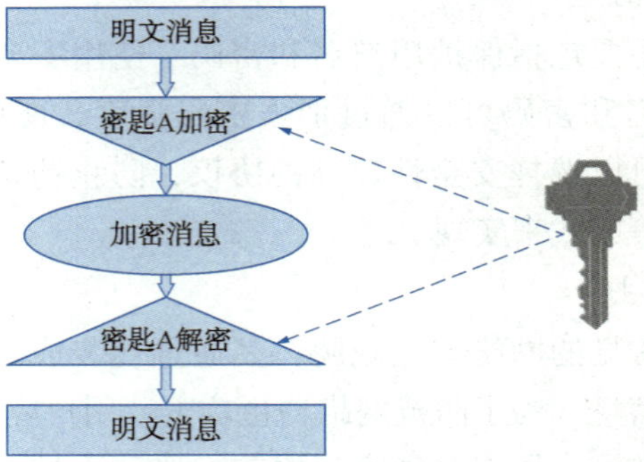

图 3.2　对称加密

对称加密算法中几个重要的概念如下：

- 密钥：不是随意指定的，是需要计算机计算出来的。
- 算法：选择哪种算法极大程度上决定了加密安全级别。
- 工作模式：算法的工作模式决定了算法的效率和算法安全性。
- 填充模式：使用填充模式能一定程度上干扰数据的破译工作。

对称加密算法的原理如下：

- 明文(plaintext)：原始消息，作为算法的输入。
- 加密算法(encryption algorithm)：对明文进行各种替换和转换。
- 密钥(secret key)：密钥也是加密算法的输入之一，算法进行的具体替换和转换取决于密钥。
- 密文(ciphertext)：已被加密算法打乱的消息输出。
- 解密算法(decryption algorithm)：本质是加密算法的反向执行，使用密文和同一个密钥作为输入产生原始明文。

由于对称加密算法原理简单，其算法结构存在弱点，如果密钥流多次重复使用，只要泄露局部明文，攻击者就很容易算出密钥，因此不建议用户使用对称加密算法对关键信息进行加密。

常见的对称加密算法有：

DES、3DES、AES、RC2、RC4、RC5、Blowfish、IDEA、SKIPJACK、TDEA 等。这些加密算法的优点是算法公开、计算量小、加密速度快、加密效率高。缺点是在数据传送前，发送方和接收方必须商定好密钥，然后双方都能保存好密钥。

常见的对称加密算法的应用场景如下：

- 数据库加密：适用于保护数据库中敏感数据的加密，例如个人信息、银行账户信息等；
- 文件加密：适用于对文件进行加密，如文档、图片、视频等；
- 网络传输加密：适用于保护网络通信中的数据传输，如 HTTPS、SSL/TLS 等；
- 移动设备加密：适用于保护移动设备中存储的敏感数据，如手机通讯录、短信、照片等。

2. 非对称加密

非对称加密技术是一种采用两个不同密钥分别进行加密和解密的方式，其中公钥被用于加密信息，而私钥则用于解密信息。常见的非对称加密算法包括 RSA 和 DSA 等。非对称加密算法的优点在于其密钥管理较为简单，同时安全性较高。然而，相对于对称加密，非对称加密在加解密过程中的速度较慢，同时效率也较低。

非对称加密的密钥对包含公钥和私钥，其中私钥由密钥属主保管，且不能泄露，公钥可以通过明文的方式分发给其他人。通过私钥加密的数据只能由公钥解密，通过公钥加密的数据只能由私钥解密，由于加密和解密使用不同的密钥，因此称为非对称加密(图 3. 3)。

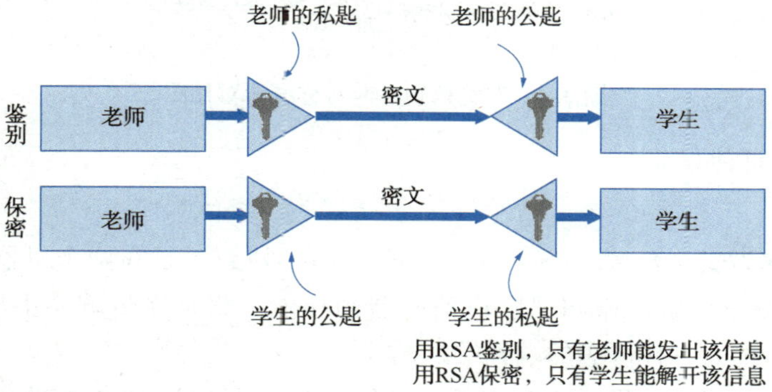

图 3. 3　非对称加密

非对称加密的常见算法：目前最有影响力的公钥加密运算是将两个大素数相乘，十分容易，但想要对其乘积进行因式分解却极其困难，因此可以将乘积公开作为加密密钥，即公钥，而将两个大素数组合成私钥。

非对称加密的应用场景如下：

① 网络通信安全：在网络通信中，RSA 可以用于加密敏感数据。RSA 的非对称加密特性，使得通信双方可以在不直接传输密钥的情况下，安全地传输数据。

② 数字签名：RSA 也可以用于数字签名，即在数据传输过程中，通过私钥签名来保证数据的完整性和可信度。在数字签名中，发送方使用私钥对数据进行签名，接收方使用公钥对签名进行验证，从而确保数据的完整性和来源。

③ 身份验证：RSA 也可以用于身份验证。例如在网站登录、支付等场景中，可以使用 RSA 来加密和验证用户的身份信息，确保用户的身份安全。

④ SSL/TLS 安全通信：在 SSL/TLS 安全通信中，RSA 可以用于生成和交换密钥，确保

通信的安全性。客户端使用 RSA 公钥解密密钥，并使用该密钥加密通信数据。

非对称加密与对称加密的比较如下：

① 加密和解密过程不同：非对称加密使用两个密钥，一个用于加密，一个用于解密。对称加密使用一个密钥，既用于加密，也用于解密。

② 加密和解密速度不同：非对称加密和解密速度相对较慢，只适合对少量数据的使用。对称加密和解密的速度比较快，适合数据比较长时的使用。

③ 传输的安全性不同：非对称加密可以确保密钥被安全传递，密文在传输过程中不容易被第三方截获，安全性更高。对称加密无法确保密钥被安全传递，密文在传输过程中可能会被第三方截获，安全性相对较低(图 3.4)。

特　性	对称密钥	非对称密钥
密钥的数目	单一密钥	密钥是成对的
密钥种类	密钥是秘密的	一个私有、一个公开
密钥管理	不好管理	需要数字证书及可靠第三者
相对速度	非常快	慢
用途	用来做大量资料的加密	用来加密小文件或对信息、签名等进行加密

图 3.4　对称密钥、非对称密钥对比图

(三) 安全认证协议

1. SSL 协议

SSL 协议全称为安全套接层(Secure Sockets Layer)协议，是在两个机器之间提供安全通道的协议，具有保护数据传输和识别通信机器的功能。它是在传输层上应用的安全协议，是在 TCP/IP 上实现的一种可靠的端到端的协议。

SSL 协议分为两层，分别是 SSL 记录协议和 SSL 握手协议、SSL 修改密文协议和 SSL 报警协议(图 3.5)。

图 3.5　SSL 协议分析

SSL 记录协议主要作用是为高层协议提供基本的安全服务，建立在可靠的传输之上，负责对上层的数据进行分块、压缩、计算并添加 MAC(消息验证码)、加密，最后把记录块传输给对方。SSL 握手协议被封装在 SSL 记录协议中，该协议允许服务器与客户端在应用程序传输和接收数据之前互相认证、协商加密算法和密钥。在初次建立 SSL 连接时，服务器与客户机交换一系列消息，这些消息的传递以明文形式进行，但这些消息在发送前已经加密。

随着互联网的发展，SSL 协议在越来越多的领域得到应用，尤其是在电子商务网站、邮件服务器、登录服务器等领域，成为应用最广泛的安全协议之一。同时，由于其安全性高、速度快、能对网络连接进行加密等特点，被广大用户和许多大型企业所使用。

2. SET 协议

SET 协议全称为安全电子交易(Secure Electronic Transaction)协议，是一种基于信用卡在线支付的电子商务安全协议，由 VISA 和 MasterCard 两大信用卡公司于 1997 年 5 月联合推出。它的制定和实施，旨在解决电子商务发展过程中面临的安全问题，现已成为事实上的工业标准。

SET 协议通过制定标准和采用各种密码技术手段，保障了电子商务交易过程的安全性和机密性。在 SET 协议的规范下，参与交易的各方，包括持卡人、商家和银行，都需要通过数字证书来验证身份。这些数字证书能够确保交易过程中信息的不可篡改性和不可否认性。同时，SET 协议还引入了加密技术，对交易过程中的敏感信息进行加密，确保了信息的安全性(图 3.6)。

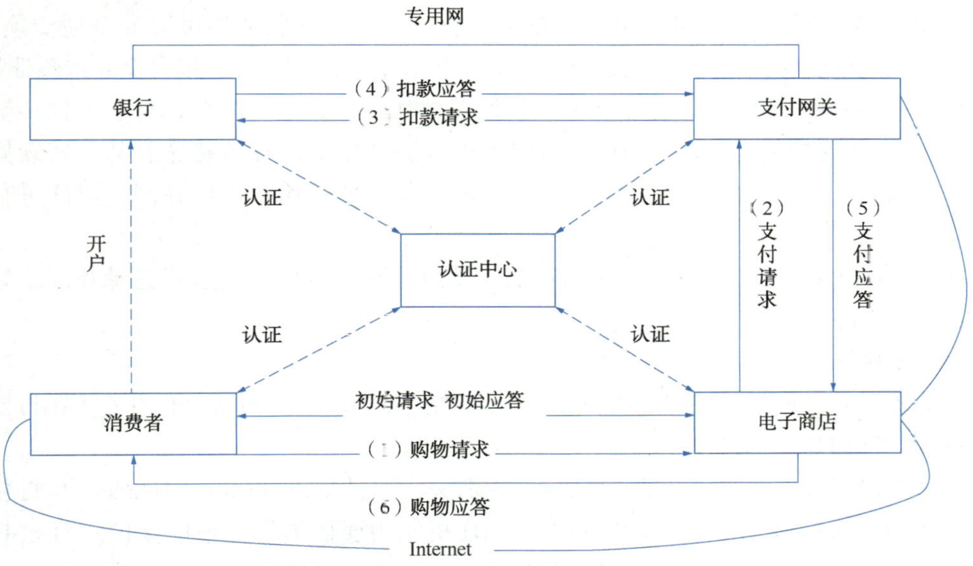

图 3.6 SET 协议工作流程

SET 协议的出现，为电子商务的发展提供了强有力的安全保障。它不仅保障了交易的安全性和机密性，还提高了交易的可追溯性，使得电子商务的交易更加安全可靠。同时，SET 协议也促进了电子商务的快速发展，成为电子商务安全领域的重要基石。

总的来说，SET 协议是一种非常重要的电子商务安全协议，为电子商务的快速发展提供了安全保障。它的广泛应用和实施，使得电子商务的交易更加安全可靠，也推动了电子商务的不断进步和发展。

3. SSH 协议

安全壳层(Secure Shell，SSH)是一种网络协议，用于安全地远程登录到另一台计算机上。它是一种代替传统 Telnet 和 FTP 协议的更为安全的方式，广泛应用于服务器和云服务管理中。SSH 协议可以建立一条从客户端到服务器的安全通道，使得在此通道上传输的所有数据都被加密保护，从而有效地防止数据泄露和未授权的访问。

SSH 协议由多个部分组成，包括传输层、用户认证层和会话层。传输层负责建立和管理通信通道，提供加密和消息完整性保护功能；用户认证层用于验证用户的身份；会话层则负责创建和管理远程会话(图 3.7)。

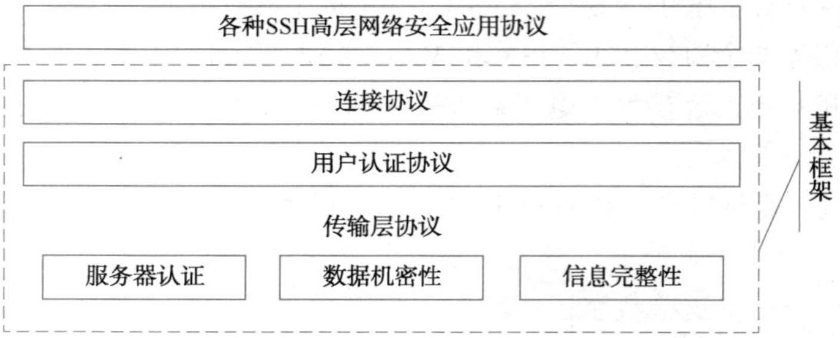

图 3.7　SSH 协议分析

SSH 协议采用了多种加密算法来确保数据的安全性，如 RSA、DSA 和 AES 等。其中，RSA 是最常用的算法，它采用公钥加密技术，使得客户端和服务器可以安全地交换数据。另外，SSH 协议还支持多种身份验证方式，如密码验证、公钥验证和键盘交互式验证等。

除了远程登录，SSH 协议还可以用于其他多种任务，如远程命令执行、文件传输和端口转发等。它还支持隧道功能，可以将 TCP/IP 连接封装在 SSH 连接中，从而实现安全的网络连接。此外，SSH 协议还支持多个通道同时工作，使得用户可以在同一时间进行多个任务，提高了工作效率。

总的来说，SSH 协议是一种高效、安全、灵活的网络协议，为远程登录和网络管理提供了强有力的保障。

4. IPsec 协议

IPSec 协议是一种网络层安全协议，由 IETF 制定，为 IPv4(可选)和 IPv6(强制)协议提供基于加密安全的一个安全协议组。

IPSec 协议定义了两种通信保护机制：鉴别头(AH，Authentication Header)和封装安全载荷(ESP，Encapsulating Security Payload)。AH 机制为通信提供完整性保护，而 ESP 机制为通信提供机密性和完整性。这两种机制都能为通信提供抗重放攻击。

IPSec 协议可以设置成在两种工作模式下运行：一种是隧道(tunnel)模式，另一种是传输(transport)模式。在隧道模式下，整个 IP 数据包被加密和封装，并添加一个新的 IP 头，以便在公共网络上进行传输。而在传输模式下，只有数据部分被加密，IP 头保持不变，适用于在同一网络内的主机之间的通信。

IPSec 协议使用网络密钥交换(IKE，Internet Key Exchange)协议实现安全协议的自动安全参数协商。IKE 是一种采用两步握手协议的密钥交换协议，可以建立安全关联(SA)，并协商出用于 AH 和 ESP 通信的密钥和相关参数。通过这种机制，IPSec 可以与不同厂商和不同操作系统的设备进行互操作，实现广域网(WAN)和局域网(LAN)的安全通信。

5. Kerberos 协议

Kerberos 协议是一种计算机网络认证协议，其设计目标是通过密钥系统为网络中通信的客户端/服务器应用程序提供严格的身份验证服务，确保通信双方身份的真实性和安全性。在非安全网络中，Kerberos 协议可以用于对个人通信以安全的手段进行身份认证。

Kerberos 协议的基本概念包括 Princial（安全个体）、KDC（密钥分发中心）和 Ticket（票据）。Princial 是被认证的个体，有一个名字和口令。KDC 是一个网络服务，提供票据和临时会话密钥。Ticket 是一个记录，客户用它来向服务器证明自己的身份，包括客户标识、会话密钥、时间戳。

Kerberos 协议的特点是可以进行相互认证，即客户端和服务器端均可对对方进行身份认证。它采用了对称密钥体制进行密钥管理，并且可以用于防止窃听、防止重放攻击、保护数据完整性等场合。此外，Kerberos 协议还可以通过公开密钥加密方法进行身份认证。

总之，Kerberos 协议是一种计算机网络认证协议，它可以在非安全网络中对个人通信进行安全的身份认证，并且具有相互认证、密钥管理和保护数据完整性等功能。

6. WPA2 协议

WPA2 协议是 Wi-Fi 联盟对采用 IEEE802. 11i 安全增强功能的产品的认证计划。可以理解为 WPA 的升级版，其全称为 WPA2-Personal，是基于 WPA 的一种新的加密方式。WPA2 协议在网络传输过程中，会对传输过来的数据进行加密处理，从而保证数据的安全性。除此之外还能提高网络的速度和范围，与 WPA 相比在功能方面没有大的区别。

WPA2 协议是 Wi-Fi 联盟的认证计划，该联盟由不同厂商的无线 LAN 终端产品能够顺利地相互连接进行认证的业界团体构成。Wi-Fi 联盟表示 WPA2 可以满足部分企业和政府机构等需要导入 AES 的用户需求。没有 RADIUS 服务器的 SOHO 用户可以使用 WPA2 个人版，其口令长度为 20 个以上的随机字符，或者使用 McAfee 无线安全或者 Witcpia Secure MyWiFi 等托管的 RADIUS 服务。

总之，WPA2 协议是一种重要的网络协议，主要用于保证 Wi-Fi 网络的安全性，通过对传输的数据进行加密处理来确保数据的机密性和完整性。同时还能提高网络的速度和范围，是现代无线网络中不可或缺的一部分。

7. S/MIME 协议

S/MIME 协议全称为“安全的多功能互联网邮件扩展”，是一种通过在 RFC 1847 中定义的多部件媒体类型在 MIME 中打包安全服务的协议。它提供验证、信件完整性、数字签名和加密，旨在确保互联网邮件的安全传输。

S/MIME 协议的发展历程可以追溯到 1995 年，第一版 S/MIME 协议的发布。到了 1998 年，S/MIME 2 推出，情况开始发生变化。与 S/MIME1 不同的是，S/MIME 2 被提交到了 Internet 工程任务组（IETF），成为邮件安全标准的领跑者。1999 年，为增强 S/MIME 功能，IETF 提议使用 S/MIME3，这个版本至今仍被广泛使用。

S/MIME 协议的工作流程分为发送方和接收方两个部分。发送方需要执行签名和加密的操作：

① 捕获邮件。

② 检索用来唯一标识发件人的信息。

③ 检索用来唯一标识收件人的信息。

④ 使用发件人的唯一信息对邮件执行签名操作，以产生数字签名。

⑤ 将数字签名附加到邮件中。

⑥ 使用收件人的信息对邮件执行加密操作，以产生加密的邮件。

⑦ 用加密后的邮件替换原始邮件。

⑧ 发送邮件。

对于接收方，需要执行解密和验证签名的操作：

① 接收邮件。

② 检索加密邮件。

③ 检索用来唯一标识收件人的信息。

④ 使用收件人的唯一信息对加密邮件执行解密操作，以产生未加密的邮件。

⑤ 返回未加密的邮件。

⑥ 将未加密的邮件返回给收件人。

⑦ 从未加密的邮件中检索数字签名。

⑧ 检索用来标识发件人的信息。

⑨ 使用发件人的信息对未加密的邮件执行签名操作，以产生数字签名。

⑩ 将邮件所附带的数字签名与收到邮件后所产生的数字签名进行比较。

⑪ 如果数字签名匹配，则说明邮件有效。

S/MIME 协议由于其高度的安全性和兼容性，被广泛用于商业和个人的电子邮件通信中，极大地保障了电子邮件的安全传输和使用。

(四) 其他安全技术

1. 防火墙技术

防火墙技术是一种通过在公共网络和私人网络之间设立一道屏障用来保护用户网络安全的技术。这道屏障可以阻止未授权的访问和数据泄露，从而保护用户的隐私和财产安全。防火墙技术是网络安全领域的重要组成部分，它可以帮助用户抵御来自外部的威胁，如黑客攻击、病毒、木马等。

防火墙技术有多种类型，包括软件防火墙和硬件防火墙。软件防火墙可以通过安装在计算机上发挥作用，而硬件防火墙则是专门设计用来保护网络的设备。此外，根据过滤规则的不同，防火墙技术还可以分为包过滤防火墙、代理服务器防火墙和有状态检测防火墙等。

包过滤防火墙是最基本的防火墙技术，它根据数据包的源地址、目标地址、端口号等信息来决定是否允许数据包通过。代理服务器防火墙是通过在客户端和服务器之间设置一个代理服务器来保护网络安全的。有状态检测防火墙则是在包过滤防火墙的基础上增加了一些检测机制，可以记录数据包的传输状态，从而更好地保护网络安全。

总的来说，防火墙技术是一种非常有效的网络安全保护技术，它可以帮助用户抵御来自外部的威胁，保护用户的隐私和财产安全。

2. 虚拟专业网技术

虚拟专业网(Virtual Private Network，VPN)是一种可以在公共网络上建立加密通道的技术，通过这种技术可以使远程用户在访问公司内部网络资源时，实现安全的连接和数据传输。VPN 通常采用隧道技术、加密技术、密钥管理技术和 QoS 技术等来实现网络安全和可靠性。

(1) VPN 的分类

基于协议的 VPN(PPTP、L2TP、IPSec)；基于架构的 VPN(SoftVPN、HardVPN)；基于业务类型的 VPN(AccessVPN、IntranetVPN、ExtranetVPN)。

(2) VPN 的关键技术

① 隧道技术：隧道技术是指将一种协议的数据包封装在另一种协议的数据包中，从而实现在不同网络之间的数据传输。PPTP 和 L2TP 是两种常用的隧道协议。

② 加密技术：加密技术是 VPN 的核心技术之一，它可以保证数据传输的安全性和完整性。常见的加密技术有对称加密和不对称加密。

③ 密钥管理技术：密钥管理技术是 VPN 中非常重要的一环，它涉及密钥的生成、存储、分配、保护等环节。

(3) VPN 的优点

① 安全可靠：VPN 使用了加密技术，可以保证数据传输的安全性和完整性。

② 灵活方便：VPN 可以在任何时间、任何地点建立连接，不受地理位置的限制。

③ 成本低廉：VPN 的建立和维护成本相对于专网要低很多。

④ 可扩展性强：VPN 可以根据需要进行扩展，方便公司业务的拓展。

(4) VPN 的组网方式

① 远程访问 VPN：适用于远程用户访问公司内部网络资源的情况。

② 站点到站点 VPN：适用于公司内部不同地理位置的节点之间的数据传输。

③ 移动 VPN：适用于移动用户访问公司内部网络资源的情况。

四、电子商务安全管理措施

随着互联网技术的不断发展和普及，电子商务已经成为现代商业活动中不可或缺的一部分。然而，电子商务在为我们带来便利的同时，也存在着诸多安全风险，如数据泄露、网络诈骗、恶意攻击等。因此，为了保护电子商务的交易安全和数据完整性，我们必须采取一系列有效的安全管理措施。

本节将对电子商务安全管理措施进行深入探讨，旨在帮助读者了解电子商务安全管理的现状和存在的问题，并提出相应的解决措施。我们将从技术措施、管理措施和法律措施等多个方面展开讨论，以期为电子商务的安全保驾护航。

（一）技术措施

电商平台需要运用各种技术手段来提高安全性。首先，应建立完善的安全防护体系，包括防火墙、入侵检测与防御等，以防止外部攻击。防火墙可以阻止未经授权的网络访问，入侵检测与防御则能够在发现异常行为时及时报警并采取相应的防御措施。此外，电商平台还需要定期进行系统漏洞扫描和修复，以防止黑客利用漏洞进行攻击。

在数据传输过程中，电商平台需要对敏感数据进行加密处理，以确保数据的安全性。

常用的加密算法包括对称加密和公钥加密，可以根据不同的需求选择合适的加密算法。同时，为了防止电子交易过程中的欺诈行为，电商平台需要采用数字签名等技术来确认交易方的身份和数据完整性。

电商平台的安全性关乎企业的形象和业务的持续发展。因此，平台除了要建立完善的安全防护体系，还需要培养用户的安全意识，开展多样化的安全教育活动，提高用户对安全的认知程度。

另外，面对不断变化的网络安全形势，电商平台也需要不断更新和升级安全防护技术。如采用防火墙、入侵检测与防御等措施进行网络安全防护，定期进行系统漏洞扫描和修复，采用加密算法对敏感数据进行加密处理等。

同时，为了确保电商平台中的数据安全，应该加强对数据的管理和监控。电商平台应该对数据进行分类和分级管理，对不同级别的数据采取不同的保护措施。同时，需要采用严格的数据访问控制机制，防止用户对数据的非法访问和泄露。

总之，电商平台的安全性是一个系统工程，需要通过多方面的手段和措施进行保障。只有提高了安全性，电商平台才能更好地为用户提供优质服务，创造更大的价值。

（二）管理措施

电子商务安全管理也需要借助管理的手段来确保有效性。

第一，应制定详细的安全管理制度和流程，明确各级人员的职责和工作流程。同时，针对可能出现的风险，电商平台需要建立相应的应急预案，以快速响应和处理各类安全事件。

第二，加强员工的安全意识培训。电商平台的员工是第一道防线，只有提高员工的安全意识和技能，才能更好地发现和防范安全风险。同时，为了确保电商平台的安全审计和监督，应建立完善的安全审计机制，定期对平台的安全性进行评估和审计。

第三，建立完善的安全技术体系，包括对网站和应用程序进行安全漏洞扫描和修复，加强防火墙、入侵检测和防御系统等技术的应用，以确保平台的安全性和稳定性。同时，为了更好地应对安全事件，电商平台应该建立安全事件应急响应小组，该小组需要制定详细的安全事件应急预案，并且能够在安全事件发生时快速响应并采取相应的措施。

第四，加强对交易过程的管理和控制。包括对交易风险进行评估和监控，对交易过程进行全面跟踪和记录，以及确保交易信息的机密性和完整性。同时，电商平台应该建立完善的客户服务体系，及时处理客户的反馈和投诉，并且能够根据客户需求进行定制化和个性化服务，以提高客户的满意度和忠诚度。

第五，加强对供应链的管理和控制。这包括与供应商和合作伙伴建立战略合作关系，加强采购过程的管理和控制，以及确保供应链过程中数据的机密性和完整性。同时，电商平台需要加强对物流和仓储的管理和监督，以确保货物的及时到达和存储安全。总之，电商安全管理是一个复杂而重要的领域，需要借助管理的手段来确保有效性。只有全面提升电商平台的安全水平，才能更好地保障用户的利益和权益。

（三）法律措施

电子商务安全管理还需要借助法律的力量来保障安全性和公正性。政府应该制定完善的电子商务法律法规，明确电商平台的法律责任和义务。同时，对于违反法律法规的行为，应该加大惩处力度，以形成有效的威慑。

除了政府层面的法律法规，电商平台也需要遵守国际上通用的电子商务协议和标准。这些协议和标准通常由国际组织或行业协会制定，旨在规范电商平台的运营行为，提高安全性。例如，SSL协议是一种常用的安全通信协议，它可以为电商平台提供数据加密和身份认证功能。

此外，电子商务安全管理还需要借助技术的力量来提高安全性和可靠性。电商平台应采用多种安全技术来保护用户的信息和资金安全，如加密技术、数字签名、身份认证等。同时，电商平台还应对自身的系统进行严格的安全审计和检测，及时发现和修复安全漏洞，确保平台系统的安全性和稳定性。

在加强电子商务安全管理的同时，我们还需要加强用户的意识和教育。电商平台应向用户提供安全使用指南和注意事项，提高用户的安全意识和技能。同时，政府和社会组织也应该开展电子商务安全教育的普及和宣传，提高大众对电子商务安全的认知和理解。

总之，电子商务安全管理是一个系统工程，需要政府、电商平台和用户共同努力。通过完善法律法规、采用安全技术、加强安全审计以及提高用户意识和教育等多方面的措施，我们可以为电子商务的发展创造一个安全、公正、可信的环境。

（四）合作措施

除了以上三个方面的措施，电商平台还需要积极开展合作，共同应对安全风险。例如，可以与第三方安全公司合作，采用专业的安全服务和解决方案来提高平台的安全性。此外，电商平台还可以与其他平台或行业组织进行合作，分享安全信息和经验，共同应对安全威胁。这些合作不仅可以提高平台的安全性，还有助于推动整个电子商务行业的健康发展。

综上所述，首先，电子商务安全管理需要从技术、管理、法律和合作四个方面入手，全面提升电商平台的安全性和可靠性。只有确保电子商务的安全性，才能更好地保护用户的权益和信任度，推动电子商务行业的可持续发展。

其次，加强对内部员工的安全意识和培训，提高员工对安全问题的认识和防范能力。定期开展安全演练和模拟攻击，让员工了解在紧急情况下应该如何应对，从而减少安全风险的发生。

再次，建立完善的安全监测和应急响应机制，及时发现和处理安全漏洞和威胁。对于已经发生的安全事件，要及时采取措施进行补救和赔偿，避免造成更大的损失和影响。

最后，建立科学合理的用户隐私保护机制，确保用户信息的安全性和机密性。对于需要收集的用户信息，要明确其用途和范围，避免滥用和泄露。同时，要加强对用户数据的保护和管理，采取必要的安全措施和技术手段，防止用户信息被非法获取和利用。

在电子商务快速发展的今天，安全问题已经成为制约其发展的重要因素之一。只有通过全面、系统、科学的措施，提高电商平台的安全性和可靠性，才能更好地促进电子商务行业的健康发展，保护用户的合法权益和隐私。

【案例思政】

2019 年，家住山东临沂的王女士在网络上看到一则招聘兼职刷单的信息，对方称只需要在购物平台进行刷单，就可以获取佣金和本金。王女士心动了，按照对方的指示，下载了一个名为“某信客服”的聊天软件，并添加了对方提供的号码作为好友。之后，对方给王女士发来一个链接，要求她点击该链接下载一款名为“某聊”的软件，并通过该软件与他们联系。王女士按要求操作后，果然成功地联系上了对方。对方表示，刷单任务需要先垫付商品的本金，等交易完成后会返还本金和佣金。王女士通过扫码支付的方式先后向对方转账共计人民币 3 万元。但当她完成所有刷单流程后，却发现无法联系上对方，自己被骗了！这个案件中，犯罪分子利用网络刷单这种新型诈骗手段骗取受害人的钱财，提醒广大网民要提高警惕，不要轻信网络上的招聘信息或刷单信息，在进行任何网上交易时都要谨慎核实对方的身份信息及目的。同时相关部门也要加大监管力度，严厉打击此类违法犯罪行为。

（五）电子商务安全管理制度

1. 建立安全审计机制对于电商平台来说至关重要

这种机制可以通过定期评估和审计电商平台的安全性，以确保平台在面对各种安全威胁时能够保持稳定和可靠的运行状态。通过建立安全审计机制，电商平台可以及时发现并解决存在的安全问题，从而确保平台上交易的安全性和可靠性。此外，安全审计机制还可以提供可信赖的依据，以支持电商平台安全策略的制定和实施，并帮助企业满足相关法律法规的要求。因此，建立安全审计机制是电商平台长期稳定发展的必要条件。

2. 加密技术

加密技术是电子商务安全管理制度的关键组成部分，它通过将敏感信息转化为无法直接读取的代码形式，以实现对交易过程中商务信息的保护。这种加密技术是电子商务信息传播中保证数据安全性不可或缺的一环，因为只有通过将信息进行加密处理，才能确保数据在传输过程中不被非法获取或滥用。在电子商务领域，信息的机密性、完整性和可用性是至关重要的，因此，加密技术对于维护这些关键因素起着至关重要的作用。

3. 认证技术

安全认证是保障电子商务安全管理制度的另一个至关重要的方面。作为签发数字证书并确定用户身份的服务机构，电子商务认证中心承担了网上安全交易的认证服务这一核心职责。这一机构通过严格的审核流程，验证并确认用户的身份信息，以保障在互联网交易过程中的安全性和机密性。同时，电子商务认证中心还负责管理数字证书的分发，以及在必要时撤销或更新数字证书，确保其有效性。

4. 建立完善的安全管理制度和流程

建立完善的安全管理制度和流程是电子商务安全管理的核心所在，也是保证电商平台安全运营的基础。安全管理制度和流程应该明确各级人员的职责和工作流程，包括安全审计、权限管理、加密传输、数据备份等方面的规定，以确保电商平台的安全性和可靠性。同时，电商平台应该制定相应的应急预案，以快速响应和处理各类安全事件，减少安全事件对业务运营的影响，确保客户的信息安全和信任度。应急预案应该包括安全事件的分类和级别、应对措施、人员组织协调等方面的详细规定，以便在紧急情况下能够迅速做出反应。此外，电商平台还应该加强与第三方安全机构的合作，共同提升电子商务的安全水平，为客户提供更加可靠和安全的购物环境。

5. 加强员工的安全意识培训

加强员工的安全意识培训是电子商务安全管理制度另一个至关重要的方面。只有让员工具备强烈的安全意识和专业的技能，才能够更好地发现和防范各种复杂多变的安全风险。通过培训，员工可以了解各种网络安全的威胁和防范措施，掌握如何识别和避免潜在的安全风险，以及在发生安全事件时应该如何迅速采取行动。这样不仅有助于保护公司的资产和客户数据，还能提高企业的整体安全水平。因此，定期开展员工安全意识培训是电子商务企业不可或缺的一项任务。

【综合案例】大数据挖掘在社群超市的应用

社群超市是一种以社群为基础、以数据驱动的智能零售模式，它的核心理念是将消费者按照不同的社交、文化背景等进行分类，并在大数据技术的支持下，实现个性化服务和精准营销。在社群超市中，大数据挖掘技术主要应用于以下几个方面：

1. 商品组合

在社群超市中，大数据技术可以通过对消费者的购买行为、浏览记录等信息进行分析，从而得出哪些商品组合在一起能够更好地满足消费者的需求。比如，通过对历史数据进行分析，可以发现某些消费者经常一起购买的商品组合，如啤酒和尿布，从而在商品布局和陈列上将这些商品摆放在一起，提高消费者的购买欲望和购买量。

2. 货篮分析

通过分析消费者的购买行为和消费习惯，大数据技术可以对货篮中的商品进行优化。例如，通过对历史数据的分析，可以发现某些商品经常会被消费者一起购买，这些商品就可以放在同一个货篮中，从而方便消费者的购物体验和增加销售量。

3. 业绩分析

大数据技术可以通过对社群超市的销售数据、客流量等进行分析，从而得出哪些商品的销售情况比较好，哪些商品的库存需要调整等信息。同时，结合地理位置、交通、人口及收入、年龄等因素进行分析，可以为社群超市的运营提供更加准确的决策支持。

4. 客户管理

大数据技术可以通过对消费者的购买行为和消费习惯进行分析，从而得出哪些商品在一起被购买的概率比较高，进而为消费者提供更加个性化的服务和推荐。例如，当某个消费者购买了一件衣服后，系统可以根据历史数据预测出该消费者购买其他相关商品的概率，并为其推荐相关的商品或提供相应的优惠券，提高其复购率和忠诚度。

【案例分析】

问题1：社群超市是如何应用大数据挖掘技术在商品组合方面进行优化的？

问题2：大数据挖掘在社群超市的客户管理中起到什么作用？

五、电子商务安全的实践

（一）电子商务安全的发展与挑战

电子商务安全的重要性电子商务安全是保障社会稳定和可持续发展的重要保证。只有确保电子商务的安全性和可靠性，才能保护消费者的权益，维护企业的声誉，促进经济的繁荣。从思政的角度来看，我们应该关注电子商务安全对社会和国家的重要意义，积极参与相关研究和实践。

（二）电子商务安全的发展趋势

随着互联网技术的不断发展和应用，电子商务安全问题越来越受到关注。未来，电子商务安全将面临更多的挑战和机遇。以下是一些可能的电子商务安全发展趋势：

1. 人工智能技术的应用

人工智能技术将在电子商务安全领域发挥越来越重要的作用。例如，AI可以用于检测和预防网络攻击，保护网站和用户数据的安全。此外，AI还可以用于分析用户行为和需求，帮助企业更好地了解市场和用户，提高营销效果。

2. 隐私保护和数据安全

随着个人隐私保护意识的不断提高，电子商务企业需要更加重视用户数据的保护。未来，电子商务安全需要更加重视隐私保护和数据安全，采取更加严格的措施来保护用户数据，防止数据泄露和滥用。

3. 区块链技术的应用

区块链技术可以为电子商务安全提供更加可靠的保障。例如，区块链可以用于记录交易和存储数据，保证数据的不可篡改性和安全性。此外，区块链还可以用于防止网络攻击和欺诈行为，保护企业和用户的利益。

4. 全球化安全合作

电子商务安全不仅需要国内企业的合作，还需要国际合作。未来，全球化安全合作将更加紧密，国际电子商务安全标准将更加统一，共同应对跨境电商安全挑战。

总之，电子商务安全是未来社会稳定和可持续发展的重要保障。在面对电子商务安全的挑战和机遇时，我们需要采取更加积极的态度和措施，加强电子商务安全管理和创新，为电子商务的发展提供更加可靠的安全保障。

（三）电子商务安全的技术手段和方法

1. 加密技术的应用

加密技术是保障电子商务安全的重要手段之一。通过对数据进行加密处理，可以有效防止信息被非法篡改和窃取。然而，加密技术的应用也面临着技术难题和安全风险。从思政的角度来看，我们应该关注加密技术的正当性和合法性，遵守相关法律法规，确保加密技术的合理应用。加密技术已经成为电子商务安全保障中的核心组成部分。无论是对数据进行加密处理以防止信息篡改，还是采用安全性更高的加密算法，这些都是为了确保电子商务在信息时代的健康发展。但是，随着加密技术的不断发展，其在应用过程中也逐渐暴露出一些技术难题和安全风险。此外，我们还需要关注用户隐私保护，使得加密技术在确保电子商务安全的同时，也能够符合社会价值观，增强社会信任感。

2. 身份认证与访问控制

身份认证和访问控制是保障电子商务安全的重要手段之一。通过对用户身份进行认证和授权，可以有效控制用户的访问权限，防止非法用户的入侵和攻击。从思政的角度来看，我们应该强调技术的合理使用和道德的约束，确保身份认证和访问控制的公平和公正。

在电子商务领域，身份认证和访问控制不仅是一种安全保障，也是一种秩序保障。就如同在大门上安装锁和摄像头，只有拥有合法身份和权限的人才能进入，而且进入的人数和时间也可以得到有效的控制。这种技术手段的应用，不仅能够防止非法用户入侵，还能够有效避免电商平台上的不公平、不公正的现象出现。

在实施身份认证和访问控制时，应该遵循公平和公正原则。对于电商平台而言，无论是个人还是企业，都应该拥有平等的参与机会，能够公平地获取所需的信息和资源。技术的合理使用是前提条件，同时也需要加强道德约束。只有在道德的指引下，技术的合理使用才能得到有效的规范，不会出现技术滥用的情况。

在进行身份认证和访问控制时，我们也要注意信息的保护和隐私权的维护。用户的个人信息和隐私是绝对不能被侵犯的，必须得到充分的保护。只有在这个前提下，用户才能放心地使用电商平台，才会增强对电商平台的信任和支持。

从思政角度来看，我们应该将身份认证和访问控制作为一种公平、公正的保障机制。我们要加强宣传教育，提高公众对这种保障机制的认识和理解。同时，我们也要积极推动相关法律法规的制定和完善，为这种保障机制的健康发展提供法律支持。

总之，身份认证和访问控制是保障电子商务安全的重要手段之一，我们既要重视技术的合理使用，也要重视道德的约束作用。同时，我们还要加强信息的保护和隐私权的维护工作，为用户提供一个安全、公平、公正的电子商务环境。

（四）电子商务安全的法律保障和道德建设

1. 相关法律法规的制定与实施

各国都制定了一系列的法律法规来保护电子商务的安全和合法性。这些法律法规对网络犯罪、信息泄露等行为进行了规范和打击。从思政的角度来看，我们应该深入了解和研究相关法律法规，增强法律意识和法律素养，自觉遵守法律法规，维护电子商务的安全和秩序。

同时，我们也需要重视技术手段在保护电子商务安全方面的作用。例如，加密技术可以保护数据的机密性和完整性，防火墙技术可以防止网络攻击和非法入侵，安全审计技术可以发现和防止网络安全漏洞。通过合理运用这些技术手段，可以大大提高电子商务网站的安全性和可靠性。

此外，电子商务企业应该建立完善的安全管理制度和流程，包括网络安全、数据安全、个人信息保护等方面。同时，应该加强员工的安全意识和培训，提高他们的安全防范意识和能力。在信息时代，电子商务的安全性不仅关系到企业的利益，还关系到消费者的利益和社会稳定。因此，我们每个人都应该关注电子商务的安全问题，共同维护一个安全、公正、合法的电子商务环境。

2. 道德建设与诚信经营

电子商务安全的实践离不开道德的约束和规范。诚信经营是电子商务发展的重要基石，我们应该树立正确的道德观念，自觉遵守道德规范，不从事网络欺诈和侵犯他人隐私等行为。从思政的角度来看，我们应该强调道德建设的重要性，培养学术专业的学生具备良好的道德修养和诚信意识。

综上所述，电子商务安全的实践需要我们从多个角度进行思考和研究，包括关注电子商务安全的背景和重要性，探索技术手段和方法，了解和遵守相关法律法规，注重道德建设和诚信经营。从课程思政的角度来看，我们应该深入研究电子商务安全的实践，对此提出以下几点建议：

首先，加强思政教育，提高学生的安全意识和法律意识。通过开设相关课程或专题讲座，引导学生了解电子商务安全的重要性，掌握基本的安全知识和技能，使他们能够在实践中主动防范风险，维护自身权益和社会安全。

其次，加强技术研究和创新，提升电子商务安全的技术水平。学校可以加强与企业、科研机构等的合作，开展相关研究项目，培养学生在安全技术方面的专业能力，推动电子商务安全技术的发展与应用。

再次，加强法律法规的宣传和执行，维护电子商务的法治环境。学校可以组织法律专家举办讲座或研讨会，向学生普及有关电子商务安全的法律法规和相关案例。同时，建立健全学校的安全管理制度，加强对电子商务安全问题的监管和处罚，促进学生自觉遵守法律法规。

最后，注重道德建设，培养学生的诚信意识和社会责任感。学校可以通过开展诚信教育活动、组织志愿者服务等方式，引导学生树立正确的道德观念，弘扬诚信精神，培养学生具备良好的道德修养和诚信意识，从而为电子商务安全的实践做出贡献。

【经验分享与实践】

1. 加强用户身份验证：使用双重认证、生物识别等技术，确保用户身份的真实性。
2. 加密数据传输：使用 SSL/TLS 等加密技术，确保数据在传输过程中的安全性。
3. 定期更新软件和补丁：及时更新软件和补丁，防止漏洞被利用。
4. 加强网络安全意识：提高员工和客户的网络安全意识，防止钓鱼攻击、恶意软件等威胁。

【实践要点】

1. 加强个人信息保护，防止个人信息泄露。
2. 定期更新软件，防止漏洞被利用。
3. 使用安全的网络环境，防止信息泄露。
4. 不要随意点击不明链接，防止钓鱼攻击。

5. 定期更换密码，并使用复杂密码。

6. 使用安全的支付方式，如支付宝、微信支付等。

课后习题

名词解释

1. 电子商务

2. 网络支付

3. 信息安全

4. 电子合同

5. 电子商务安全风险

单项选择题

1. 电子商务安全主要包括哪些方面？（　　）

A. 数据安全　　B. 交易安全　　C. 用户隐私保护　　D. 所有以上

2. 下列哪项技术不属于电子商务安全技术？（　　）

A. SSL 加密　　B. 防火墙　　C. 数据库管理　　D. 数字签名

3. SSL 加密的主要作用是什么？（　　）

A. 保证数据的完整性　　B. 保证数据的机密性

C. 防止数据被篡改　　D. 所有以上

4. 以下哪项不是防火墙的功能？（　　）

A. 阻止未经授权的访问　　B. 允许特定的网络流量通过

C. 提供网络地址转换服务　　D. 提供电子邮件服务

5. 数字签名的主要作用是什么？（　　）

A. 保证数据的完整性　　B. 保证数据的机密性

C. 验证数据的来源和完整性　　D. 所有以上

6. 电子商务安全中，哪种攻击方式是通过伪装成可信任的实体来获取敏感信息？（　　）

A. 拒绝服务攻击　　B. SQL 注入攻击　　C. 钓鱼攻击　　D. DDOS 攻击

7. 以下哪项技术可以用于防止 SQL 注入攻击？（　　）

A. SSL 加密　　B. 防火墙　　C. 输入验证　　D. 所有以上

8. 电子商务安全中，哪种攻击方式是通过发送大量的请求来使目标系统资源耗尽？（　　）

A. 拒绝服务攻击　　B. SQL 注入攻击　　C. 钓鱼攻击　　D. DDOS 攻击

9. 以下哪项技术可以用于防止拒绝服务攻击？（　　）

A. SSL 加密　　B. 防火墙　　C. IP 地址过滤　　D. 所有以上

10. 在电子商务安全中，哪种技术可以用于保护用户的个人信息不被泄露？（　　）

A. SSL 加密　　B. 防火墙　　C. 数字签名　　D. 数据脱敏

多项选择题

1. 电子商务安全主要包括哪些方面？（　　）

A. 数据安全　　B. 交易安全　　C. 用户隐私保护　　D. 系统稳定性

2. 下列哪些技术属于电子商务安全技术？（　　）

A. SSL 加密　　B. 防火墙　　C. 数据库管理　　D. 数字签名

3. SSL 加密的主要作用是什么？（　　）

A. 保证数据的完整性　　B. 保证数据的机密性

C. 防止数据被篡改　　D. 提供网络地址转换服务

4. 以下哪些是防火墙的功能？（　　）

A. 阻止未经授权的访问　　B. 允许特定的网络流量通过

C. 提供网络地址转换服务　　D. 提供电子邮件服务

5. 数字签名的主要作用是什么？（　　）

A. 保证数据的完整性　　B. 保证数据的机密性

C. 验证数据的来源和完整性　　D. 提供网络地址转换服务

6. 电子商务安全中，哪些攻击方式是通过伪装成可信任的实体来获取敏感信息？（　　）

A. 拒绝服务攻击　　B. SQL 注入攻击

C. 钓鱼攻击　　D. DDOS 攻击

7. 以下哪些技术可以用于防止 SQL 注入攻击？（　　）

A. SSL 加密　　B. 防火墙

C. 输入验证　　D. IP 地址过滤

8. 电子商务安全中，哪些攻击方式是通过发送大量的请求来使目标系统资源耗尽？（　　）

A. 拒绝服务攻击　　B. SQL 注入攻击

C. 钓鱼攻击　　D. DDOS 攻击

9. 以下哪些技术可以用于防止拒绝服务攻击？（　　）

A. SSL 加密　　B. 防火墙

C. IP 地址过滤　　D. 数据脱敏

10. 在电子商务安全中，哪些技术可以用于保护用户的个人信息不被泄露？（　　）

A. SSL 加密　　B. 防火墙

C. 数字签名　　D. 数据脱敏

判断题

1. 电子商务安全只包括数据安全，不包括交易安全和用户隐私保护。(　　)
2. SSL 加密可以保证数据的机密性和完整性，防止数据被篡改。(　　)
3. 防火墙的主要功能是阻止未经授权的访问，允许特定的网络流量通过。(　　)
4. SQL 注入攻击是一种通过伪装成可信任的实体来获取敏感信息的攻击方式。(　　)
5. 数字签名可以验证数据的来源和完整性，但不能保证数据的机密性。(　　)
6. 拒绝服务攻击是一种通过发送大量的请求来使目标系统资源耗尽的攻击方式。(　　)
7. IP 地址过滤可以用于防止 SQL 注入攻击。(　　)
8. 数据脱敏技术可以用于保护用户的个人信息不被泄露。(　　)
9. SSL 加密、防火墙和数字签名都是电子商务安全技术。(　　)
10. 钓鱼攻击是一种通过伪装成可信任的实体来获取敏感信息的攻击方式。(　　)

案例简答

案例一：某电商网站遭到黑客攻击，导致大量用户个人信息被泄露。请分析可能的原因，并提出可采取的措施。

案例二：某电商平台上的商家遭遇刷单诈骗，导致经济损失。请分析可能的原因，并提出可采取的措施。

第四章

电子商务物流与供应链管理

【思维导图】

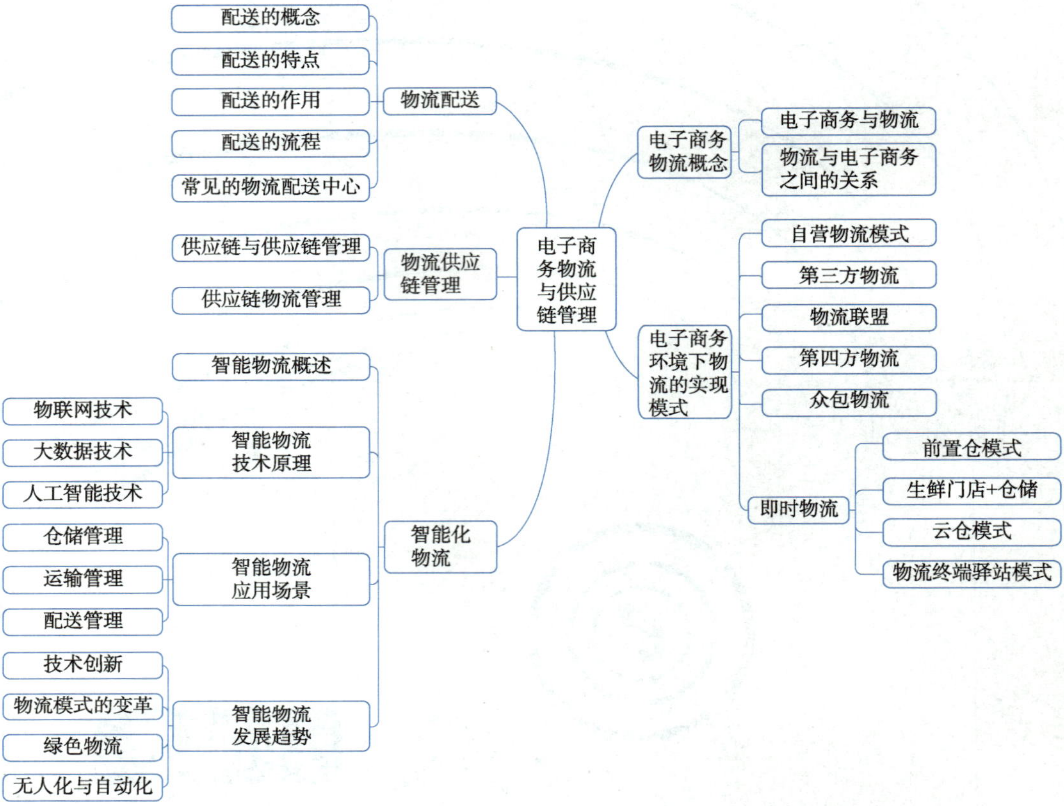

< 学习目标 >

电子商务物流与供应链管理是现代商业运营中不可或缺的一部分。随着互联网技术的不断发展，电子商务逐渐成为商业领域中的重要力量。因此，学习和掌握电子商务物流与供应链管理的知识和技能对于现代商业从业者来说至关重要。

通过本课程的学习，您将了解电子商务物流与供应链管理的基本概念、原理和方法，掌握相关的技术和工具，并能够在实际工作中运用所学知识，提高企业的运营效率和竞争力。

1. 电子商务物流与供应链管理的基本概念、特点和作用。
2. 电子商务物流与供应链管理的战略规划和管理流程。
3. 电子商务物流与供应链管理的技术和工具，如物联网、大数据、人工智能等。
4. 电子商务物流与供应链管理的实践案例分析和经验分享。
5. 电子商务物流与供应链管理的未来发展趋势和挑战。

一、电子商务物流概念

电子商务物流是指在电子商务环境中，利用互联网、物联网等技术，实现商品或服务从供应商到消费者之间的物理流动过程。它包括订单处理、库存管理、配送执行、运输、仓储、包装、搬运、信息处理等环节。

电子商务物流的概念可以追溯到20世纪90年代初期的互联网商业化浪潮。随着电子商务的快速发展，物流成为了限制电子商务企业发展的一大瓶颈。电子商务物流不仅能够提高物流效率，降低物流成本，还能够提高消费者的购物体验，促进电子商务行业的发展。

电子商务物流的特点是信息化、自动化、网络化、智能化和柔性化。它需要依靠信息技术和网络技术实现信息的实时共享和传递、自动化处理和智能化决策，以提高物流效率和降低成本。同时，电子商务物流也需要具备灵活性和可扩展性，以适应电子商务环境的快速变化。

电子商务物流市场前景广阔。随着电子商务的不断发展和普及，以及消费者对购物体验的日益关注，电子商务物流的需求将会越来越大。同时，随着新技术和新模式的不断涌现，电子商务物流也将不断创新和发展，为电子商务企业创造更多的商业价值和社会价值。

（一）电子商务与物流

电子商务与物流是密切相关的领域，它们相互依存、相互促进。电子商务是指在互联网上进行的商业活动，包括销售、采购、供应链管理等。而物流则是指将商品或服务从生产地运输到消费地的过程，包括运输、仓储、配送等方面。

随着电子商务的快速发展，物流已成为其核心竞争力之一。物流能够确保电子商务交易的顺利完成，同时还能提高客户的满意度和忠诚度。电子商务对物流的需求也在不断增加，要求物流更加快速、准确、高效。

现代物流技术不断创新发展，为电子商务提供了更好的支持。例如：智能物流系统的应用，可以实现货物的实时跟踪和监管，提高运输的可靠性和安全性；自动化仓库技术的应用，可以提高仓储和配送的效率；互联网+物流平台的建设，可以实现信息共享和协同运作，提高整体运作效率。

电子商务与物流的融合发展已成为趋势。未来，随着互联网技术的不断升级和改进，电子商务与物流将会更加紧密地融合在一起，实现更加智能化、自动化、网络化的运作。这将为电子商务和物流行业带来更多的机遇和发展空间。

（二）物流与电子商务之间的关系

物流与电子商务之间的关系是密不可分的。在电子商务快速发展的今天，物流作为其背后的支撑体系，扮演着至关重要的角色。没有物流，电子商务就无法真正实现无障碍的运作和高效的客户体验。

首先，物流是电子商务的重要组成部分。电子商务的本质是利用互联网技术，提供商品和服务的交易平台。而在这个过程中，物流承担着将实体商品从生产者手中运送到消费者手中的任务。没有物流，电子商务的交易就无法完成，商品就无法顺利地到达消费者手中。因此，物流是电子商务得以运作的基石。

其次，物流的效率直接影响着电子商务的客户体验。对于消费者来说，电子商务的便利性和效率很大程度上取决于物流的效率。快速、准确、高效的物流能够让消费者享受到快捷、便利的购物体验，从而提高消费者的满意度和忠诚度。反之，如果物流环节出现延误、错误等问题，会直接影响到消费者的购物体验，降低其对电子商务的信任度和满意度。

此外，电子商务也在不断地推动物流行业的发展和创新。电子商务的需求和发展为物流行业提供了更多的机遇和挑战。为了适应电子商务的高效、快捷的需求，物流企业需要不断地改进和优化自身的运作模式，提高物流效率和服务水平。同时，电子商务也在促进物流技术的不断进步和创新，如物联网、人工智能等技术的应用，使得物流行业的发展前景更为广阔。

总之，物流与电子商务之间的关系是相互依存、相互促进的。物流是电子商务得以运作的基础和支持体系，而电子商务则是推动物流行业发展和创新的重要力量。只有两者之间实现协同发展，才能真正实现电子商务和物流行业的可持续发展。

最后，物流的可持续性已成为电子商务发展的重要考量因素。随着社会对可持续发展日益重视，电子商务和物流行业在寻求经济增长的同时，也必须考虑其环境影响和资源消耗。在物流过程中，如何通过优化运输和包装策略，减少碳排放和资源浪费，已成为亟待解决的问题。电子商务企业已开始关注这一问题，并积极寻找解决方案，以确保其业务活动符合环保和社会责任要求。

此外，电子商务还为物流行业提供了更多的商机和可能性。随着电子商务市场的不断扩大，越来越多的消费者和企业选择在线购物，这为物流行业创造了更多的业务机会。电子商务的全球化特性也促进了国际物流的发展，为全球供应链的构建和优化提供了便利。

同时，电子商务与物流行业的融合也推动了智慧物流的发展。智慧物流通过物联网、大数据、人工智能等技术的应用，实现了物流过程的实时监控、预测和优化，提高了物流效率和准确性。这种融合创新不仅为电子商务企业带来了竞争优势，也为物流企业提供了转型升级的机遇。

综上所述，物流与电子商务之间的关系远比人们想象的要丰富和复杂。它们相互依存、相互促进，共同推动着整个价值链的发展。在电子商务快速发展的时代，物流作为其背后的支撑体系，扮演着至关重要的角色。只有充分认识并处理好二者之间的关系，才能真正实现电子商务和物流行业的可持续发展。

具体可以总结为以下几个方面：

（1）物流与电子商务虚实结合、互相配合

物流与电子商务的虚实结合、互相配合，是现代商业发展的重要趋势。这种结合不仅在交易过程中实现了信息与商品的同步流通，也进一步提高了交易的效率和便捷性。

物流作为商业活动中的实物流通环节，承担着将商品准确、及时地送达消费者手中的责任。而电子商务则通过互联网平台，为消费者和供应商之间建立了便捷、高效的联系。这种虚实结合的方式，使得商品可以在最短的时间内找到最合适的消费者，同时也使得消费者可以享受到来自全国各地的丰富商品。

在这种模式下，物流企业与电商平台的合作变得尤为重要。一方面，物流企业需要不断提高配送效率，缩短送货时间，提高消费者体验。另一方面，电商平台也需要不断优化商品库存管理和配送路径，以实现高效的商品流通。

同时，这种虚实结合、互相配合的方式也需要不断创新和改进。例如，一些电商平台已经开始尝试运用大数据技术来分析消费者行为，从而更好地预测市场需求和优化库存管理。而物流企业也在探索通过智能化设备和软件来提高配送效率和准确性，为消费者提供更加便捷的服务。

综上所述，物流与电子商务的虚实结合、互相配合是商业发展的必然趋势。这种模式不仅可以提高商业效率，也可以为消费者带来更加便捷、高效的购物体验。未来，这种结合还将持续推动商业模式的创新和发展。

（2）物流是电子商务不可缺少的一个环节与内容

物流是电子商务不可缺少的一个环节与内容，它不仅包括商品的运输，还包括信息的交流和资金的流动。在电子商务中，消费者通过互联网购买商品，而商品则需要通过物流系统送达消费者手中。因此，物流系统的效率和质量直接影响到电子商务的成败。

物流不仅涉及商品的配送，还涉及订单的处理、库存的管理、货物的装卸和搬运等方面。在这个过程中，需要对大量的信息进行收集、处理和传递，以实现商品从生产者到消费者的顺利转移。同时，物流系统还需要对订单进行处理，以确保订单的及时处理和配送。

此外，物流系统还需要对资金进行管理。当消费者购买商品时，资金需要通过银行系统进行划拨，而物流系统则需要与银行系统进行密切的合作，以确保货款的及时支付和货物的安全交付。

总之，物流是电子商务中不可或缺的一个环节与内容。它不仅关系到电子商务的运营效率和服务质量，还关系到消费者的购物体验和满意度。因此，电子商务企业需要重视物流系统的建设和管理，以提高其业务的竞争力和可持续性。

（3）物流是电子商务的效率基础与保障

电子商务的效率与便捷性在很大程度上取决于其背后的物流系统。物流不仅负责将商品从生产地运送到消费者手中，还承担着库存管理、订单处理和配送等一系列任务。没有高效的物流体系，电子商务就如同无源之水，无法为消费者提供优质的服务。

物流是电子商务的效率基础。在电子商务时代，消费者对购物体验有着极高的要求。物流作为连接消费者与商家的桥梁，其速度与效率直接影响了消费者的购物体验。快速、准确的配送服务能够提高消费者的满意度，从而增加其对于电商平台的信任度。同时，物流的精准管理也能有效减少库存积压，提高资金利用率，为商家降低运营成本。

物流是电子商务的保障。电子商务以其便利性吸引着越来越多的消费者，但网络的虚拟性也给交易带来了一定的风险。可靠的物流系统作为电子商务的保障，为消费者提供了一定的信任度。当消费者收到商品时，可以通过物流信息与商家联系，有效避免欺诈行为。此外，物流还承担着售后服务的重要任务，为消费者提供便捷的退换货服务，进一步提升了电子商务的信誉度。

为了满足电子商务对物流提出的更高要求，必须不断优化物流体系。首先，应加大对物流基础设施的投入，提升运输速度与效率。其次，运用先进的物流技术，如物联网、大数据等，实现订单处理、库存管理和配送等环节的智能化管理，提高运作效率。最后，还要注重培养专业的物流人才，提升物流团队的综合素质与服务水平。

总之，物流在电子商务中扮演着至关重要的角色。它不仅是电子商务的效率基础与保障，还是消费者信任电子商务的关键因素。只有不断完善物流体系，才能为电子商务提供坚实的后盾，共同推动电子商务行业的可持续发展。

(4) 物流是电子商务可持续发展的瓶颈与优化方向

随着电子商务的飞速发展，物流成为了制约其持续发展的关键因素。电子商务企业需要通过优化物流运作，提高配送效率，降低成本，以满足日益增长的客户需求。

首先，物流成本是电子商务企业面临的一个重要问题。由于电子商务企业需要将商品配送到全国各地，甚至海外，因此物流成本非常高。为了降低成本，电子商务企业需要合理规划物流线路，优化仓储布局，减少运输损耗，提高装卸效率等。

其次，物流服务水平也是电子商务企业需要关注的重要方面。电子商务企业需要建立完善的物流信息系统，实现订单信息、库存信息、运输信息的实时共享，提高配送效率。同时，电子商务企业还需要建立完善的售后服务体系，为客户提供优质的售后服务，提高客户满意度。

最后，环境保护也是电子商务企业需要关注的重要问题。电子商务企业需要积极推广绿色物流理念，采取环保措施，减少物流活动对环境的影响。例如：电子商务企业可以推广使用环保包装材料，减少包装废弃物的产生；可以推广使用清洁能源车辆，减少运输过程中的尾气排放等。

总之，物流是电子商务可持续发展的瓶颈与优化方向。电子商务企业需要采取一系列措施优化物流运作，提高配送效率，降低成本，提高服务水平并注重环境保护，以实现可持续发展。

二、电子商务环境下物流的实现模式

电子商务物流与供应链管理是现代企业运营中不可或缺的重要环节，通过互联网、物联网等技术的支持，电子商务物流实现了商品或服务从供应商到消费者之间的快速、准确、高效的流通，为消费者带来了便捷、安全的购物体验。

电子商务物流主要包含订单处理、库存管理、配送执行、运输、仓储、包装、搬运、信息处理等多个环节，这些环节相互配合，共同保证了电子商务活动的顺利进行。在电子商务物流的实现过程中，信息化、自动化、网络化、智能化和柔性化等特点得到了充分体现。通过信息技术的支持，电子商务物流可以实现信息的实时共享和传递，自动化处理和智能化决策，从而大大提高了物流效率，降低了物流成本(图 4.1)。

同时，电子商务物流也需要具备灵活性和可扩展性，以适应电子商务环境的快速变化。随着电子商务的不断发展和普及，以及消费者对购物体验的日益关注，电子商务物流的需求将会越来越大。因此，电子商务物流市场前景广阔，为电子商务企业创造了更多的商业价值和社会价值。

电子商务与物流是密切相关的领域，它们相互依存、相互促进。电子商务是在互联网上进行的商业活动，包括销售、采购、供应链管理等。而物流则是将商品或服务从生产地运输到消费地的过程，包括运输、仓储、配送等方面。

随着电子商务的快速发展，物流已成为其核心竞争力之一。物流能够确保电子商务交易的顺利完成，同时还能提高客户的满意度和忠诚度。因此，现代物流技术不断创新发展，

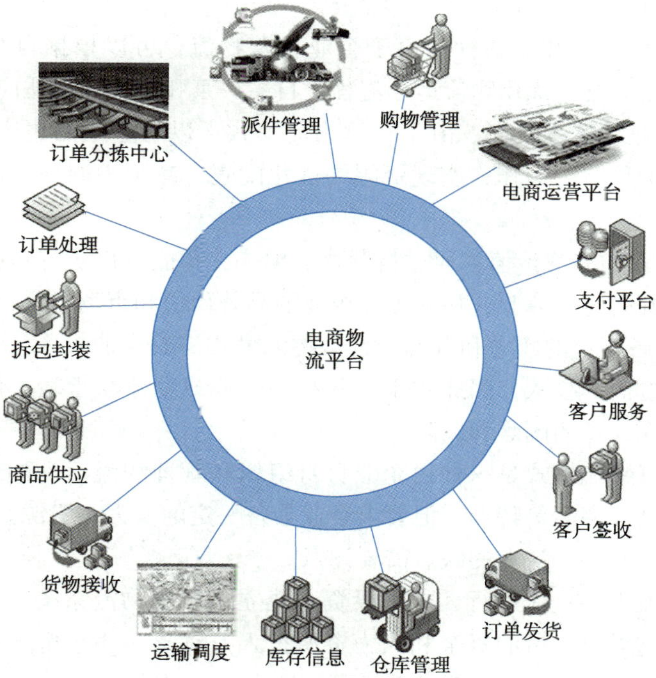

图 4.1　电子商务物流平台

为电子商务提供了更好的支持。例如：智能物流系统的应用，可以实现货物的实时跟踪和监管，提高运输的可靠性和安全性；自动化仓库技术的应用，可以提高仓储和配送的效率；互联网+物流平台的建设，可以实现信息共享和协同运作，提高整体运作效率。

电子商务与物流的融合发展已成为趋势。未来，随着互联网技术的不断升级和改进，电子商务与物流将会更加紧密地融合在一起，实现更加智能化、自动化、网络化的运作。这将为电子商务和物流行业带来更多的机遇和发展空间。

1. 自营物流模式

自营物流模式是一种由企业自身组织物流活动，通过自营模式来实现物流服务的运作方式。在这种模式下，企业需要投入一定的资源来建立自己的物流系统，包括仓库、运输车辆、信息系统等，并自营物流运作，管理物流流程，以满足自身生产和销售的需要(图 4.2)。

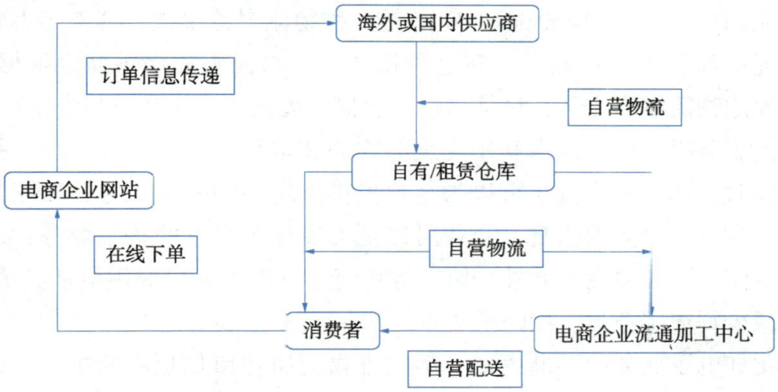

图 4.2　自营物流运作流程

自营物流模式具有以下特点：

① 具有较强的自主性和灵活性。由于企业自营物流，可以根据自身生产和销售的需要，灵活地调整物流策略，优化物流运作流程，自主决策和管理，以适应市场的变化。

② 可以提高企业的整体效率。由于自营物流模式可以与企业的生产和销售紧密配合，可以更好地协调各个环节的运作，实现资源的优化配置，减少中间环节的浪费，提高企业的整体效率。

③ 可以提高企业的品牌价值。通过自营物流模式，企业可以更好地控制物流服务的质量和效率，提供更好的客户体验，从而提高企业的品牌价值和市场竞争力。

④ 需要企业具备一定的实力和资源。自营物流模式需要企业投入一定的资源，包括资金、人力、物力等方面的投入，因此对于一些小型企业或物流需求较小的企业来说，自营物流模式可能会存在一定的困难和风险。

总的来说，自营物流模式是一种由企业自身组织和管理物流活动的运作方式，具有自主性、灵活性和整体效率高等特点，但要求企业具备一定的实力和资源。

自营物流模式也有一些潜在的缺点需要注意。

首先，自营物流需要企业进行大规模投资，建立自己的物流系统，包括仓库、运输车辆、信息系统等，这需要大量的资金和人力资源投入。对于一些小型企业或物流需求较小的企业来说，这种模式可能难以实现，并且可能存在财务风险。

其次，自营物流模式需要企业自行管理和运作物流活动，这对企业的物流管理能力提出了较高的要求。如果企业的物流管理能力不足，可能会导致物流效率低下、物流服务质量不稳定等问题，影响企业的整体运营。

最后，自营物流模式也存在一定的风险，如市场风险、运输风险等。由于企业自营物流，一旦市场发生变化或运输出现意外，企业可能无法迅速应对，导致损失。此外，由于企业自营物流需要协调多个部门和环节的运作，也可能存在协调不畅、沟通不及时等问题，导致运营效率下降。

综上所述，自营物流模式虽然具有自主性、灵活性和整体效率高等特点，但要求企业具备一定的实力和资源，同时需要注意其潜在的缺点和风险。在选择自营物流模式时，企业需要根据自身的实际情况进行评估和决策。

2. 第三方物流

第三方物流(Third-Party Logistics，3PL)是一种物流服务模式，其参与者包括物流需求方、物流服务提供商和货物运输者。在这种模式下，物流服务提供商会根据客户的需求，制定并执行全面的物流解决方案，包括运输、仓储、配送等多个环节(图 4.3)。

第三方物流服务提供商通常会利用先进的物流技术和供应链管理经验，提高物流效率和降低成本。同时，第三方物流还可以为客户提供可定制的物流服务，以满足不同客户的需求。由于第三方物流服务的出现，企业可以更加专注于自身的核心业务，而将物流服务外包给专业的物流服务提供商。此外，第三方物流还可以为客户提供更加灵活的物流服务，例如在淡季时减少物流服务量，以降低成本。

随着全球化和电子商务的不断发展，第三方物流服务市场也不断扩大。未来，随着人工智能、物联网等技术的不断应用，第三方物流将会更加智能化、高效化、个性化。

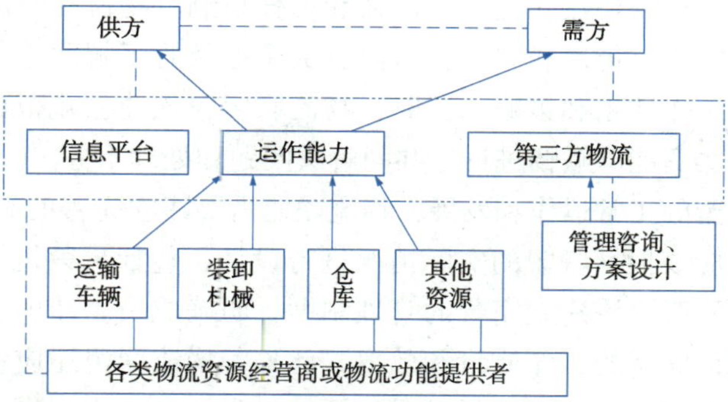

图 4.3　第三方物流运作流程

第三方物流也在全球范围内得到了广泛的认可和应用。这种物流模式无论在欧美发达国家，还是在亚太等新兴市场国家，都得到了广泛的应用和推广。尤其是在电子商务的推动下，第三方物流已经成为现代物流服务的重要组成部分，为各类企业提供了更为高效、精准、便捷的物流服务。

第三方物流服务提供商在企业的物流管理中扮演着重要的角色。他们不仅需要为企业提供全面的物流解决方案，还需要根据企业的需求和市场变化，不断调整和优化这些方案。因此，优秀的第三方物流服务提供商通常需要具备丰富的供应链管理经验、深厚的物流技术知识和卓越的客户服务能力。

在这个数字化和智能化的时代，第三方物流还有很大的发展空间。通过应用物联网、大数据、人工智能等先进技术，第三方物流服务提供商可以进一步提高物流效率，降低成本，并提供更加精准、个性化的物流服务。例如：通过应用人工智能算法，可以优化运输路径和配送时间，提高物流的时效性和准确性；通过应用物联网技术，可以实时监控运输过程和仓储环境，确保货物安全和及时到达目的地；通过应用大数据技术，可以分析和预测市场需求和市场变化，帮助企业做出更加精准的市场决策。

未来，第三方物流将会朝着更加智能化、高效化、个性化的方向发展。同时，随着全球化和电子商务的不断发展，第三方物流市场的竞争也将愈加激烈。因此，第三方物流服务提供商需要不断创新和进步，以适应市场的变化和客户的需求。

3. 物流联盟

物流联盟是由多家物流企业组成的，通过共享资源、共担风险和利益共享来实现联合运输、仓储等物流作业的联盟体。物流联盟能够提高物流企业的服务质量和效率，降低成本，增强物流企业的市场竞争力。物流联盟的运作需要各成员企业的协作和配合，包括信息共享、任务分担、协同作业等方面。同时，物流联盟也需要建立完善的组织架构和管理制度，以保证联盟的正常运作和发展。

除了提高服务质量和效率，物流联盟还可以帮助企业更好地应对市场变化和挑战。在市场竞争日益激烈的情况下，物流联盟可以利用其成员企业的资源和网络，扩大服务范围和领域，提供更加全面、快捷、可靠的物流服务，满足客户的需求。同时，物流联盟也可以通过共同采购、联合采购等方式，降低采购成本，提高采购效率，增强企业的盈利能力。

物流联盟的运作需要各成员企业的协作和配合，这种协作不仅包括信息共享、任务分担、协同作业等方面，还需要建立良好的沟通和信任机制。物流联盟应该建立完善的信息共享平台，实现信息的实时传递和共享，以便成员企业及时了解联盟的工作状况和市场变化，及时调整自己的工作计划和策略。同时，物流联盟应该建立规范的沟通机制，保证成员企业之间的沟通和协商能够顺畅进行，共同解决问题和处理事务。

为了保障物流联盟的正常运作和发展，物流联盟需要建立完善的组织架构和管理制度。物流联盟的组织架构应该根据联盟的实际情况进行设计，包括决策机构、执行机构和监督机构等。同时，物流联盟应该建立完善的管理制度，明确成员企业的权利和义务，制定统一的规范和标准，保证联盟的工作质量和效率。此外，物流联盟还应该注重人才培养和管理，提高联盟的综合素质和竞争力。可以通过开展培训、交流学习等活动，提高联盟成员的素质和能力，推动联盟的创新和发展。

4. 第四方物流

第四方物流(Fourth Party Logistics)是一种先进的物流服务模式，它通过将供应链中的各项功能和资源进行整合，以实现更加高效、协同和优化的物流运作。在第四方物流体系中，不仅包括了传统的物流服务提供商，还整合了信息技术、电子商务、运输、仓储、配送等多个领域的服务商，以及客户的采购、生产和销售等方面的资源。

第四方物流的出现，使得整个供应链的运作更加顺畅和高效。它通过将各项物流活动进行集成，消除了传统物流模式中各个部门之间的信息壁垒，实现了更加协同的物流运作。同时，第四方物流还通过整合各项资源和服务提供商的能力，实现了更加个性化的物流解决方案，以满足客户多样化的需求。

在第四方物流模式下，各个服务商之间的合作和协同变得更加紧密。这意味着客户可以更加便捷地获取全方位的物流服务，同时也可以降低物流成本和提高物流效率。此外，第四方物流还通过不断引入新技术和优化服务流程，推动整个物流行业的创新和发展。

总之，第四方物流是一种先进的物流服务模式，它通过整合供应链中的各项功能和资源，实现了更加高效、协同和优化的物流运作。在未来的发展中，随着电子商务和智能技术的不断发展，第四方物流将会成为推动整个物流行业创新和发展的重要力量。

5. 众包物流

众包物流是一种新兴的物流模式，它将传统的物流业务外包给广大网民和市民，通过互联网平台和智能终端，将运输、仓储、配送等环节有机地结合起来，实现物流服务的无缝衔接。

众包物流模式的出现，一方面是由于互联网技术的不断发展，让物流服务的提供者可以更加高效地进行资源整合和配置，另一方面也是由于传统物流模式存在的种种问题，如成本高、效率低下、服务态度不好等。

众包物流的一个优势在于其可以有效地降低物流成本和提高效率。通过互联网平台，众包物流可以迅速地匹配运输需求和供给，避免车辆空驶和货物积压，同时也可以减少中间环节和不必要的费用。此外，众包物流还可以利用广大网民和市民的闲置时间和资源，提高整个社会的物流效率。

众包物流的另一个优势是其可以为消费者提供更加便捷和可靠的物流服务。通过智能终端，消费者可以随时随地查询货物的位置和预计到达时间，也可以根据自己的需求进行更加个性化的服务定制。此外，众包物流还可以通过广大网民和市民的力量，提高物流服务的可靠性和稳定性，减少物流中断和延误等问题。

当然，众包物流也存在一些问题和挑战。首先，由于众包物流的开放性和自由性，难以保证所有参与者的素质和服务质量。其次，由于众包物流的分散性和灵活性，难以进行有效的监管和管理。最后，由于众包物流的快速变化和创新性，难以保证其可持续性和长期发展。

因此，在未来的发展中，我们需要加强对众包物流的研究和管理，制定有效的政策和法规，促进其健康、有序、可持续的发展。同时，我们也需要加强对众包物流的宣传和教育，提高广大网民和市民的素质和服务质量，促进整个社会物流效率的提高。

6. 即时物流

（1）前置仓模式

前置仓模式是近年来在生鲜电商领域中逐渐流行的一种物流模式。相较于传统的仓库模式，前置仓模式更加注重时效性和配送效率，通过将仓库设在离消费者更近的地方，以实现更快速的配送和更好的服务体验。

在传统仓库模式下，生鲜产品需要经过长时间的储存和多次搬运，不仅容易导致产品的质量受损，而且难以满足消费者对新鲜度和时效性的要求。而前置仓模式则将仓库设在离消费者更近的地方，通常是在城市周边或者市区内，从而缩短了配送时间，提高了配送效率。

前置仓模式还有助于提高库存周转率。由于产品存储在离消费者更近的地方，因此可以更快速地响应用户的订单需求，减少了库存积压和浪费。此外，前置仓模式还可以提供更好的售后服务，例如及时退换货等，从而提高用户的满意度和忠诚度。

当然，前置仓模式也存在一些挑战和难点。首先，前置仓的建设和运营需要投入大量的资金和人力资源，因此需要企业具备雄厚的实力和经验。其次，由于前置仓的设置地点通常在市区或者城市周边，因此需要企业具备高效的物流规划和运营能力，以满足不同区域消费者的需求。最后，前置仓模式也需要企业具备强大的信息系统和数据分析能力，以实现智能化管理和精准营销。

综上所述，前置仓模式是一种高效的物流模式，可以满足消费者对新鲜度和时效性的要求，提高库存周转率和售后服务水平。但同时也需要企业具备强大的实力和经验，以及高效的物流规划和运营能力。未来，随着生鲜电商市场竞争的不断加剧，前置仓模式将会越来越普及和重要。

【案例说明】

叮咚买菜以“前置仓模式”起家，该模式是指在社区5公里内建立仓库，将合适的商品由总仓配送至前置仓，消费者在移动端下单后，商品将从前置仓送到消费者手中。叮咚买菜的前置仓的面积一般只有200~300平方米，分布在人口密集度较大的地方。截至2023年，叮咚买菜在全国范围内共有1000个前置仓，日订单数量超70万单。

（2）生鲜门店+仓储

盒马鲜生是阿里巴巴对线下超市完全重构的新零售业态，以“生鲜门店+仓储”为特色。盒马鲜生以自营模式为主，主打生鲜类产品。消费者在店内选购海鲜等产品后，可选择在现场烹饪或带走，同时也可以选择在盒马鲜生 App 上下单，由配送员送货上门，盒马鲜生最大的特点之一是送货速度快，基本半小时左右就能送达。

（3）云仓模式

云仓模式是一种新兴的物流仓储模式，它通过集中化、标准化的方式，将全国各地的仓储资源进行整合，形成一个虚拟的仓储网络。在这个网络中，每个云仓都是一个节点，通过互联网技术将所有的节点连接在一起，实现信息的共享和协同作业。

与传统仓储模式相比，云仓模式具有以下优势：

首先，云仓模式可以大幅降低仓储成本。通过集中化、标准化的方式，云仓可以实现仓储资源的共享和协同作业，提高仓储空间的利用率和作业效率。同时，云仓还可以根据客户需求进行动态调整，实现仓储资源的动态分配和优化，降低仓储成本。

其次，云仓模式可以提高物流效率。通过将全国各地的仓储资源进行整合，形成一个虚拟的仓储网络，云仓可以实现货物的集中管理和统一调配，提高货物的运输效率。同时，云仓还可以通过智能化、自动化的方式进行货物的分拣、打包、发货等作业，提高作业效率和准确率。

再次，云仓模式可以提供更好的客户服务。通过互联网技术将所有的节点连接在一起，实现信息的共享和协同作业，云仓可以为客户提供更加及时、准确、高效的物流服务。同时，云仓还可以根据客户需求进行个性化定制，提供更加贴心、专业的客户服务。

最后，云仓模式可以推动物流行业的升级发展。通过引入先进的技术和理念，云仓可以推动物流行业的升级发展，实现物流行业的智能化、自动化、网络化、标准化和专业化。同时，云仓还可以为物流行业培养更多的人才，推动物流行业的可持续发展。

总之，云仓模式是一种新兴的物流仓储模式，具有很多优势。它可以大幅降低仓储成本，提高物流效率，提供更好的客户服务，推动物流行业的升级发展。在未来发展中，随着互联网技术的不断升级，云仓模式将会得到更加广泛的应用和推广。

【案例说明】

中国主要的物流云仓有顺丰云仓、韵达云仓、圆通云仓、中通云仓、京东云仓、菜鸟云仓、百世云仓、宝时云仓、发网物流、快仓仓储、立升仓储、锦程物流、蜗牛云仓、中联网仓、物联云仓、松松云仓、上港云仓、代叔云仓、港邦物流、阳合仓储、星力仓储、星网云仓、速通云仓、英脉物流、智工厂、洲际云仓等。

（4）物流终端驿站模式

在物流行业中，终端驿站模式是一种非常重要的物流配送模式。这种模式通过在城市或地区的中心地带设立大型仓储中心，然后从这里向周边地区的消费者进行配送。终端驿站模式具有很多优点，可以大大减少物流成本、提高配送效率、增加客户满意度等。

首先，终端驿站模式可以降低物流成本。由于终端驿站模式是在城市或地区的中心地带设立大型仓储中心，因此可以集中管理库存和配送。这种方式可以减少库存和配送的分散性和冗余性，从而减少了物流成本。终端驿站模式还可以通过预测和分析消费者需求，提前进行库存规划，减少库存积压和缺货现象，进一步降低物流成本。

其次，终端驿站模式可以提高配送效率。由于终端驿站模式是在城市或地区的中心地带设立大型仓储中心，因此可以集中管理配送作业。这种方式可以实现集中化、标准化的配送管理，进一步提高了配送效率。终端驿站模式还可以利用信息化、智能化的手段，优化配送路线、提高配送频次，进一步缩短配送时间，提高客户满意度。

最后，终端驿站模式可以增加客户满意度。由于终端驿站模式是在城市或地区的中心地带设立大型仓储中心，因此可以集中管理售后服务。这种方式可以实现快速响应、高效解决客户投诉和售后服务请求，进一步增加客户满意度。终端驿站模式还可以提供个性化的服务和解决方案，根据不同客户的需求提供定制化的服务，进一步增加客户忠诚度和满意度。

综上所述，物流终端驿站模式是一种非常有前途的物流配送模式。这种模式可以通过集中管理库存、配送和售后服务，实现降低物流成本、提高配送效率、增加客户满意度等多重目标。未来，随着物流行业的不断发展和进步，终端驿站模式也将会不断创新和完善，为消费者带来更好的物流体验和便利性。

三、物流发展新趋势——智能化物流

随着全球经济的快速发展和科技的日新月异，物流行业正面临着前所未有的挑战和机遇。在这个信息化、智能化的时代，智能物流已经成为物流行业的核心驱动力，引领着未来物流行业的发展方向。智能物流作为一种新兴的物流模式，通过运用先进的信息技术、物联网技术、大数据技术等，实现物流过程的自动化、智能化和高效化，为全球贸易和经济发展提供了强大的支持。

1. 智能物流概述

智能物流，简称 IL，是一种应用了人工智能、物联网、大数据、云计算等技术的综合性物流系统。它通过对物流过程中的各个环节进行智能化、自动化、网络化的管理，实现了物流信息的实时共享、货物的精准追踪、运输路线的优化以及成本的降低，极大地提高了物流行业的效率和效益。

智能物流的发展可以追溯到 20 世纪 90 年代，当时美国国防部高级研究计划署(DARPA)开始资助一些研究项目，以开发用于军事供应链管理的先进技术。这些项目在后来演变成了民用物流领域中的智能物流系统。进入 21 世纪以来，随着互联网技术的不断发展，智能物流的应用范围和功能也在不断拓展和优化。

智能物流的主要特点包括以下几个方面：

① 自动化：智能物流系统采用了大量的自动化设备和技术，如自动分拣、自动包装、自动运输等，大大提高了物流作业的效率和准确性。

② 信息化：智能物流系统实现了信息的全面数字化和网络化，使得物流信息的采集、传输、处理、共享变得更加便捷和高效。

③ 智能化：智能物流系统应用了人工智能技术，可以对物流过程进行智能优化、智能预测和智能决策，大大提高了物流运作的灵活性和适应性。

④ 全球化：智能物流系统可以在全球范围内进行物流运作和管理，使得跨国企业的物流运作更加便捷和高效。

⑤ 个性化：智能物流系统可以根据客户的需求进行个性化定制，满足不同客户对物流服务的需求和期望。

智能物流在提高物流效率和降低物流成本方面具有重要意义。它不仅是物流行业的发展趋势，而且将对整个供应链和产业链产生深远的影响。

2. 智能物流技术原理

在当今高度信息化的时代，智能物流技术已经成为了物流行业的核心驱动力。通过运用物联网、大数据和人工智能等技术，智能物流实现了物品实时的跟踪、信息高效的传输以及自动化智能的处理，进一步提升了物流行业的运营效率和客户满意度。

（1）物联网技术

物联网技术通过各种信息传感设备，实时采集各种物品的信息，通过网络传输，形成物与物、物与人之间的智能互联。在智能物流中，物联网技术主要应用在库存管理、运输和配送等方面。

库存管理方面，物联网技术可以通过无线传感器网络，实时监控库存物品的数量、位置等信息。结合库存策略和预测模型，当库存量低于某一阈值时，系统可以自动发出补货提醒，从而避免缺货或积压现象。

运输和配送方面，物联网技术可以实现车辆的实时监控和调度。通过在车辆上安装GPS定位器和各种传感器，系统可以实时获取车辆的位置、速度、车厢温度等信息。结合路径规划算法和预测模型，系统可以自动安排最优的运输路线，提高运输效率，降低成本。

（2）大数据技术

大数据技术在智能物流中扮演着至关重要的角色。通过对海量数据的分析，大数据技术可以帮助企业洞察市场趋势、优化运营策略、提高客户满意度。

在市场趋势分析方面，大数据技术可以利用历史销售数据、价格波动数据、竞品数据等信息，进行深入的数据挖掘和分析。通过可视化图表和预测模型，企业可以快速掌握市场动态，提前做好库存管理和销售策略调整。

在运营策略优化方面，大数据技术可以结合运输、仓储、配送等各个环节的数据，进行全面的数据分析和优化。例如，通过分析历史运输数据，可以找出运输时间和成本的瓶颈，采取有效的措施提高运输效率。

在客户满意度方面，大数据技术可以通过收集和分析客户反馈数据，了解客户的需求和期望。结合客户分层和个性化服务策略，企业可以为客户提供更加精准的个性化服务，提高客户满意度和忠诚度。

（3）人工智能技术

人工智能技术在智能物流中的应用也日益广泛。通过机器学习、深度学习等技术，人工智能可以实现自动化决策、预测和优化等功能。

在自动化决策方面，人工智能可以利用机器学习算法，对历史数据进行学习，自动生成优化方案。例如，在车辆路径规划中，人工智能可以通过学习历史运输数据，自动生成最优的车辆调度和路径规划方案。

在预测方面，人工智能可以利用深度学习等技术，对海量数据进行高维度的分析和预测。例如，通过分析历史销售数据和天气数据等信息，人工智能可以预测未来的销售趋势，为企业制定合理的库存管理和销售策略提供支持。

在优化方面，人工智能可以利用遗传算法、蚁群算法等优化算法，对物流各环节进行精细化的优化。例如，通过优化仓储布局和配送路线等参数，可以降低成本和提高效率。

总之，物联网、大数据和人工智能等技术在智能物流中的应用，为物流行业带来了诸多变革和创新。通过对这些技术的应用，企业可以实现更加智能化、高效化和精准化的物流运营，进一步提高企业的竞争力和市场适应能力。

3. 智能物流应用场景

(1) 仓储管理

在仓储管理中，智能物流可以通过自动化设备和系统实现货物的快速存储、检索和分拣。例如，使用机器人进行货物的搬运和存储，利用 RFID 技术进行货物的追踪和管理，利用自动化堆垛机和输送带等设备提高仓储效率。通过这些技术的应用，可以实现仓储管理的智能化、自动化和高效化。

在仓储管理中，智能物流可以通过自动化设备和系统实现货物的快速、高效存储、检索和分拣。例如，使用机器人进行货物的搬运和存储，利用 RFID 技术进行货物的追踪和管理，利用自动化堆垛机和输送带等设备提高仓储效率。这些设备不仅减少了人力成本，而且提高了仓储管理的准确性和效率。通过这些技术的应用，可以实现仓储管理的智能化、自动化和高效化。再次，智能物流还可以通过预测分析、优化算法等技术手段来优化仓储管理流程，进一步提高仓储管理的智能化和自动化水平。

(2) 运输管理

智能物流在运输管理方面的应用主要体现在运输路线优化、车辆调度和实时监控等方面。通过运用先进的智能算法和大数据分析技术，可以对交通状况、道路条件等因素进行实时监测和预测，从而优化运输路线，减少运输时间和成本。同时，智能物流还可以实现车辆的智能调度和路径规划，提高运输效率和利用率。

智能物流在运输管理方面的应用具有很多优势。首先，它可以提高运输效率，减少时间和成本，这对于企业来说是非常重要的。其次，它可以提高运输安全性，减少交通事故的发生率。再次，智能物流还可以提高对运输过程的实时监控能力，及时发现和解决问题。最后，智能物流的应用可以提升企业的整体竞争力，使企业在激烈的市场竞争中占据更有利的位置。

(3) 配送管理

在配送管理中，智能物流可以通过物联网技术和智能终端设备实现配送过程的实时监控和管理。例如，利用 GPS 定位技术和传感器网络，可以实时追踪货物的位置和状态，保证配送的准确性和可靠性。同时，智能物流还可以通过智能配送柜、无人机等创新配送方式，提供更快捷、便利的配送服务。

在配送管理中，智能物流不仅可以实现实时监控和管理，还可以通过多种创新技术手段提供更加个性化的服务。例如，通过大数据分析和人工智能技术，智能物流可以预测客户的配送需求，为客户提供更加精准的预约送货时间和地点，自主选择配送方式等服务。此外，智能物流还可以利用无人驾驶车辆、自动分拣系统等技术，实现配送过程的自动化和智能化，提高配送效率和质量。

智能物流的发展也催生了许多新的商业模式和创新服务。例如，共享物流、第三方物流、城市物流等新型商业模式不断涌现，这些模式通过共享资源、优化配置和降低成本等方式，为供应链上的各个环节提供更加高效、可持续的服务。同时，智能物流还推动了供应链金融、电商仓配、冷链物流等新兴领域的发展，为市场带来了更加丰富的商机和增长动力。

总之，智能物流作为现代物流发展的趋势，通过物联网技术、人工智能、大数据分析等先进技术的运用，将不断提高配送效率、降低成本、提高服务水平，为整个供应链的各个环节提供更加智能化、个性化的服务，推动着整个物流行业的升级和发展。智能物流在仓储管理、运输管理和配送管理等领域都有广泛的应用。通过智能化的技术手段和系统支持，智能物流能够提高效率、降低成本，并优化服务体验，为企业带来更大的竞争优势。

4. 智能物流发展趋势

近年来，随着电子商务的飞速发展，智能物流逐渐成为物流行业的重要趋势。智能物流通过应用物联网技术、大数据分析、人工智能等先进技术，实现了物流过程的自动化、可视化和优化，提高了物流效率和降低了物流成本。未来，智能物流将会呈现以下发展趋势：

① 技术创新：未来，技术创新将成为推动智能物流发展的重要力量。其中，物联网技术和人工智能的应用将会是智能物流的关键。首先，物联网技术可以实现物流设备的智能化，提高设备的自主性和适应性。其次，人工智能可以实现物流流程的自动化和优化，进一步提高物流效率。

② 物流模式的变革：未来，智能物流的发展也将促进物流模式的变革。传统的物流模式主要以企业自身为主体，而未来的物流模式将更加注重协同和共享。通过物联网技术和人工智能的应用，企业可以实现与供应商、客户等各方的信息共享和协同作业，提高整个供应链的透明度和效率。同时，共享物流模式也将成为未来发展的重要趋势，通过资源共享和优化配置，可以降低物流成本和提高运作效率。

③ 绿色物流：随着社会对环保问题的重视，绿色物流也将成为未来智能物流发展的重要方向。在绿色物流方面，智能物流将通过优化运输路径、减少空驶率、使用清洁能源等方式，降低物流活动对环境的影响。同时，智能物流也将促进绿色包装、绿色仓储等环节的发展，进一步降低物流过程中的碳排放和能源消耗。

④ 无人化与自动化：未来智能物流将更加依赖无人化与自动化技术。在无人化方面，智能物流将逐渐实现从仓储到配送的无人化作业，提高生产效率和服务质量。在自动化方面，智能物流将通过自动化设备和机器人实现自动化拣选、自动化包装等环节，进一步提高物流效率。同时，自动化还将促进无人驾驶车辆和无人机等技术在物流领域的应用，进一步拓展物流服务的范围和能力。

总之，未来智能物流的发展将是充满机遇和挑战的。只有不断创新和完善，才能适应快速变化的市场需求并为客户提供更加优质的服务。

【案例分析】【思政园地】菜鸟智能物流：阿里巴巴集团打造的物流产业升级之路

以“数字化再加速”为主题的“2019 全球智慧物流峰会”在杭州召开。会上，张勇提出，目前物流业正在进入全面的数字化时代，而数字化是智慧物流的初心和基石。他认为，实现货物流转效率的最大化，决定了物流必然和供应链管理高度结合在一起，这是未来一定发生的趋势。“只有实现整个产业链不同企业间的全面联动，数据打通，才能让端到端的整体流转效率变得更高。”

物流业转型升级势不可挡

作为融合运输、仓储、货代、信息等产业的复合型服务业，物流业是支撑国民经济发展的基础性、战略性产业之一。近年来，随着物流技术的升级，大数据、云计算、物联网、区块链、机器人和无人车等技术已经在物流行业开始规模应用，但是传统的物流仓储和配送方式仍然广泛存在。有数据显示，2018 年全年快递业务量 505 亿件，2019 年预计将达 600 亿件，同比增长 20%。在大幅增长的市场规模背后，物流业转型升级已经势不可挡。

在此次峰会上，菜鸟网络的 CTO 谷雪梅现场发布了物流 IoT 开放平台和极简 PDA，将助力实现仓储、运输、配送和驿站代收等的物流全链路数字化、智能化升级。

物流 IoT 开放平台由菜鸟、阿里云与合作伙伴共同建立，基于数字孪生技术、AI 和 IoT 技术打造。接入后，任何物流场景可以变成一个可以被智能调度的数字孪生体，物流作业任务由算法根据订单等自动规划。

而极简 PDA 则采用由阿里云研发的 AliOS Things 物联网操作系统，可用于运输管理和产品追踪实时管理，实现数字孪生体与实体的实时同步。极简 PDA 仅拥有六个按键，小巧轻便，易于操作，可以编程，价格仅为同类产品的十分之一，使用门槛低。

思考：

1. 菜鸟智能物流如何通过技术创新和业务模式的创新实现物流产业的升级？

菜鸟智能物流通过以下技术创新和业务模式的创新实现了物流产业的升级：

利用物联网、人工智能、大数据等技术，提高物流效率和降低成本。例如，通过智能化的仓储系统和配送系统，实现库存管理和运输过程的自动化和智能化，提高物流效率和准确性。

通过互联网技术连接消费者、商家和物流合作伙伴，实现信息共享和优化资源配置。例如，通过菜鸟的电子面单系统和天网预警系统，实现订单数据的自动化处理和风险预警，提高物流协同效率和服务质量。

通过开放平台模式，整合社会物流资源，提高物流效率和服务水平。例如，菜鸟智能物流通过开放平台模式，接入多家快递公司、电子商务企业和仓储企业，实现物流资源的共享和优化配置，提高整体物流效率和服务水平。

通过下沉市场和国际化战略，拓展市场份额和业务范围。例如，菜鸟智能物流通过在农村市场和海外市场布局服务节点，拓展业务范围和市场影响力，提高品牌知名度和竞争力。

2. 菜鸟智能物流未来将面临哪些挑战？应如何应对？

菜鸟智能物流未来可能面临的挑战及应对措施包括：

技术更新的速度：随着科技的不断发展，新的技术和解决方案不断涌现。菜鸟智能物流需要不断跟进最新的技术趋势，并应用于实际业务中，以保持其市场领先地位。

数据安全和隐私保护：随着数据的不断增加，数据安全和隐私保护成为菜鸟智能物流需要关注的重要问题。菜鸟智能物流需要建立健全的数据安全防护体系，保障客户数据的安全性和隐私性。

竞争压力的增大：随着国内物流市场的不断发展和成熟，越来越多的企业加入这个领域中来。菜鸟智能物流需要在竞争中不断提升自身的服务质量和效率，以保持市场竞争力。

国际化拓展的挑战：随着全球化进程的不断加速，菜鸟智能物流需要拓展海外市场，面临着国际化人才短缺、当地政策法规的限制等挑战。菜鸟智能物流需要在国际化拓展中不断积累经验和资源，提高跨文化交流和合作的能力。

四、物流供应链管理

供应链管理是一种集成的管理思想和方法，其通过对供应链中的物流、信息流、资金流和业务流进行计划、组织、协调和控制，以优化资源配置和提高物流运作效率，实现供应链整体竞争优势。物流供应链管理强调整个供应链的协同运作和整体优化，通过优化物流运作流程、降低库存水平、提高物流服务质量和降低物流成本等手段，实现供应链整体运作的高效性和可持续性。

物流供应链管理在当今商业竞争中具有重要意义。随着全球化和信息化的发展，企业之间的竞争已经不再是单个企业之间的竞争，而是供应链之间的竞争。一个优秀的物流供应链管理能够为企业带来多方面的优势，包括提高客户服务水平、降低运营成本、优化库存管理、提高企业响应速度和增强企业创新能力等。

同时，物流供应链管理也面临着诸多挑战。例如，全球范围内的物流运作涉及多个地区、多个国家、多个企业之间的协同合作，需要解决多方面的复杂问题，如运输规划、库存控制、信息共享和风险管理等。此外，随着消费者需求的多样化和个性化，物流供应链管理需要更加灵活地适应市场变化，提高快速响应和创新能力。

（一）供应链与供应链管理

1. 供应链

供应链是全球经济和商业环境中的重要组成部分。它由一系列供应商、制造商、仓库和分销商组成，通过协调和管理这些环节，将原材料、零部件、制成品和最终产品送达消费者手中。

随着全球化和电子商务的不断发展，供应链面临着越来越多的挑战。这些挑战包括：

① 全球化和贸易壁垒：全球化的供应链需要应对不同国家和地区的贸易规则和法规。这些规则和法规可能会对供应链的运营产生重大影响。

② 技术进步：随着物联网、大数据、人工智能等技术的发展，供应链需要不断更新技术和提高信息化水平，以实现更高效和智能化的运营。

③ 可持续发展和环保：供应链需要考虑到可持续发展和环保问题。它需要寻找可持续的供应商、采用环保的生产方式和包装材料，并减少废物和碳排放。

④ 突发事件和风险管理：供应链需要应对各种突发事件，如自然灾害、政治冲突、疫情等。它需要建立完善的风险管理机制，以降低这些事件对供应链运营的影响。

总之，供应链是现代商业环境中的重要组成部分，需要不断优化和改进。通过采用先进的技术和管理方法，供应链可以更好地应对各种挑战，提高效率和竞争力，为企业的长期发展奠定坚实的基础。

2. 供应链管理

供应链管理是指对整个供应链系统进行计划、协调、操作、控制和优化的过程，旨在实现供应链的高效运作和最大化的价值创造。

供应链管理是一种复杂的任务，需要精心设计和不断优化。它需要确保供应链的效率和灵活性，同时还要考虑成本、质量和风险管理等因素。供应链管理需要与采购、生产和销售等职能部门密切合作，以实现整体运营的协调和优化。

通过对供应链的各个环节进行协调和优化，供应链管理能够降低成本、提高效率，同时增强企业的市场竞争力。供应链的协调和整合是至关重要的，因为供应链上的每个环节都相互关联，一个环节的问题可能会对整个供应链产生连锁反应，因此需要对供应链进行全面的管理和控制。

此外，供应链管理也需要关注风险管理，及时识别和解决潜在风险，确保供应链的稳定性和可靠性。供应链管理需要不断优化和改进，以适应不断变化的市场需求和经济环境。

总之，供应链管理是一个复杂而又关键的过程，需要企业具备全面的技能和知识，以实现高效的运作和最大化的价值创造。

（二）供应链的物流管理

1. 物流管理在供应链中的地位

物流管理在供应链中扮演着至关重要的角色。通过对物流活动的高效管理，企业能够优化供应链的运作，降低成本，提高效率，从而实现盈利和竞争优势。物流管理涵盖了从供应商选择、采购、仓储、运输、配送到最终消费者的整个过程，它能够协调并优化这些环节，以实现供应链的无缝对接和高效运行。因此，物流管理在供应链中的地位不可忽视，它是企业成功运营的重要保障。

物流管理的重要性不仅在于优化供应链的运作，还在于提升企业的战略优势。现代企业的竞争已经不仅仅是产品的竞争，更是供应链之间的竞争。一个优秀的物流管理系统，能够将供应商、生产商、分销商、物流企业和消费者紧密联系在一起，形成一条完整、高效的供应链，从而降低成本、提高效率，使企业在激烈的市场竞争中立于不败之地。

同时，物流管理还能够提升企业的客户满意度和服务质量。快速、准确、高效的物流服务能够满足客户的期望，提高客户的满意度，进而增加企业的市场份额和利润。通过物流管理的协调和优化，企业能够在提高服务水平的同时，降低库存成本和运输成本，进一步提高企业的盈利能力。

此外，物流管理还能够提高企业的战略灵活性。随着市场的不断变化，企业需要不断地调整和优化自身的供应链策略，以适应市场的需求。物流管理能够为企业提供更快速、更准确的决策支持，帮助企业更好地应对市场变化，提高企业的战略灵活性。

综上所述，物流管理在供应链中扮演着至关重要的角色，它是企业成功运营的重要保障。物流管理的优化不仅能够提高企业的盈利能力和市场竞争力，还能够提升企业的战略优势和服务质量，帮助企业更好地应对市场的挑战和机遇。因此，企业应该加强对物流管理的重视和投入，建立完善的物流管理体系，提高物流管理的效率和水平，从而获得更大的竞争优势和经济效益。

2. 供应链体系中物流的特征

供应链体系中的物流特征可以归纳为以下几个方面：

① 复杂性：物流是供应链体系中最为复杂的一环，因为它涉及物品从供应商到最终消费者的实际流动。这个过程中，需要考虑众多因素，如运输方式、仓储设施、运输包装、物料搬运、信息系统等等。这些环节相互交织，使得整个物流过程具有极大的复杂性。

② 跨国性：随着全球化的进程，供应链中的物流已经不再是国内范围内的活动。越来

越多的企业开始在全球范围内进行采购、生产、销售，这就使得物流活动必须跨越国界，涉及多种不同的文化、法规、标准。物流的跨国性给企业带来了新的挑战，要求企业必须具备良好的国际协调能力。

③ 高度信息化：现代物流已经不再是传统的“人海战术”，而是高度信息化的。从订单处理、库存管理、运输追踪到结算，所有的环节都需要信息技术的支持。通过信息系统，企业可以实时掌握货物的动态，预测未来的需求，从而更好地规划和管理供应链。

④ 定制化：随着消费者需求的多样化，物流也必须更加定制化。不同的客户有不同的需求，物流企业需要针对每个客户的需求提供个性化的解决方案。这不仅要求物流企业具备丰富的专业知识，还需要高度的灵活性和创新性。

⑤ 绿色化：在环保意识日益增强的今天，绿色物流已经成为供应链体系中不可或缺的一环。物流过程中产生的包装废弃物、运输损耗等都会对环境造成影响。因此，企业必须采取措施减少环境污染，实现绿色物流。这不仅是社会责任的体现，也是降低企业成本、提高品牌形象的有效途径。

3. 供应链中物流战略管理

随着全球经济一体化和市场竞争的日益激烈，企业对于供应链中的物流战略管理越来越重视。物流战略管理是指通过规划、执行和控制物流活动，以实现供应链中的成本降低、提高客户满意度和服务质量，从而提升企业整体竞争力。

首先，企业应制定明确的物流战略目标。这是企业进行物流战略管理的第一步，也是关键的一步。企业应根据自身的实际情况和市场环境，制定明确的物流战略目标，例如降低物流成本、提高物流效率、优化库存管理、改善运输配送等。这些目标应与企业的整体战略目标保持一致，并且需要在企业内部进行广泛的沟通和共识。

其次，企业应选择合适的物流模式。根据自身情况和市场环境，企业需要选择适合自己的物流模式，例如自营物流、第三方物流、物流联盟等。每种物流模式都有其优缺点，企业需要根据自身的实际情况进行选择。同时，企业还需要对物流流程进行优化，以提高物流效率和降低物流成本。

再次，企业应重视物流信息技术和大数据的应用。随着信息技术和大数据的快速发展，物流信息技术和大数据的应用已成为企业进行物流战略管理的重要手段。企业可以通过物联网、RFID、电子商务等信息技术，实现物流信息的实时采集、传输、处理和分析，以提高物流效率和降低物流成本。同时，企业还可以利用大数据技术对客户的需求和行为进行分析，以提供更加精准的客户服务。

最后，企业应建立完善的物流战略评估体系。物流战略评估体系是检验物流战略管理成果的重要手段。企业应根据自身的实际情况和市场需求，建立完善的物流战略评估体系，包括物流成本、客户满意度、服务质量和市场占有率等指标。通过定期对物流战略执行情况进行评估，企业可以及时发现和解决问题，并对物流战略进行调整和优化。

总之，供应链中的物流战略管理是现代企业必须面对的重要问题。通过规划、执行和控制物流活动，企业可以实现降低成本、提高客户满意度和服务质量以及提升企业整体竞争力的目标。在未来的发展中，企业应不断探索和创新物流战略管理的方法和技术，以适应不断变化的市场需求和市场环境，推动供应链的不断优化和发展。

五、物流配送

（一）配送的概念

配送是指将商品或服务从供应地运送到接收地的过程。在这个过程中，配送中心扮演着非常重要的角色。配送中心通常负责计划、安排和执行配送活动，以确保商品或服务能够按时、按量、按质送达客户手中。

配送中心通常由多个职能部门组成，包括采购、库存、订单处理、包装、分拣、运输和客户服务等。这些部门协同工作，以确保配送活动的顺利进行。在配送过程中，客户可以通过各种方式下订单，例如电话、在线、传真或电子邮件等。订单一旦确认，配送中心就会开始安排配送活动。

在配送过程中，需要注意以下几点：

① 配送成本：配送活动需要耗费人力、物力和财力，因此需要考虑配送成本。优化配送路线、提高装载率和降低运输成本等措施可以降低配送成本。

② 配送时间：客户通常对配送时间有要求，因此需要合理安排配送时间。在配送过程中，需要注意交通状况、天气和其他可能影响配送时间因素。

③ 商品质量：在配送过程中，需要确保商品质量不受影响。对于易碎品、冷藏品和危险品等特殊商品，需要采取相应的保护措施。

④ 客户服务：优质的客户服务可以提高客户满意度和忠诚度。在配送过程中，需要保持与客户的沟通，及时更新订单状态并解决客户问题。

总的来说，配送是将商品或服务送达客户手中的关键环节。通过合理的配送计划和高效的配送执行，可以实现提高客户满意度、降低成本和提高企业竞争力等目标。

（二）配送的特点

配送具有以下特点：

① 配送是从物流据点至用户的一种送货方式，它和通常的送货具有相似之处，但也有不同。它并不是单纯的送货，而是以客户为中心，围绕客户的需求，以最经济的手段，按客户要求的数量、时间、地点进行送货。

② 配送是一种对用户需求做出快速反应的物流活动，它需要以用户的需求为出发点，进行快速的组织、实施和完成。

③ 配送具有小批量、高频度的特点。由于用户的需求量有限，配送的批量往往比较小，但频率较高。

④ 配送是一种综合性的物流活动。它包括运输、储存、包装、装卸搬运、流通加工、信息处理等多项物流功能。

⑤ 配送是一种一体化的物流服务。它将各项物流活动有机地结合在一起，成为一种跨部门、跨行业、跨地域的综合性的物流活动。

⑥ 配送是一种个性化的物流服务。针对不同的用户需求，配送需要采取不同的服务方式、不同的时间、不同的地点、不同的数量等个性化的服务。

⑦ 配送是一种精细化的物流服务。它需要精确地计划、组织、实施和控制每一个环

节，以确保每一个细节都能够得到精细化的处理。

⑧ 配送在物流行业中具有重要地位，它不仅可以帮助企业降低成本和提高效率，还可以提高企业的市场竞争力。配送不仅仅是送货，更是一种服务，一种以客户为中心，以满足客户需求为目标的物流服务。

⑨ 与传统的送货相比，配送更加快速、准确和高效。配送企业可以根据客户的需求，通过信息化、自动化的手段，快速组织和实施送货，确保货物准确无误地到达客户手中。同时，配送还可以通过优化配送路线、提高装载率等手段，降低成本和提高效率。

⑩ 配送是一种个性化的服务，它需要根据不同的客户需求，制定不同的配送计划和方案。例如，对于一些特殊商品，配送企业需要采用特殊的配送方式和技术，以确保货物能够安全、快速地到达客户手中。同时，配送企业还可以根据客户的特殊需求，提供定制化的服务，提高客户的满意度和忠诚度。

⑪ 配送是一种精细化的服务，它需要从每一个细节入手，精细地计划、组织、实施和控制每一个环节。例如：对于运输环节，配送企业需要精确计算运输距离、运输时间和运输成本等因素，制定最优的运输方案；对于包装环节，配送企业需要根据不同商品的特点和客户需求，采用适当的包装材料和技术，确保货物在运输过程中能够得到充分的保护和支持。

⑫ 配送的综合性也为企业提供了更多的物流解决方案。例如，企业可以根据自身的实际情况和需求，选择不同的配送方式和模式，以提高物流效率和降低成本。同时，配送企业还可以通过整合各项物流功能和资源，提供更加全面和一体化的物流服务，满足客户的多样化需求。

（三）配送的作用

配送在当今商业活动中扮演着越来越重要的角色。它不仅将商品从生产地运送到消费者手中，而且还通过优化运输和存储过程来提高效率。以下是配送的一些关键作用：

① 提高客户满意度：快速、准确和高效的配送服务能够满足客户的期望，提高客户满意度。当客户能够及时收到所购买的商品时，他们更容易感到满意和忠诚。

② 降低成本：通过优化配送网络和流程，企业可以降低运输和存储成本。这不仅可以提高企业的盈利能力，还可以降低产品的成本，从而为客户提供更优质的商品、更实惠的价格。

③ 提高运营效率：通过使用先进的物流技术和配送系统，企业可以优化运输和存储过程，提高运营效率。这可以减少浪费和不必要的成本，同时提高企业的生产力和效率。

④ 增加销售量：良好的配送服务可以增加销售量。当消费者对配送服务感到满意时，他们更有可能再次购买该商品，同时也会向亲朋好友推荐该产品。这种口碑营销对企业来说是非常有价值的。

⑤ 支持企业战略：配送是企业战略的重要组成部分。它可以帮助企业实现其战略目标，例如扩大市场份额、提高品牌知名度等。同时，配送还可以支持企业的销售和营销策略，例如促销活动、季节性销售等。

总之，配送在商业活动中扮演着至关重要的角色。通过优化配送网络和流程，企业可以提高客户满意度、降低成本、提高运营效率、增加销售量并支持企业战略。因此，对于现代企业来说，拥有高效的配送系统是非常重要的。

(四) 配送的流程

配送的流程是一个复杂而关键的过程，它涉及多个环节和步骤，以确保产品或服务能够按时、按质地交付到指定的地点(图 4.4)。下面是一般的配送流程概述。

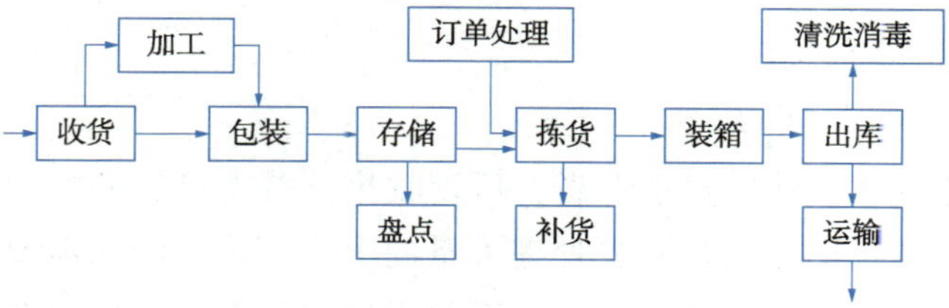

图 4.4 配送作业流程

1. 订单接收

配送中心首先需要接收到客户的订单。这可以通过各种方式实现，包括电话、在线订单、传真或配送员直接从商店收集。订单接收后，配送中心将根据客户的要求准备配送。

2. 订单处理

接收到订单后，配送中心开始进行处理。这包括验证订单的详细信息，如客户地址、产品数量和交货日期等。此外，它还涉及确保有足够的库存以及为配送员提供必要的路线信息。

3. 拣货

根据订单，拣货员会从库存中挑选出所需的产品。这通常涉及使用特殊的拣货工具和设备，以确保产品快速而准确地被挑选出来。

4. 打包

拣货后，产品需要被打包以便运输。这可能涉及使用适当的包装材料和技术，以确保产品在运输过程中不会受损。同时，还需要确保每个包裹都包含正确的信息，以便在配送过程中进行追踪。

5. 运输

配送中心将通过最有效和最经济的运输方式将产品送达到客户手中。这可能包括卡车、飞机、船只或其他交通工具。运输过程中需要保持对包裹的追踪，以确保按时送达。

6. 配送交付

产品到达目的地后，配送员将负责将产品交付到客户手中。这可能涉及与客户交流，确认产品的接收情况，并获取必要的签收文件。

7. 后续服务

配送完成后，配送中心还需要提供后续服务，包括处理客户的任何问题和反馈，以及为未来的订单做好准备。

综上所述，配送的流程是一个复杂而关键的过程，需要各个环节和步骤的协调和配合。通过科学的配送流程管理，企业可以提高效率，降低成本，并为客户提供更好的服务体验。

(五) 常见物流配送中心

物流配送中心在我们的日常生活中扮演着非常重要的角色。它们不仅仅是货物和商品的集中存储和分发地点，更是整个物流系统中的核心环节。以下是一些常见的物流配送中心及其作用。

1. 仓储型配送中心

仓储型配送中心是物流系统中最为常见的一种配送中心。它们主要负责货物的存储、保管以及分拣工作。这种类型的配送中心通常具有较高的自动化程度，通过使用各种机械设备和信息技术，可以实现高效的存储和分拣操作。例如，亚马逊就使用这种类型的配送中心来处理其大量的在线订单。

2. 直销型配送中心

直销型配送中心通常直接面对消费者，负责收集消费者订单并将商品直接送达到消费者手中。这种类型的配送中心通常需要处理大量的个人订单，因此需要具备高效的信息处理能力和配送网络。例如，京东的配送中心就属于这种类型，它们需要处理来自全国各地的消费者订单。

3. 转运型配送中心

转运型配送中心主要负责将来自不同供应商或者生产商的货物进行集中，然后根据客户的需求将货物分发到不同的目的地。这种类型的配送中心通常需要处理大量的货物和运输计划，因此需要具备高效的中转能力和运输协调能力。例如，UPS 和顺丰速运的转运中心就属于这种类型。

4. 加工型配送中心

加工型配送中心主要负责对货物进行简单的加工和处理，例如包装、切割、组装等。这种类型的配送中心通常需要处理一些需要进行定制或者加工的商品，因此需要具备加工和定制的能力。例如，麦当劳的配送中心就属于这种类型，它们需要将各种食材加工成汉堡和其他快餐食品。

以上就是一些常见的物流配送中心类型。虽然它们在物流系统中扮演着不同的角色，但是都是为了实现高效的物流运作和服务客户的目标。随着科技的不断发展和应用，未来的物流配送中心将会更加智能化和自动化，相信未来还会有更多创新的物流配送中心类型出现。

课后习题

名词解释

1. 电子商务物流

2. 供应链管理

3. 仓储管理

4. 运输管理

5. 订单管理

单项选择题

1. 电子商务物流的主要特点是什么？(　　)

A. 高速度、高效率、低成本　　B. 低速度、低效率、高成本

C. 高速度、低效率、高成本　　D. 低速度、高效率、低成本

2. 以下哪个不是电子商务物流的发展趋势？(　　)

A. 信息化　　B. 自动化　　C. 绿色化　　D. 全球化

3. 供应链管理的主要目标是什么？(　　)

A. 提高企业利润　　B. 降低企业成本　　C. 提高企业竞争力　　D. 所有以上

4. 以下哪个不是供应链管理的关键要素？(　　)

A. 供应商管理　　B. 生产管理　　C. 销售管理　　D. 人力资源管理

5. 以下哪个不是供应链管理的基本原则？(　　)

A. 以客户为中心　　B. 以成本为核心　　C. 以流程为导向　　D. 以质量为保证

6. 以下哪个不是电子商务物流的优势？(　　)

A. 提高物流效率　　B. 降低物流成本　　C. 提高客户满意度　　D. 增加环境污染

7. 以下哪个不是电子商务物流的挑战？(　　)

A. 配送成本高　　B. 配送时间长　　C. 配送范围广　　D. 配送速度快

8. 以下哪个不是供应链管理的核心内容？(　　)

A. 采购管理　　B. 生产管理　　C. 销售管理　　D. 人力资源管理

9. 以下哪个不是供应链管理的关键活动？(　　)

A. 供应商选择与评估　　B. 采购管理

C. 库存管理　　D. 财务管理

10. 以下哪个不是供应链管理的关键技术？(　　)

A. 信息技术　　B. 物流技术　　C. 人力资源技术　　D. 金融技术

多项选择题

1. 电子商务物流的主要特点包括哪些？(　　)

A. 信息化　　B. 自动化　　C. 绿色化　　D. 全球化

E. 个性化服务

2. 供应链管理的基本原则包括哪些？(　　)

A. 以客户为中心　　B. 以成本为核心　　C. 以流程为导向　　D. 以质量为保证

E. 以创新为动力

3. 电子商务物流的优势包括哪些？（　　）

A. 提高物流效率　　B. 降低物流成本　　C. 提高客户满意度　　D. 减少环境污染

E. 提高企业利润

4. 供应链风险管理的原则包括哪些？（　　）

A. 战略合作原则　　B. 信任原则　　C. 预防性原则　　D. 合作性原则

E. 动态性原则

5. 绿色物流的主要特点包括哪些？（　　）

A. 环保性　　B. 交叉性　　C. 创新性　　D. 共生性

E. 可持续性

6. 企业实施绿色物流的途径包括哪些？（　　）

A. 优化运输方式　　B. 减少不必要的包装

C. 回收再利用　　D. 采用绿色技术

E. 加强绿色物流管理

简答题

1. 什么是电子商务物流？

2. 电子商务物流的特点有哪些？

3. 什么是供应链管理？

4. 供应链管理的目标是什么？

5. 供应链管理的基本原则有哪些？

第五章

新兴电子商务商业模式

【思维导图】

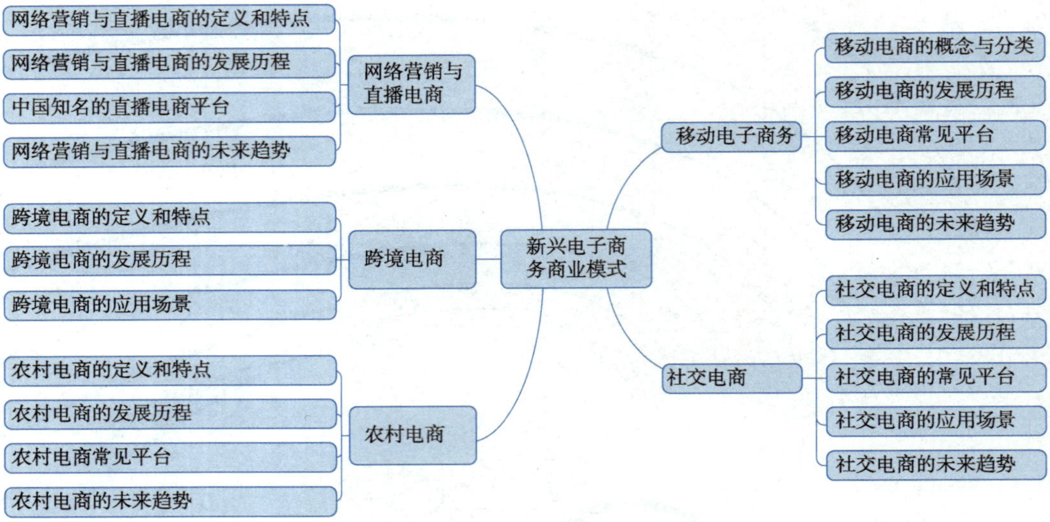

< 学习目标 >

1. 了解新兴电子商务商业模式的概念和特点。
2. 掌握常见的新兴电子商务商业模式，如社交电商、内容电商、共享经济等。
3. 理解新兴电子商务商业模式对传统商业模式的影响和挑战。
4. 能够分析和评估不同新兴电子商务商业模式的优缺点和发展前景。
5. 能够应用所学知识，提出适合自身企业或行业的新兴电子商务商业模式创新方案。

电子商务的飞速发展已深刻改变了商业模式的传统概念。随着科技的不断进步，商业模式在不断创新，其中新兴电子商务模式成为引人注目的焦点。本教材将深入探讨新兴电子商务模式的类型、应用场景、优缺点，同时与传统商务模式进行对比分析，并列举一些成功的电子商务商业模式案例。

一、移动电商

（一）移动电商的概念与分类

移动电商是指通过移动设备（如智能手机、平板电脑等）进行在线购物和交易的商业模式。

移动电商已成为现代社会中不可或缺的一部分，它通过各种移动设备如智能手机、平板电脑等，使用户能够随时随地在线购物和完成交易。移动电商与传统电子商务的主要区别在于其移动性，它为消费者提供了更便利的方式，可以让他们在任何时间、任何地点进行购物。

移动电商的兴起主要得益于智能手机的普及和移动互联网的发展。现代智能手机不仅具有通信功能，还拥有各种应用程序，这些应用程序能够为用户提供各种服务，包括在线购物、支付等。同时，移动互联网的快速发展也为移动电商提供了良好的基础，使用户可以在任何地方、任何时间享受购物的便利。

移动电商的优势在于其便利性和个性化。移动设备可以随身携带，让用户随时随地在线购物，这大大提高了购物的便利性。同时，移动设备还具有定位功能，可以获取用户的地理位置信息，从而为用户提供更加个性化的服务。另外，移动电商还可以通过推送消息、短信等方式与用户进行互动，提高用户参与度和黏性。

当然，移动电商也存在一些挑战和风险。首先，网络安全问题是一个重要的问题，因为在线购物和支付需要涉及用户的个人信息和资金安全。因此，需要采取有效的安全措施来保护用户的隐私和资金安全。其次，移动设备的屏幕相对较小，这限制了用户在移动设备上购物时的体验，需要考虑如何优化界面设计，提高用户的购物体验。

总之，移动电商已成为现代社会中不可或缺的一部分，它通过移动设备提供更加便利、个性化的购物体验。然而，需要考虑安全和用户体验问题来进一步推动其发展。在未来，随着移动互联网的不断发展，相信移动电商也将不断创新和发展。

随着其发展，截止到现阶段其主要的特点可以总结如下：

移动电商的特点包括：便捷性、实时性、个性化、社交性、本地化等。

移动电商的便捷性体现在用户可以随时随地进行购物，不受时间和地点的限制。移动电商的实时性体现在用户可以实时查看商品信息、价格变动、物流状态等。

移动电商的个性化体现在可以根据用户的购买历史、喜好等信息为用户推荐合适的商品。

移动电商的社交性体现在用户可以通过社交媒体、评价系统等方式与其他用户互动，分享购物心得和经验。

移动电商的本地化体现在可以根据用户的地理位置为其提供附近的商家、商品等信息。

针对其发展的新趋势，移动电商有如下特性：

移动电商的特点还包括安全性、虚拟性、环保性、拓展性、全球化等。

移动电商的安全性体现在用户可以通过指纹识别、面部识别等技术进行支付验证，保护个人隐私和财产安全。移动电商的虚拟性体现在用户可以在手机上查看商品信息、试穿衣服、模拟使用效果等，方便快捷。移动电商的环保性体现在可以通过减少纸质单据、包装盒等方式减少对环境的污染。移动电商的拓展性体现在可以通过增加服务项目、完善用户体验等方式不断扩展业务范围和市场份额。移动电商的全球化体现在用户可以通过移动电商随时随地购买全球各地的商品，不受地域限制。

此外，移动电商还具有以下一些重要发展特点：

交互性：移动设备为电商用户提供了与商家或其他消费者直接沟通的机会。这不仅有助于快速解决用户的问题，还能让商家获取即时的市场反馈，以便更好地理解并满足用户需求。

可定制性：移动电商允许商家根据每个用户的需求和偏好来提供个性化的购物体验。例如，可以根据用户的购买历史和浏览习惯，推送相关的产品或服务。

高效性：由于移动设备的便携性和实时性，移动电商能为用户提供更快速、更便捷的购物体验。比如，在用户购物的过程中，如果库存不足或者价格变动，商家能及时调整并通知用户，避免用户浪费时间。

数据驱动：移动设备产生了大量的用户行为数据，这些数据可以帮助商家理解用户的需求、偏好和购物习惯，以便更好地服务用户。

创新性：移动电商鼓励创新和新颖的商业模式。比如：通过引入 AR/VR 技术，让用户能在购买前虚拟试用或体验商品；或者通过移动支付，简化购物流程。

这些特点共同推动了移动电商的发展，使得移动电商在短短几年内就取得了显著的成绩。随着移动互联网技术的发展和消费者行为的改变，移动电商还有巨大的发展潜力(图 5.1)。

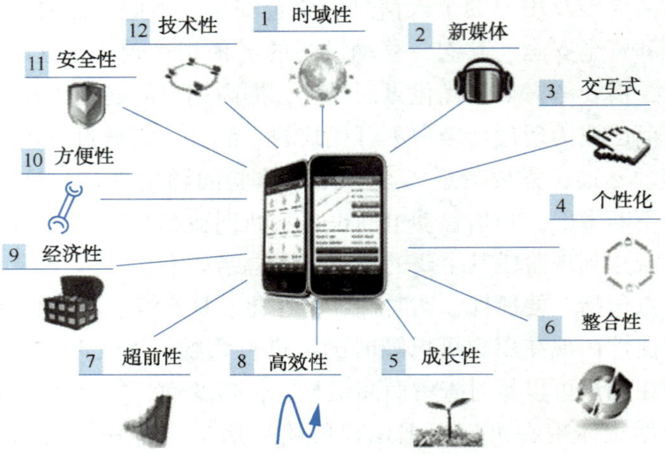

图 5.1　移动电商的特点

（二）移动电商的发展历程

1. 萌芽期

21 世纪初：移动电商的萌芽阶段，以短信、彩信等为主要形式。

在 21 世纪的曙光初现之时，我们迎来了一个全新的时代——移动电商的萌芽期。这个时期开始于 21 世纪初，是移动电商从无到有，从零到一的关键时期。在这个阶段，短信、彩信等简单、直观的通信方式成为移动电商的主要形式，它们如同新时代的语言，架起了消费者与商家之间的桥梁。

这一时期的移动电商，其实更像是一种初级形态，但其背后的商业逻辑和模式已经开始逐渐形成。通过短信、彩信等方式，消费者可以随时随地接收商家的促销信息、产品介绍以及其他各类服务信息。这种便利性，正是移动电商的魅力所在，也是其逐渐在电子商务领域崭露头角的开始。

然而，这个阶段也存在着诸多不足。例如，信息的形式相对单一，交互性不强，而且由于当时的网络环境和设备性能的限制，信息的传递速度和准确性还有待提高。尽管如此，这一阶段仍为移动电商后续的发展奠定了坚实的基础，为后来的爆发式增长提供了可能。

2. 成长期

21 世纪 10 年代：智能手机普及，移动电商进入快速发展阶段，以 App、移动网站为主要形式。

在成长期，即 21 世纪 10 年代，一个显著的变化是智能手机的普及。这种便携式设备的流行，不仅改变了人们的生活方式，而且彻底改变了电子商务的格局。在这个时期，移动电商开始进入快速发展的阶段，以前所未有的速度崛起，成为商业领域的一股不可忽视的力量。

在这个阶段，App 和移动网站成为移动电商的主要形式，为消费者提供了一个随时随地购买商品和服务的便利平台。由于智能手机的普及，用户可以轻松地在手机上浏览和购买商品，使得移动电商在短短几年内迅速崛起，成为电商领域的一股重要力量。

与此同时，移动支付的普及也为移动电商的发展提供了强有力的支持。用户可以通过手机银行或其他支付应用轻松完成支付，使得购物体验更加便利和高效。此外，智能手机的定位功能还可以帮助电子商务企业精准地了解用户的位置，提供更加个性化的服务。

总之，在成长期，智能手机普及、移动电商快速发展，App 和移动网站成为主要形式，支付方式的多样化也为移动电商的发展提供了强有力的支持。这些变化共同推动了移动电商的快速发展，为未来的电商市场奠定了基础。

3. 普及期

2015 年：移动支付兴起，移动电商进入爆发式增长阶段。

在 2015 年，随着移动支付的兴起，移动电商行业进入了爆发式增长阶段。在这个时期，人们越来越习惯于使用手机进行购物和支付，这为电子商务企业提供了广阔的市场前景和商业机会。与此同时，移动电商的发展也促进了智能手机的普及和互联网技术的不断进步。在这个阶段，电商平台的数量不断增加，市场竞争也日益激烈。

在 2015 年之后的几年中，移动电商行业的发展势头更为迅猛。随着移动互联网的快速普及，电商平台不仅数量上大幅增加，而且服务质量也得到了显著提升。各类移动支付手段层出不穷，为消费者提供了更多元化、更便捷的支付方式。同时，智能手机的广泛普及，使得更多人习惯于在手机上进行购物和支付，从而进一步推动了电子商务行业的发展。

在这个阶段，电子商务企业间的竞争越发激烈。为了在市场中脱颖而出，各大电商平台不断加强自身的技术创新和模式创新。例如：引入人工智能、大数据等前沿科技，提升用户体验和服务质量；推出新的商业模式，如社交电商、内容电商等，以满足消费者多样化的需求。

此外，随着移动电商的发展，物流行业也得到了快速进步。电商平台与物流企业紧密合作，共同优化配送体系，提高物流效率。消费者可以享受到更快速、更便捷的配送服务，进一步提升了购物体验。

总的来说，移动电商的爆发式增长阶段带动了整个行业的飞速发展，不仅为电子商务企业带来了巨大的商业机会，也为消费者提供了更为便捷、多元化的购物体验。而在这个过程中，互联网技术的不断进步和各个行业的协同发展，共同推动了整个经济社会的发展与进步。

4. 21 世纪 20 年代

5G、物联网等技术的发展，移动电商向智能化、个性化方向发展。

在21世纪的第二个十年，随着5G技术的飞速发展和物联网技术的广泛应用，移动电子商务行业正在经历一场前所未有的变革。在这个时代，移动电商不再仅仅是一个简单的交易平台，而是向智能化、个性化的方向深入发展。

5G技术的到来，使得移动网络的速度更快、更稳定，大大提升了用户在移动端的购物体验。物联网技术的应用，使得商品和服务的智能化成为可能。通过智能化的商品推荐、智能客服等服务，移动电商能够更好地满足用户的个性化需求。

同时，人工智能、大数据等先进技术的应用，为移动电商的智能化、个性化发展提供了强大的技术支持。通过分析用户的购物历史、浏览记录等数据，移动电商可以精准地为用户推荐合适的商品，大大提高了交易的成功率。

在这个时代，移动电商的竞争已经不再是简单的价格竞争，而是转向了服务、品质和个性化的竞争。只有能够更好地满足用户的个性化需求、提供更优质服务的移动电商，才能在激烈的竞争中脱颖而出。

此外，社交电商的兴起也改变了移动电商行业的传统模式。社交电商通过深入挖掘用户社交需求，将购物和社交有效地结合在一起，让用户在享受购物乐趣的同时，也能够获得更多的社交体验。

同时，智能家居、智能穿戴设备等新兴产业的快速发展，也为移动电商行业带来了广阔的发展前景。这些智能设备的普及，使得电商能够更好地了解用户需求，精准地为用户推荐商品，同时也为电商提供了更多的商业模式和盈利机会。

在这个时代，移动电商行业面临着机遇和挑战并存的局面。只有不断创新、不断改进服务，才能在激烈的竞争中获得更大的市场份额。同时，也需要密切关注市场变化，抓住新兴产业的发展机遇，为移动电商行业的未来发展注入更强的动力。

（三）移动电商常见平台

移动电商是近年来发展迅速的新兴商业模式，其平台种类繁多，各有特点。下面将介绍移动电商的常见平台及其特点，包括以下内容：

1. 综合电商平台

综合电商平台是指以淘宝网、京东等为代表的大型电商平台，它们提供多种类型的商品和服务，包括服装、美妆、家居、数码、生鲜等各个领域。这些平台拥有庞大的用户群体，每天都有数以亿计的消费者在这些平台上进行购物和消费。同时，这些平台也吸引了众多商家的入驻，成为众多品牌和商家的必争之地。

综合电商平台具有强大的流量入口和品牌影响力。这些平台的用户群体广泛，涵盖了各个年龄段和消费层次的人群，因此对于商家来说，能够在这个平台上获得更多的曝光和销售机会。同时，这些平台通过不断的宣传和推广，也成为了消费者心目中信赖的品牌，具有强大的品牌影响力。因此，综合电商平台成为许多商家和消费者的首选购物平台之一。

2. 社交电商平台

以拼多多和拼团等为代表的社交电商平台，通过巧妙地利用社交化的购物方式和独特的社交化营销手段，成功地吸引了大量用户的关注和参与。这些用户积极参与到平台上的各种优惠活动和团购中，并通过社交媒体和朋友圈等方式进行分享，实现了平台的快速裂变和低成本获客。

拼多多等社交电商平台的成功，一方面得益于中国互联网和移动设备的普及，使得人们可以随时随地在线上浏览、购买商品，另一方面也归功于这些平台的创新模式和营销策略。它们通过与品牌商和供应商合作，推出各种优惠券、红包等福利，吸引用户参与并刺激消费。同时，平台上的各种拼团、砍价等活动，也为用户带来了更多的互动和娱乐性，增加了用户黏性。

此外，这些社交电商平台在用户数据分析和精准营销方面也具有很强的能力。它们可以通过用户的购物行为、浏览记录等数据，分析用户的喜好和需求，并精准地推送相关的商品和优惠信息。这种个性化营销策略的实施，使得平台可以更好地满足用户的购物需求，提高用户的满意度和忠诚度，从而进一步促进了平台的裂变和获客能力。

总的来说，以拼多多、拼团等为代表的社交电商平台通过独特的购物方式和营销手段，成功地实现了快速裂变和低成本获客。它们的成功也反映了中国互联网经济的快速发展和创新能力的不断提升。

3. 垂直电商平台

垂直电商平台是一种以唯品会、当当等为代表的网络购物平台，专注于某一特定领域或品类的商品和服务。它们在专业化的供应链管理和精细化运营方面具有较高的水平，能够满足特定用户群体的个性化需求。这些平台通常以提供高质量、折扣或特色商品为卖点，致力于为消费者提供更专业、更便捷的购物体验。由于其专业性和针对性强，垂直电商平台能够吸引那些对特定领域或品类的商品和服务有需求的消费者，并为他们提供定制化的购物解决方案。此外，这些平台能够与品牌商和供应商建立紧密的合作关系，以更低的价格和更快的物流提供高质量的商品和服务，进一步提升用户的购物体验。垂直电商平台在当今电子商务市场中的地位日益重要，它们不仅提供了更专业、个性化的购物体验，还为消费者带来了更多的选择和更优惠的价格。

4. 移动支付平台

移动支付平台是一种以支付宝、微信支付等为代表的便捷、安全、高效的支付方式，通过智能手机等移动设备进行在线支付和收款，为用户带来极大的便利。这些平台通过数字加密技术、实名制等措施，确保支付过程的安全性和合规性，使得用户无须使用现金或银行卡，就能完成快速、便捷的支付。

移动支付平台不仅为用户提供了一种方便的支付方式，同时也为商家提供了诸多好处。商家可以通过这些平台快速收款，并实现资金的高效管理。在平台上，商家可以轻松跟踪销售情况，掌握库存信息，并依据用户支付记录进行数据分析，了解用户购买行为和喜好，从而更好地满足用户需求。

此外，移动支付平台还拥有丰富的用户信息和数据支持。这些数据包括用户的个人信息、消费习惯、支付偏好等，为商家提供了宝贵的市场洞察力。通过这些数据，商家可以更好地了解市场需求和趋势，制定更加精准的营销策略，提升业务效益。

总之，移动支付平台是一种便捷、安全、高效的支付方式，为用户和商家都带来了极大的便利和好处。它不仅改变了人们的消费习惯，还为商家提供了重要的商业价值，推动了经济社会的发展。

5. O2O 平台

O2O 平台是一种以美团、饿了么等为代表的创新商业模式，通过将线上与线下的消费场景进行完美融合，为用户提供了一种极为便捷的到家服务。这些平台允许消费者在互联网上浏览和选择各类服务，然后享受上门配送的便利，从而节省了时间和精力。对于商家而言，O2O 平台不仅为他们提供了更广阔的销售渠道，还让他们拥有了更加高效的经营方式。这些平台通过大数据分析和精准推送等技术手段，将商品或服务推销给有需求的消费者，从而提高了销售业绩和客户满意度。因此，O2O 平台成为现代社会中不可或缺的一部分，为人们的生活带来了极大的便利和舒适。

6. 跨境电商平台

跨境电商平台是一种以全球购、天猫国际等为代表的网络购物平台，通过互联网将国内消费者与海外商品或服务连接起来，满足国内消费者对于海外商品和服务的需求。这些平台汇聚了全球各地的品牌和供应商，为消费者提供了一站式的购物体验，以及更加丰富的商品选择。

跨境电商平台的优势在于提供了更加丰富的商品选择，满足了消费者对于高品质、个性化商品的需求。同时，这些平台通过优化物流和供应链，降低了海外商品的成本，并保障了商品的质量。此外，跨境电商平台还提供了更加完善的售后服务，为消费者提供了更加全面的购物保障。

随着中国消费者的消费水平和需求的提高，跨境电商平台的发展前景十分广阔。未来，跨境电商平台将更加注重用户体验和服务质量，不断优化供应链和物流系统，为消费者提供更加优质、便捷的购物体验。同时，随着国内市场的不断扩大和开放，跨境电商平台的商业模式和运营策略也将不断创新和优化，进一步提高平台的竞争力和市场份额(图 5.2)。

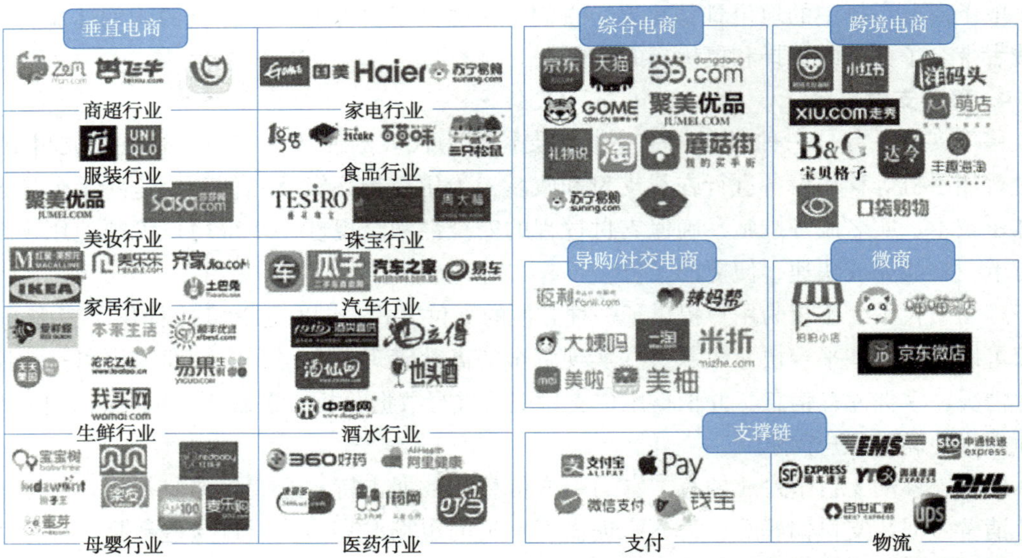

制图：中国电子商务研究中心　　数据来源：中国移动电商网

图 5.2　移动电商产业链图谱

下面简要介绍一下国内外常见的有移动电商属性及业务的网站及其业务。

亚马逊：全球最大的电商平台，提供丰富的商品选择和便捷的购物体验。

阿里巴巴：全球领先的电商平台，涵盖多个行业和地区。

京东：中国领先的电商平台，以高质量商品和快速物流服务著称。

eBay：全球性的电商平台，为用户提供广泛的商品选择。

Shopify：电商独立站平台，帮助商家建立和管理自己的电商网站。

Tmall：阿里巴巴旗下的电商平台，主要面向中国消费者。

Pinterest：电商平台，用户可以在平台上创建和分享购物清单和灵感。

Instagram：社交电商平台，用户可以在平台上分享商品，并在购物车中直接购买。

WeChat MiniPrograms：微信小程序，用户可以通过微信直接在小程序中进行购物。

Lazada：东南亚最大的电商平台之一，覆盖印度尼西亚、马来西亚、菲律宾、新加坡、泰国和越南等国家。

（四）移动电商的应用场景

1. 移动支付

通过手机支付购物费用，方便快捷。

移动支付是一种便捷、高效、安全的支付方式，它通过利用手机或其他智能设备进行购物费用的支付，从而让购物变得更加方便快捷。

随着互联网的普及和移动设备的广泛应用，移动支付已经成为现代生活中不可或缺的一部分。通过移动支付，消费者可以在任何地方、任何时间进行支付，无须携带现金或银行卡，只需通过智能设备的简单操作即可完成支付。

同时，移动支付还具有高度安全性和隐私保护的特点。大多数移动支付服务都采用了高级加密技术和安全防护措施，确保支付过程中的数据安全和用户隐私的机密性。

此外，移动支付还可以为消费者提供更多的购物信息和个性化服务。许多移动支付平台都会根据用户的消费习惯和偏好，提供相应的购物推荐和优惠活动，让消费者在享受便捷支付的同时，也能获得更多的购物乐趣和实惠。

总之，移动支付是一种方便快捷、安全可靠、个性化定制的支付方式，它已经深刻地改变了人们的购物习惯和生活方式，成为现代社会中不可或缺的一部分。

2. 移动购物

随时随地浏览商品，下单购。

移动购物是一种方便快捷的购物方式，它允许消费者随时随地浏览商品、比较价格、购买商品，而不必受限于特定的时间和地点。通过手机应用或网站平台，消费者可以轻松地浏览各种商品，包括服装、电子产品、家居用品等等。移动购物还提供了更加个性化的购物体验，消费者可以根据自己的喜好和需求，定制个性化的推荐和提醒服务。此外，移动购物还可以提供更加灵活的支付方式，如支付宝、微信支付等，为消费者带来更加便捷的支付体验。总之，移动购物是一种方便、快捷、个性化的购物方式，它已经成为现代人日常生活的重要组成部分。

3. 移动社交电商

利用社交媒体进行商品推广和销售。

移动社交电商是一种依赖于社交媒体平台进行商品推广和销售的新型商业模式。通过巧妙地利用各种社交媒体工具，如微信、微博、抖音等，商家可以与潜在消费者进行直接互动，向他们展示自家产品的特点和优势，从而实现销售目标。与传统电商模式不同，移动社交电商更注重于借助用户口碑和社交媒体的影响力来拓展市场，因此具有更高的精准度和更广的覆盖范围。同时，移动社交电商还可以根据用户的反馈和数据分析不断优化产品和服务，提高用户满意度和忠诚度，从而为商家带来更多的收益。总之，移动社交电商是一种利用社交媒体平台进行商品推广和销售的新型商业模式，具有高效、精准、便捷的特点，是未来电商发展的新趋势。

4. 移动 O2O

线上线下融合，提供更便捷的本地化服务。

移动 O2O 是一种将线上和线下服务相结合的商业模式，通过将互联网技术与实体店面的优势相互融合，为消费者提供更加便捷、个性化的本地化服务。它不仅拓展了传统实体店面的经营范畴，而且也弥补了纯线上业务的不足之处。

通过移动 O2O 模式，商家可以利用互联网平台的便捷性，快速推广和宣传自己的品牌和服务。同时，消费者也可以通过线上平台轻松预约、购买、评价和分享所需服务，从而获得更优质的购物体验。这种模式打破了传统实体店面和纯线上业务的局限，将二者完美地结合在一起，实现了更高效、个性化的服务体验。

此外，移动 O2O 模式还可以为商家提供更准确的市场定位和数据分析，以便更好地了解消费者的需求和偏好。这种模式下，消费者也可以享受到更加便捷、个性化的服务体验，例如在线预订、支付、评价和分享等。因此，移动 O2O 已经成为当今商业领域中的一种重要趋势，对于推动本地化服务的发展和创新具有不可忽视的作用。

5. 移动营销

通过手机进行精准营销，提高转化率。

移动营销是一种通过手机进行精准推广的策略，它利用手机的特点，把广告信息直接送到目标受众的手中。随着移动互联网的普及，移动营销也变得越来越重要。以前，手机只能用于打电话，发短信，但随着智能手机的出现，人们可以用手机上网，使用各种应用程序，接受各种服务。因此，许多企业都开始利用移动营销来提高品牌知名度，吸引更多客户，提高销售转化率。

移动营销可以利用多种方式进行推广，例如通过短信、邮件、社交媒体等渠道向目标受众发送广告信息。此外，还可以根据用户的兴趣爱好、地理位置、使用习惯等因素来精准投放广告，提高转化率。移动营销不仅可以提高品牌知名度，还可以吸引更多客户，促进销售量的增长。同时，移动营销还可以提高客户满意度，增强客户忠诚度，提高企业的竞争力。

6. 移动物流

实时跟踪物流信息，提高配送效率。

移动物流是指通过先进的物流信息系统和技术手段，实时监控和跟踪货物的运输和配送状态，以确保货物准时、准确地送达收货人手中。这种物流模式的出现，大大提高了配送效率，缩短了配送时间，同时也减少了物流运输中的误差和损失，提高了物流企业的服务质量和竞争力。此外，移动物流还支持客户随时随地进行货物跟踪和查询，提供更加便捷的物流服务体验。

7. 移动支付和金融

方便快捷的金融服务，满足现代生活的需求。

随着智能手机的普及和互联网技术的发展，移动支付和金融已经成为现代生活中不可或缺的一部分。通过手机端的操作，消费者可以轻松完成银行转账、信用卡还款、缴纳水电煤气费等各种支付和金融业务，大大提高了生活便利性。

移动支付和金融的优势不仅在于方便快捷，更在于其安全可靠和个性化定制的特点。许多移动支付应用都采用了多重安全防护措施，确保支付过程中用户信息和资金的安全。同时，消费者可以根据自己的需求和偏好，定制个性化的支付和金融服务，以满足不同场景下的需求。

此外，移动支付和金融还推动了普惠金融的发展。许多传统金融机构的门槛较高，使得一部分人群无法享受到金融服务。而移动金融服务的出现，使得更多的人可以方便快捷地获取到金融服务，从而推动了社会的公平和发展。

总之，移动支付和金融已经成为现代生活中不可或缺的一部分，它方便快捷、安全可靠、个性化定制，满足了现代生活的多样化需求，推动了社会的进步和发展。

（五）移动电商的未来趋势

1. 个性化推荐

根据用户喜好和需求，提供个性化的商品推荐。

个性化推荐系统是一种智能化的解决方案，旨在根据每个用户的独特喜好和需求提供个性化的商品推荐。通过利用大数据分析、机器学习和自然语言处理等技术，这些系统能够收集、分析和理解用户的购买历史、浏览行为、评论和反馈等信息，以便为用户提供与他们的需求和品位相匹配的商品推荐。

这些个性化推荐系统不仅考虑用户的显性需求，例如他们搜索或购买的商品，还可以推断用户的隐性需求和品位。例如，一个系统可以通过分析用户的音乐播放列表或阅读习惯来确定他们的音乐或阅读偏好，并据此提供相关的商品推荐。

此外，这些系统还可以根据用户的反馈进行自我学习和改进，以不断提高推荐的质量和准确性。例如，如果用户对某次推荐非常满意并购买了相关商品，那么系统将记录这一信息，并在后续推荐中更加侧重于该用户的需求和品位。

个性化推荐系统正日益受到电商、音乐流媒体、视频流媒体、新闻等行业领域的青睐，因为它们能够提高用户体验、增加用户黏性并提高用户满意度。同时，这些系统也有助于提高企业的销售转化率和用户复购率，为企业带来更多收益。

2. 无线支付

通过手机等移动设备进行便捷、安全的支付。

无线支付是一种通过手机等移动设备进行便捷、安全的支付方式。它采用了先进的无线通信技术，可以在不输入银行卡号、密码等敏感信息的情况下完成支付，从而大大提高了支付的便捷性和安全性。无线支付的优点在于，它可以在任何地方、任何时间进行支付，不需要携带现金或银行卡，非常适合现代快节奏的生活方式。此外，无线支付还可以帮助商家提高销售效率，减少拒付和欺诈行为的发生，提高销售额和客户满意度。因此，无线支付已成为现代社会中不可或缺的一部分。

3. 社交电商

结合社交媒体，实现用户之间的互动和分享。

社交电商是一种基于社交媒体平台的新型电子商务模式，通过将商品或服务的推广与社交媒体相结合，实现用户之间的互动和分享。这种模式充分利用了社交媒体的用户基数大、传播速度快、用户黏性高的优点，为电子商务企业带来更高效、更具针对性的营销方式。

社交电商的核心在于以社交媒体为媒介，通过用户间的互动和分享来推广商品或服务。这种模式将传统的以商家为中心的推广方式转变为以用户为中心的推广方式，更好地满足了消费者的个性化需求。同时，通过用户间的互动和分享，商家可以更精准地定位目标消费者，提高营销效果。

此外，社交电商还具有低成本、高效率的优点。与传统的电商平台相比，社交电商可以省去大量的广告费用和推广费用，通过用户间的口碑传播来达到更好的营销效果。同时，社交电商还可以通过用户的数据分析和反馈来不断优化商品和服务，提高用户的满意度和忠诚度。

总之，社交电商是一种具有巨大潜力的商业模式，通过将社交媒体与电子商务相结合，实现了更高效、更具针对性的营销方式。未来，随着社交媒体的普及和技术的不断发展，社交电商将成为电子商务领域的重要发展方向。

4. 虚拟现实购物

利用虚拟现实技术，提供沉浸式的购物体验。

虚拟现实购物是一种创新的购物方式，它利用虚拟现实技术，使得消费者能够在不受限制的环境中进行商品选择和购买。通过虚拟现实技术，消费者可以身处一个高度逼真的虚拟购物环境中，该环境可以根据不同的商品类型和品牌进行定制和扩展。

在这个虚拟环境中，消费者可以自由地浏览和选择各种商品，同时可以获得与真实购物相似的体验。例如，在服装零售商的虚拟现实购物中，消费者可以在虚拟试衣间试穿各种衣服，并根据不同的搭配进行选择和比较。虚拟现实购物不仅可以提供更加便捷的购物体验，还可以吸引更多的消费者，并为企业带来更多的商业机会。

5. 物流智能化

利用大数据和人工智能技术，实现物流配送的智能化和精准化。

物流智能化是指通过利用大数据和人工智能技术，将物流配送过程变得更加智能化和精准化。这些技术可以帮助物流企业更好地管理物流配送的各个环节，包括仓储、运输、配送等方面，从而提高物流效率和精度。

通过大数据技术，物流企业可以收集并分析大量的数据，包括客户订单、库存信息、运输信息等，从而更好地掌握市场需求和物流状况。通过人工智能技术，物流企业可以构建智能化的物流管理系统，实现自动化决策、预测和优化，从而更好地调配资源、提高配送效率和降低成本。

物流智能化的实现需要借助各种先进的技术手段，包括物联网技术、云计算技术、机器学习技术等。通过这些技术手段的结合，物流企业可以更好地实现智能化和精准化的目标，从而为客户提供更好的物流服务体验。

总之，物流智能化是现代物流业发展的重要趋势，可以帮助物流企业更好地应对市场的复杂多变和客户需求的变化，提高企业的竞争力和市场占有率。

6. 隐私保护

加强用户隐私保护，确保用户信息安全。

隐私保护：移动电商非常重视用户的隐私权益，采取了多项措施加强用户隐私保护，确保用户信息安全。首先，移动电商严格遵守相关法律法规和政策要求，采用了先进的加密技术和安全机制，确保用户数据的安全存储和传输。其次，移动电商在收集用户信息时，会明确告知用户收集的目的和用途，并且经过用户同意。再次，移动电商还设置了严格的数据访问权限和安全审计流程，避免用户数据被不当访问和使用。最后，移动电商还积极开展隐私保护培训和技术研发，提高员工对隐私保护的认识和技术水平，进一步强化隐私保护的意识和能力。总之，移动电商始终将用户隐私权益放在首位，不断加强隐私保护措施，确保用户信息安全。

7. 数字化营销

通过大数据和人工智能技术，对用户进行精准的数字化营销。

数字化营销是一种通过大数据和人工智能技术对用户进行精准营销的方式。这些技术可以帮助企业收集并分析大量的用户数据，包括用户行为数据、购买数据、社交媒体互动数据等，从而了解用户的需求、偏好和行为特征。

通过数字化营销，企业可以实现以下目标：

精准定位目标用户群体：通过对用户数据的分析，企业可以准确地找到目标用户群体，提高营销效果。

个性化营销：通过对用户数据的分析，企业可以了解每个用户的喜好和需求，根据用户的特点进行个性化营销，提高用户满意度和忠诚度。

提高营销效率：数字化营销可以帮助企业实现自动化营销流程，减少人工干预，提高营销效率。

实现 ROI 最大化：数字化营销可以帮助企业实现 ROI（投资回报率）的最大化，通过数据分析和预测，企业可以更好地评估营销投资回报，制定更加合理的营销策略。

总之，数字化营销是一种具有巨大潜力的营销方式，通过大数据和人工智能技术的支持，企业可以实现精准的营销，提高营销效果和用户满意度，为企业带来更多的商业机会和收益。

二、社交电商

（一）社交电商的定义和特点

（1）社交电商的定义

社交电商是一种基于社交媒体平台的新型电子商务模式，它结合了社交媒体和电子商务的优点，为消费者带来更加便捷、个性化的购物体验。通过社交电商，消费者可以在社交媒体平台上直接购买商品或服务，同时也可以通过社交媒体分享自己的购物体验和商品信息，进一步扩大商品的曝光度和销售量。此外，社交电商还可以实现更加精准的营销，通过分析用户数据和行为，为消费者推荐更加符合其需求的商品或服务。

（2）社交电商的特点

包括：用户参与度高、传播速度快、互动性强、个性化推荐等。

社交电商的特点包括多个方面。其中，用户参与度高的特点意味着用户在社交电商平台上可以积极参与各种活动，如分享、评论、点赞等，从而形成良好的用户互动氛围。此外，社交电商的传播速度快，可以通过社交媒体等渠道迅速地将商品信息传递给更多的潜在客户，从而加速销售增长。

互动性强的特点也是社交电商的一大优势，用户可以在平台上与其他用户进行交流和互动，分享购物心得、使用经验等，从而增强用户的购买决策信心。最后，个性化推荐也是社交电商的重要特点之一。通过对用户历史行为、偏好等数据的分析，社交电商平台可以为用户提供个性化的商品推荐服务，提高用户满意度和转化率。

（3）社交电商的核心

社交电商的核心是利用社交媒体平台，通过用户之间的互动和分享，实现商品信息的传播和销售。这种新型的电子商务模式依赖于社交媒体平台的广泛覆盖和高度活跃的用户群体，通过精准的营销策略和个性化的推荐算法，将商品信息快速、有效地传递给目标消费者。

在这个过程中，用户之间的互动和分享起到了关键作用。社交电商通过各种形式的互动，如评论、点赞、转发等，激发用户的参与热情，并收集大量有价值的用户数据。通过对这些数据的深入挖掘和分析，能够更好地理解消费者的需求和购物习惯，为商品信息的精准推送提供强有力的支持。

同时，社交电商还注重打造个性化推荐系统，通过人工智能和机器学习等技术，根据用户的兴趣、偏好和行为，为用户推荐他们可能感兴趣的商品。这种个性化的推荐方式不仅能提高商品的转化率，还能增加用户的满意度和忠诚度，从而实现商品信息的有效传播和销售增长。

总之，社交电商通过充分利用社交媒体平台的优势，以及用户之间的互动和分享，实现了商品信息的快速、精准传播和销售增长，为电子商务行业的发展注入了新的活力。

（4）社交电商的优势

社交电商的优势在于能够提高用户黏性，降低营销成本，提高销售转化率。主要包括以下几个方面：

首先，社交电商能够通过与用户的互动和分享，有效提高用户黏性。这种互动和分享不仅可以帮助电子商务企业更好地了解用户需求，还能够增强用户的参与感和忠诚度，进而提高用户黏性。通过社交电商平台，企业可以与用户进行更紧密的沟通和交流，形成更加稳定的关系。

其次，社交电商能够降低营销成本。传统的营销方式需要投入大量的人力、物力和财力，而且效果难以保证。而社交电商则可以通过精准的定位和目标用户的筛选，实现精准营销，降低营销成本。同时，社交电商还可以通过用户分享和互动，实现口碑营销，进一步降低营销成本。

最后，社交电商能够提高销售转化率。社交电商将商品或服务推荐与用户的需求和兴趣进行了有机结合，能够更好地满足用户的需求。同时，社交电商还提供了更加便捷的购买方式，让用户可以更快速地完成购买，进而提高销售转化率。

综上所述，社交电商的优势在于提高用户黏性、降低营销成本以及提高销售转化率。这些优势使得社交电商成为当今商业领域的一种重要趋势。

（二）社交电商的发展历程

1. 2008 年，Facebook 推出社交广告，开启社交电商的先河

在 2008 年，Facebook 推出了一款创新的社交广告功能，这一举措在全球范围为引领了一场社交电商的革新潮流。通过这款社交广告，Facebook 用户可以轻松地与品牌和产品互动，并直接在社交平台上完成购买，从而实现了社交与电商的无缝对接。

Facebook 的社交广告是一种高度个性化的服务，它根据用户的兴趣、行为和地理位置等因素来推送相关的广告。这种广告形式的推出，不仅大大提高了广告的精准度和效果，同时也为品牌和商家提供了一个全新的营销渠道。

这一创新的商业模式迅速获得了巨大的成功，Facebook 的社交电商业务迅速增长，成为了全球范围内最受欢迎的购物方式之一。许多品牌和商家也纷纷加入这一行列，通过 Facebook 的社交广告来推广自己的产品和服务，并拓展了销售渠道。

总之，Facebook 在 2008 年推出的社交广告是社交电商领域的里程碑事件，它改变了人们的购物方式和消费习惯，并引领了全球范围内的电商革新潮流。

2. 2010 年，微博、微信等社交媒体平台兴起，社交电商开始快速发展

在 2010 年，随着互联网技术的不断进步，社交媒体平台如微博、微信等迅速崛起，成为了人们日常生活中不可或缺的一部分。这些社交平台不仅为人们提供了方便快捷的沟通工具，还创造了一个个庞大的社交网络，将全球各地的人们紧密地联系在一起。

在这个背景下，社交电商开始快速发展，成为了一股不可忽视的力量。它利用社交媒体平台的用户基础和互动性，将传统的电子商务与社交网络相结合，创造了一种全新的商业模式。通过社交电商，消费者可以在社交媒体上直接购买商品或服务，而商家则可以利用社交媒体的影响力和用户数据精准地推广自己的产品。

具体来说，社交电商的优势在于其能够充分利用社交媒体平台的用户数据和互动性，从而实现精准营销和个性化推荐。同时，社交电商还可以通过用户评价和社交分享等功能，提高消费者的信任度和购买意愿。此外，社交电商还具有较低的获客成本和快速的市场响应能力，这些优势使得社交电商成为许多商家的首选渠道之一。

总之，2010 年社交媒体平台的兴起为社交电商的发展提供了广阔的市场和机遇。社交电商充分利用社交媒体平台的优势，创造了一种全新的商业模式，成为未来电子商务发展的重要趋势之一。

3. 2013 年，小红书、美丽说等社交电商平台出现，社交电商进入爆发期

2013 年，随着小红书、美丽说等社交电商平台的涌现，社交电商行业犹如脱缰的野马般迅速发展，一夜之间进入了爆发期。这些平台通过将购物与社交相结合，打破了传统电子商务的常规，为消费者带来了全新的购物体验。在此期间，大量的用户流量开始涌入这些社交电商平台，为平台带来了巨大的商业机会。同时，这些平台的出现也极大地丰富了商品种类和数量，满足了消费者日益增长的需求。随着时间的推移，社交电商逐渐成为人们购物的重要途径之一，也成为电子商务行业的一大发展趋势。

4. 2016 年，拼多多、云集等社交电商平台崛起，社交电商进入成熟期

在 2016 年，拼多多和云集等社交电商平台迅速崛起，标志着社交电商领域进入了一个成熟期。这些平台的出现，彻底改变了传统电商的运营模式，将社交与购物紧密结合起来，让消费者在享受购物的同时，也能享受到社交的乐趣。

在这个时期，社交电商平台的用户数量和活跃度都呈现出快速增长的趋势。这些平台通过与品牌商和供应商直接合作，以更优惠的价格和更便捷的购物方式吸引消费者。此外，社交电商平台还注重用户参与和分享，通过用户评价、晒单等方式，让消费者能够获得更多的购物参考信息，从而更好地选择适合自己的商品。

同时，社交电商平台还借助大数据和人工智能等技术，不断提升用户体验和服务质量。这些平台通过分析用户的购物行为和喜好，为用户推荐更加个性化的商品和服务，从而提高了用户的满意度和忠诚度。此外，社交电商平台还通过智能客服、智能物流等方式，不断提升服务效率和用户购物体验。

总之，2016 年社交电商的成熟期标志着电子商务行业进入了一个全新的发展阶段，通过与品牌商、供应商和消费者之间的互动，推动了电子商务行业的快速发展和创新。

5. 2019 年，直播电商兴起，社交电商进入多元化发展阶段

在 2019 年，随着互联网技术的不断进步和智能手机的广泛普及，直播电商这一新型的电商模式应运而生，成为电子商务行业的新热点。直播电商通过直播平台将商品展示给消费者，使消费者能够更直观地了解商品的特点和优势，从而激发消费者的购买欲望。与此同时，社交电商也进入了多元化发展阶段。社交电商将社交与购物相结合，通过社交平台为消费者提供更加便捷的购物体验。多元化的社交电商模式不仅包括微信小程序、社交媒体平台等，还拓展到了线下场景，如购物中心、超市等实体零售店，实现了线上线下的全渠道融合(图 5. 3)。

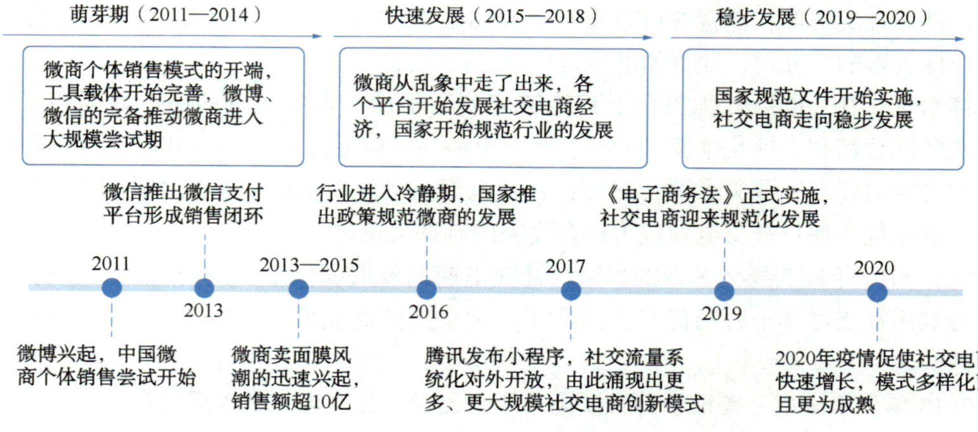

图 5. 3　社交电商发展历程

(三) 社交电商的常见平台

1. 微信：社交电商的基础平台

微信作为中国最大的社交平台之一，拥有着庞大的用户群体和广泛的社交网络。它不仅提供了即时通讯和社交互动的功能，而且还逐步发展成为社交电商的基础平台。

在微信上，用户可以轻松地分享商品信息、购物链接、支付订单等，同时也可以通过微信支付进行在线支付。此外，微信还为电子商务企业提供了微信公众号和小程序等营销工具，帮助企业更好地推广和销售产品。

微信的社交电商功能不仅为消费者提供了更加便捷的购物体验，也为电子商务企业提供了更加广阔的市场机会。通过微信的社交网络和用户数据，电子商务企业可以更好地了解用户需求和购物习惯，从而制定更加精准的营销策略。同时，微信也为电子商务企业提供了更多的推广渠道和用户资源，从而帮助企业更好地拓展市场和提升品牌影响力。

总之，微信作为社交电商的基础平台，为电子商务企业和消费者提供了更加便捷、高效、精准的购物体验和商业机会。它的广泛用户群体和社交网络也为电子商务行业的发展提供了强有力的支持。

2. 微博：社交媒体的电商化尝试，是指将社交媒体平台与电子商务相结合，通过社交媒体平台实现产品销售和推广的一种商业模式

微博作为中国最大的社交媒体平台之一，拥有庞大的用户群体和广泛的影响力，其电商化尝试可以说是一次具有里程碑意义的商业变革。通过微博的社交媒体属性，商家可以与消费者建立更紧密的联系，分享产品信息和用户体验，增加消费者的信任度和忠诚度。同时，微博平台也为商家提供了更多的营销手段和数据支持，帮助商家更好地了解消费者需求和市场趋势，提升销售效果和品牌价值。

微博的电商化尝试不仅仅体现在购物和交易方面，更是一种社交媒体的商业模式的创新。通过与电商平台合作，微博可以为用户提供更加便捷的购物体验，同时也可以增加用户的互动和参与度，提升用户的使用体验和忠诚度。此外，微博的电商化尝试也可以带来更多的商业机会和发展空间，推动社交媒体和电子商务行业的融合和发展。

3. 抖音：短视频电商的新趋势

抖音是一款近年来迅速发展的短视频社交应用，通过短视频的形式为用户提供娱乐、分享生活和获取信息等功能。随着移动互联网的普及和智能手机的广泛应用，抖音已经成为了全球最受欢迎的短视频平台之一。

抖音的短视频形式为用户提供了更加直观、生动、有趣的体验，用户可以通过简单的操作，轻松地上传自己的短视频，分享自己的生活点滴和创意。同时，抖音也通过推荐算法和个性化推荐，让用户能够发现更多自己感兴趣的内容，增强了用户的黏性和使用频率。

除了社交分享，抖音还积极探索了电商业务的新模式。通过与众多品牌和商家合作，抖音在平台上推出了很多有趣的电商模式，如短视频购物、直播带货等。用户可以在观看短视频的同时，直接购买商品或服务，这种新型的电商模式不仅方便快捷，而且更加生动形象，更符合现代消费者的购物习惯。

此外，抖音还通过大数据分析和精准营销等方式，为品牌和商家提供了更加精准的目标用户群体，有效提高了营销效果和转化率。同时，抖音还通过与物流等行业的合作，为用户提供更加完善的购物体验和服务保障。

总之，抖音作为一款短视频社交应用，不仅为用户提供了更加丰富多样的内容和服务，还为电子商务行业带来了新的商业机会和发展空间。相信未来抖音还将继续发挥其巨大的流量和用户黏性优势，不断推动短视频电子商务行业的发展和创新。

4. 小红书：内容分享平台的电商化

小红书是一个备受年轻人喜爱的内容分享平台，它已经从一个纯粹的社交网络成功转型为电商化平台。用户可以在小红书上分享自己的生活经验、心得体会以及购物心得等，同时也可以通过浏览其他用户分享的内容来获取各种有用的信息。

小红书的电商化趋势非常明显，其平台上已经集结了众多品牌和商家，用户可以直接在小红书上购买自己喜欢的商品。此外，小红书还提供了许多优惠券和折扣活动，吸引更多的用户进行消费。

同时，小红书也积极推广自己的品牌形象，通过与明星合作、推出自己的综艺节目以及举办线下活动等方式，吸引了越来越多的用户关注自己的品牌。

总之，小红书作为一个内容分享平台的电商化代表，既能够满足用户的社交需求，又能够满足用户的购物需求，成为了许多年轻人日常生活中不可或缺的一部分。

5. 快手：直播电商的代表平台

快手是一款备受欢迎的短视频社交平台，以记录和分享生活点滴为主打内容。作为直播电商的代表平台，快手不仅提供了丰富多样的直播内容，还为电商业务提供了强大的支持。

作为中国最大的短视频社交平台之一，快手拥有庞大的用户群体和广泛的影响力。用户可以在快手上观看、制作和分享短视频，涵盖了各个领域，如音乐、舞蹈、搞笑、科技等，满足了不同年龄段和兴趣爱好的用户需求。

在直播电商方面，快手为用户提供了一个全新的购物体验。通过与各类品牌、商家和农户合作，快手上的直播间可以展示各种商品，包括时尚服饰、美妆护肤、家居生活、数码电器、食品饮料等。观众可以在直播间了解商品详情，与主播互动交流，甚至参与优惠活动，为购物增添了更多的趣味性和便捷性。

此外，快手还为电商业务提供了全方位的支持。平台拥有强大的数据分析能力，可以为合作商家提供精准的用户画像和营销策略，助力商家更好地了解市场需求和推广产品。同时，快手还为商家提供了完善的电商基础设施，包括支付、物流和售后服务等，让商家可以更加专注于商品品质和服务提升。

总之，作为直播电商的代表平台，快手在短视频社交领域具有广泛的影响力，为电商业务提供了强大的支持和发展机遇。通过与合作伙伴共同打造优质的购物体验，快手将继续引领直播电商行业的发展潮流。

6. 拼多多：团购电商的新形式

拼多多是一家中国领先的团购电商平台，以“社交电商”的概念为消费者带来更优惠的价格和更优质的购物体验。通过与品牌商、工厂和农户直接合作，拼多多能够为消费者提供大量物美价廉的商品，包括水果、蔬菜、家居用品、服装、电子产品等。

通过拼多多，消费者可以享受到更低的价格和更丰富的选择。同时，拼多多的平台操作简单方便，用户可以通过分享商品链接到社交媒体，邀请亲朋好友一起来拼团购买，从而获得更优惠的价格。此外，拼多多还注重品质保障，通过与品牌商、工厂和农户建立直接合作关系，确保商品的质量和安全。

拼多多以其独特的商业模式和创新的经营理念，成为中国电子商务行业的一股新势力。

它的成功不仅为消费者带来了实惠和便利，也为品牌商、工厂和农户带来了更多的销售渠道和商机。同时，拼多多还促进了中国电子商务行业的快速发展和创新升级。

7. 京东：综合电商平台的社交尝试

京东，作为中国最大的综合电商平台之一，近年来一直在尝试将社交元素融入其业务中。它通过多种方式，如社交电商、社交媒体和社交游戏等，积极探索并推动社交电商的发展。

在社交电商方面，京东推出了拼购、团购、会员分享等社交化电商模式。通过这些模式，消费者可以在京东上享受到更优惠的价格和更便捷的购物体验，同时也可以与朋友们分享自己的购物心得和消费体验。

除了在购物方面的社交尝试，京东还通过在社交媒体上开展互动营销活动来吸引更多的用户。例如，它通过推出“京选之夜”等活动，邀请明星和网红直播带货，与消费者进行互动，以此提高用户的参与度和购买转化率。

此外，京东还通过开发社交游戏来增强用户的黏性和购物体验。例如，它推出了“京东农场”等社交游戏，用户可以通过玩游戏获得虚拟货币，并用这些虚拟货币兑换实物奖品或优惠券等。这些社交游戏的推出，不仅增加了用户的娱乐元素，还提高了用户的参与度和忠诚度。

总之，京东作为综合电商平台的代表之一，在社交电商方面进行了多种尝试和探索。这些尝试不仅增强了用户的购物体验和黏性，也为京东带来了更多的商业机会和收入来源（图 5.4）。

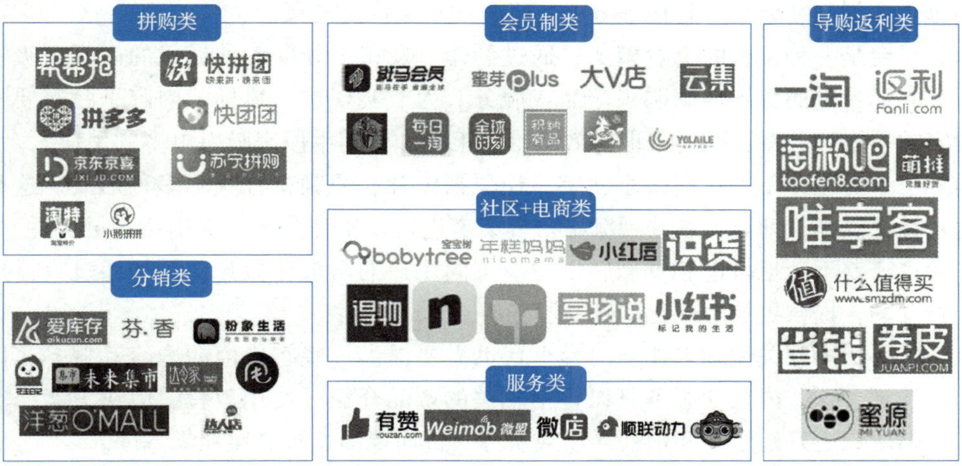

制图：网经社　　数据来源：WWW.100EC.CN

图 5.4　社交电商图谱

（四）社交电商的应用场景

1. 社交媒体平台

通过分享、评论、点赞等方式，实现商品信息的传播和购买。

社交媒体平台：通过丰富多彩的分享方式、实时互动的评论功能以及简单便捷的点赞机制，实现了高效且广泛的商品信息传播和购买行为。这些社交媒体平台不仅为消费者提供了方便快捷的信息获取途径，也为商家提供了低成本且高效的营销手段。同时，用户还可以通过关注、转发等操作，让商品信息更快速地传播出去，从而进一步扩大了商品的知名度和影响力。

2. 电商平台

通过用户之间的互动、推荐、评价等，提高购买转化率和用户黏性。

电商平台通过一系列的互动机制、推荐算法和评价系统，旨在提高用户的购买转化率和黏性。这些互动机制可以包括社交分享、用户评论、点赞等功能，使得用户可以在购物过程中与他人进行交流和互动，分享自己的购物体验和心得。

推荐算法则是电商平台的核心技术之一，通过收集和分析用户的购物历史、浏览记录、购买行为等数据，以了解用户的购物偏好和需求，从而为用户推荐更加符合其需求的商品或服务。这种个性化推荐可以大大提高用户的购买转化率，同时增强用户对平台的信任度和依赖感。

评价系统也是电商平台中至关重要的一环。通过让用户对购买的商品进行评价、打分和留言，可以增加其他用户的信任度和购买信心。同时，电商平台也可以通过评价系统对商品进行筛选和管理，提高商品的质量和水平，进一步提升用户对平台的忠诚度和黏性。

综上所述，电商平台通过互动、推荐和评价等机制，可以有效地提高用户的购买转化率和黏性，从而促进电商平台的持续发展和商业价值。

3. 内容平台

通过内容创作、分享、直播等方式，吸引用户关注并购买。

内容平台是一种重要的商业模式，通过创作、发布、分享各种形式的内容来吸引用户的关注和兴趣，进而引导他们购买产品或服务。为了实现这一目标，内容平台需要不断地提高内容的质量和数量，同时采取有效的推广策略和营销手段来吸引更多的用户。

内容平台的创作不仅仅局限于文字，还包括图片、视频、音频等多种形式。这些内容可以通过社交媒体、博客、在线视频平台等渠道进行发布和分享，吸引用户的关注。同时，内容平台也需要不断地改进和创新，以适应不同用户的需求和口味，例如通过直播形式与用户进行互动，提供更加个性化的定制服务等。

除了吸引用户的关注和兴趣，内容平台也需要提供一些有价值的内容和服务，以引导用户进行购买。这些内容和服务可以包括相关的产品介绍、使用教程、解决方案、客户支持等，帮助用户更好地了解和信任产品或服务，进而提高购买意愿和满意度。

总之，内容平台是一种重要的商业模式，通过创作、发布、分享各种形式的内容来吸引用户的关注和兴趣，并引导他们购买产品或服务。为了实现这一目标，内容平台需要不断地提高内容的质量和数量，同时采取有效的推广策略和营销手段来吸引更多的用户。

4. 线下实体零售

通过线上线下融合，实现用户互动、分享、购买等一体化服务。

线下实体零售是指通过将线下实体店铺和线上数字化平台进行深度融合，实现用户互动、分享、购买等一体化服务的商业模式。这种模式不仅注重提供优质的商品和服务，更强调在实体店面中引入数字化工具和互联网思维，提升消费者的购物体验和便利性。线下实体零售的店铺设计精美、陈列整洁、服务周到，同时通过线上渠道的推广和营销，吸引更多顾客进店消费，提升品牌知名度和销售业绩。此外，线下实体零售商也可以利用数字化工具进行数据分析和精准营销，更好地满足消费者的需求和期望，推动整个零售业的转型升级。

5. 新闻资讯平台

通过发布新闻、报道等方式，传播商品信息并提高品牌知名度。

新闻资讯平台是一种重要的媒介，通过发布最新的新闻和资讯，将商品信息传达给广大读者和观众，从而提升品牌知名度和曝光率。这些平台通常由专业的编辑和记者组成，他们通过收集、整理、撰写和发布新闻稿件，为读者提供最新的市场动态、产品信息、行业趋势等资讯。此外，新闻资讯平台还可以通过报道各类事件、活动、讲话等，扩大品牌的传播范围和影响力。这些平台拥有广泛的读者群体，可以为品牌带来更多的曝光和关注，进而提高其知名度和美誉度。

6. 在线教育平台

通过在线学习、课程分享等方式，实现商品信息的传播和营销。

在线教育平台是一种依赖于互联网技术，以在线学习、课程分享等方式进行商品信息传播和营销的平台。它不仅提供了一种方便快捷的学习方式，还能够让消费者在短时间内获得所需的商品信息以及购买渠道，从而更好地满足自己的需求。

在线教育平台的特点在于其具有极高的灵活性和可扩展性，可以随时随地提供各种类型的商品信息和课程资源，同时也可以根据消费者的需求进行个性化的推荐和定制。此外，在线教育平台还可以通过各种营销手段来吸引更多的用户和流量，提高品牌知名度和影响力。

随着互联网技术的不断发展和普及，在线教育平台也得到了越来越广泛的应用。尤其是在新冠疫情的影响下，线上购物和在线教育的需求更是得到了迅猛的增长。未来，随着人们对在线教育平台的需求和要求不断提高，这一领域也将继续迎来新的发展机遇和挑战。

7. 健康管理平台

通过健康信息分享、专业指导等方式，引导用户购买相关的商品和服务。

健康管理平台是一种基于互联网和大数据技术，通过提供健康信息分享、专业指导等方式，帮助用户更好地管理自己和家人的健康，并引导用户购买相关的商品和服务的综合性服务平台。

平台上汇聚了各种专业的健康信息，包括医学知识、营养饮食、运动健身、心理健康等方面的内容，可以满足用户对于健康管理的多元化需求。

通过专业的健康指导，平台可以为不同用户提供个性化的健康管理方案，帮助用户了解自己的身体状况，制定合理的健康计划，并提供相关的商品和服务推荐，使用户更加便捷地获取所需的健康资源。

此外，平台还可以为用户提供健康监测、健康数据分析等服务，帮助用户更好地了解自己的健康状况，及时发现和解决潜在的健康问题。同时，平台还可以与其他医疗机构、药店、健身房等实体合作，提供更加全面的健康管理服务。

总之，健康管理平台是一种以用户为中心，通过提供全面、个性化、便捷的健康管理服务，帮助用户更好地管理自己和家人的健康，并引导用户购买相关的商品和服务的综合性服务平台。

8. 游戏平台

通过游戏道具、皮肤等虚拟物品的购买，实现商品信息的传播和营销。

游戏平台主要依靠销售游戏道具、皮肤等虚拟物品来获得收入，这些物品不仅可以帮助玩家更好地体验游戏，同时也成为了游戏平台的一种营销手段。通过这些虚拟物品的购买，游戏平台实现了商品信息的传播和推广。例如，游戏平台会在游戏内或官方网站上展示各种虚拟物品的信息，包括外观、功能、价格等等，这些信息可以吸引很多玩家的注意力并激发他们的购买欲望。此外，游戏平台还会通过各种促销活动来吸引更多的玩家购买虚拟物品，例如打折、赠品等等，这些活动可以增加玩家的购买意愿，从而进一步提高游戏平台的销售额和利润。

9. 出行预订平台

通过提供机票、酒店等出行服务预订，实现商品信息的传播和营销。

出行预订平台是一种方便快捷的在线服务平台，旨在为用户提供机票、酒店等出行服务的预订和购买功能。通过这些平台，用户可以轻松查询到不同航班的航班信息、不同酒店的房间信息以及相关的价格、折扣等信息。同时，出行预订平台还可以根据用户的需求，为用户推荐最合适的出行方案，帮助用户更好地规划自己的出行计划。

出行预订平台的商品信息传播和购买功能也是其重要的特点之一。这些平台通常会与各大航空公司、酒店、旅游景点等合作，提供丰富的商品信息，包括机票预订、酒店预订、景点门票等。用户可以在平台上浏览各种出行服务信息，选择自己需要的服务并进行预订购买。此外，出行预订平台还会提供多种支付方式，如支付宝、微信支付等，方便用户选择适合自己的支付方式进行付款。

总之，出行预订平台是一种方便、快捷、全面的在线服务平台，可以帮助用户更好地规划自己的出行计划，同时提供多种商品信息和购买方式，满足用户的各种需求(图 5.5)。

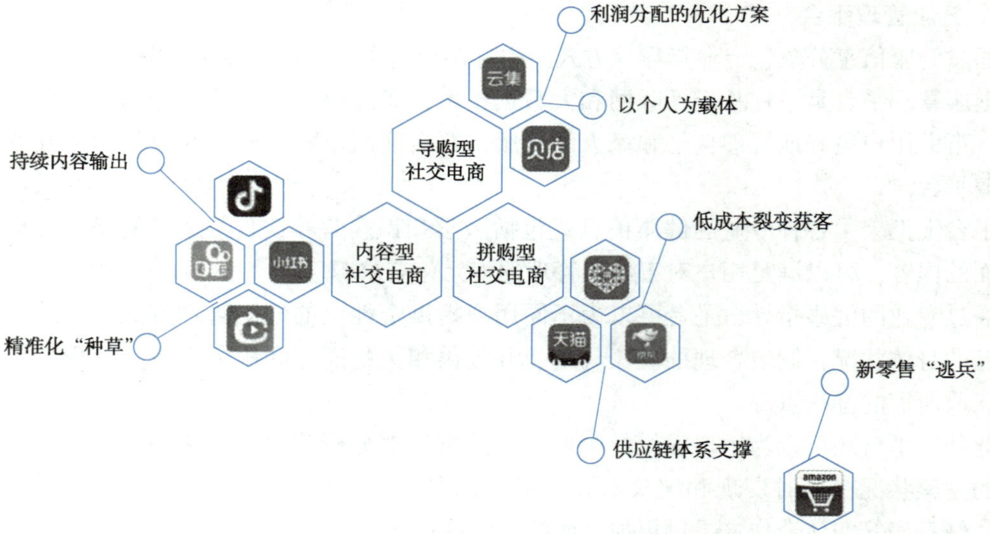

图 5.5　社交电商的常见类型

（五）社交电商的未来趋势

1. 社交电商将继续保持高速增长，市场规模不断扩大

社交电商在近年来已经展现出强大的增长势头，预计未来将继续保持高速增长，市场规模不断扩大。这种趋势主要得益于消费者的购物习惯的改变，以及社交媒体的普及和技术的不断进步。

社交电商作为一种结合了社交媒体和电子商务的新型商业模式，通过社交媒体平台将商品销售给消费者，实现了更高效、更便捷的购物体验。这种模式充分利用了社交媒体的用户基础和影响力，为消费者提供了更加个性化的购物体验，同时也为商家提供了更广阔的市场和销售渠道。

随着消费者对于购物体验要求的提高，社交电商在满足消费者对于个性化、多元化、便捷化的购物需求方面，具有很大的优势。同时，随着社交媒体的普及和技术的发展，社交电商的市场规模也将不断扩大。据预测，未来几年社交电商的市场规模将不断增长，其中增长最快的领域包括生活消费品、服装、美妆等。

此外，社交电商还具有较低的营销成本、更高的客户黏性、更精准的目标客户定位等优势，这些优势使得社交电商在未来具有更大的发展潜力。因此，未来社交电商将继续保持高速增长，市场规模也将不断扩大。

2. 社交电商将更加注重用户体验，提供更加个性化、智能化的服务

社交电商将在用户体验方面更加精益求精，致力于提供更加个性化、智能化的服务，以满足消费者日益增长的需求。通过不断优化人工智能技术，AI 能够快速响应用户的需求，为他们提供智慧化的解决方案。

在这个快速变化的时代，企业需要不断关注用户需求，及时响应并为用户提供智慧化的解决方案。只有这样，才能在市场竞争中保持领先地位。

一些企业通过建立用户画像的方式深入了解用户需求。用户画像是一种以用户为中心的营销工具，它通过收集和分析用户数据，描绘出每个用户的兴趣、需求、行为等特征。企业可以根据用户画像提供更加精准的智慧化解决方案，提高用户满意度和忠诚度。

同时，一些企业还通过建立智慧化服务平台的方式，为用户提供更加便捷、高效、个性化的服务。这些服务平台具备智能化响应能力，可以根据用户的提问或需求，自动分析并推荐最佳解决方案。例如智能客服系统，它可以通过自然语言处理技术自动回答用户的问题，提高客户服务的效率和质量。

另外，一些企业还通过建立用户社区的方式，与用户进行实时互动，及时获取用户反馈并据此改进产品和服务。用户社区不仅可以增加用户的参与感和归属感，还可以帮助企业更好地了解用户需求，为产品研发和服务提供宝贵的建议和意见。

总之，速响应用户的需求并为其提供智慧化的解决方案，是企业保持市场竞争力的关键。只有不断提高对用户需求的敏感度并不断创新，才能更好地满足用户需求并获得用户的认可和信任。

3. 社交电商将更加注重内容营销，通过优质内容吸引用户

社交电商将在未来更加专注于内容营销，通过创造引人入胜、富有创意和实用价值的优质内容来吸引用户。内容营销将不仅仅是一种策略，更是一种战略性的思维方式，它贯穿于社交电商运营的各个方面。在制定营销策略时，社交电商将更加注重内容的策划和制作，运用数据分析和用户反馈来了解用户需求和兴趣，从而制作出更符合用户口味的优质内容。

这些优质内容不仅可以吸引用户的眼球，更能增加用户的黏性和忠诚度。通过内容营销，社交电商可以更好地与用户建立情感联系，打造品牌口碑，提高用户转化率和复购率。同时，通过与 KOL、网红等合作，以及举办线下活动等方式，社交电商还可以进一步扩大品牌知名度和影响力。因此，内容营销将成为社交电商行业发展的核心竞争力之一。

未来，社交电商行业还将更加注重用户体验和口碑的建设。通过优化产品和服务，提高用户满意度和忠诚度，增加用户黏性，从而更好地实现商业价值。例如，社交电商可以通过开展定制化服务、引入新奇有趣的产品、提供更加便捷的购物体验等方式来增加用户黏性，同时也可以通过定期举办优惠活动、提供更加完善的售后服务等方式来提高用户满意度。

此外，社交电商还将更加注重与其他产业的融合，开拓新的市场和业务。例如，社交电商可以与实体店、制造业、金融业等产业进行融合，通过相互合作和相互促进，实现产业联动和升级。这种跨界融合不仅可以拓展企业的业务范围和市场空间，还可以为用户带来更加全面的服务和体验，增加用户的忠诚度和黏性。

总之，未来社交电商的发展将更加注重内容营销、用户体验和口碑建设以及与其他产业的融合等方面。只有不断创新和进步，才能在激烈的市场竞争中立于不败之地。

4. 社交电商将更加注重线上线下融合，实现全渠道营销

社交电商将更加注重线上线下融合，实现全渠道营销。这意味着社交电商平台将更加注重线上和线下渠道的结合，以提供更加便利的购物体验和更高效的营销策略。通过实现全渠道营销，社交电商平台能够更好地满足消费者的需求，提高用户满意度，进而提升品牌价值和销售业绩。

在未来的发展中，社交电商将更加注重与供应链的深度整合，以实现更高效的运营。通过与供应商建立更紧密的合作关系，社交电商平台能够更好地掌握商品库存、物流和销售数据，以便更好地预测市场需求并制定相应的运营策略。这将使社交电商平台能够在满足消费者需求的同时，有效降低运营成本并提高整体利润率。

同时，社交电商还将更加注重数据分析和用户行为研究，以便更好地了解消费者需求和购物习惯。通过深入分析用户数据，社交电商平台能够精准定位目标用户并为他们提供更加个性化的服务和营销方案。这将有助于提高用户黏性和转化率，为社交电商平台的长期发展奠定坚实基础。

另外，社交电商也将面临更加严格的监管和法律风险挑战，因此需要更加注重合规经营和诚信建设。未来，政府将加大对社交电商平台的监管力度，并制定更加严格的法规来规范市场秩序。因此，社交电商平台需要加强自律，建立完善的质量监控体系和售后服务体系，以保障消费者的权益并树立良好的品牌形象。

总之，未来社交电商的发展将更加注重线上线下融合、供应链深度整合、数据分析和用户行为研究以及合规经营和诚信建设等方面的发展。只有在不断适应市场变化并加强自身建设的基础上，社交电商才能够更好地满足消费者的需求并实现可持续发展。

三、农村电商

（一）农村电商的定义和特点

农村电商是指在农村地区开展的电子商务活动，包括农产品销售、农村生活服务等。

农村电商指的是在农村地区进行的电子商务活动，这些活动涵盖了农产品销售、农村生活服务等多个方面。随着互联网技术的不断发展，农村电商已经成为促进农村经济发展、提高农民收入水平的重要途径之一。

农村电商通过互联网平台，帮助农民将当地的特色农产品销售到全国各地，甚至走向世界，拓宽了农产品的销售渠道，减少了中间环节，提高了农产品的流通效率和销售价格，增加了农民的收入。

此外，农村电商还为农村生活服务提供了更多的选择和便利。农民可以通过电商平台享受到各种服务，如在线购物、缴费、订餐、旅游等等。这不仅方便了农民的生活，还为农村经济发展注入了新的动力。

农村电商的发展需要依托于当地政府的支持和引导。政府可以通过出台相关政策、加强基础设施建设、提供培训和指导等方式，推动农村电商的发展，助力农村经济的振兴。

农村电商的特点包括：覆盖面广、市场潜力大、交易成本低、物流配送困难等。

农村电商具有许多显著的优点，其中包括覆盖面广、市场潜力大、交易成本低等。这些特点使得农村电商成为促进农村经济发展的重要手段。

首先，农村电商的覆盖面非常广。由于互联网的普及和农村基础设施的不断完善，农村电商已经渗透到广大农村地区，为农民提供了便捷的购物和销售渠道。无论是生活用品、农业生产资料还是其他商品，农民都可以通过农村电商平台轻松购买或销售。

其次，农村电商的市场潜力巨大。随着农民收入水平的提高和消费观念的转变，越来越多的农民开始关注品质和品牌，并愿意为高质量的商品和服务买单。这为农村电商提供了广阔的市场空间。同时，农村电商还可以通过开发特色农产品和手工艺品等，为农民创造更多的商机和收入来源。

最后，农村电商的交易成本相对较低。通过互联网进行线上交易，可以节省很多线下交易的成本，如人力、物流、仓储等。这使得农村电商在价格上具有很大的竞争优势，能够吸引更多的消费者。

然而，农村电商也面临着一些挑战，其中最突出的是物流配送困难。由于农村地区的地形复杂、人口分散等原因，物流配送相对较为困难，成本也较高。为了解决这个问题，一些电商平台已经开始与当地邮政、快递公司等合作，建立完善的物流网络，提高配送效率，降低成本。同时，一些电商平台还通过自建物流基地、仓储中心等方式，优化物流体系，提高服务水平。

农村电商的发展有助于提高农村地区的经济发展水平，改善农民生活条件，推动农村现代化建设。农村电商的发展需要政府、企业和农民共同努力，加强基础设施建设，提高农村电商服务水平。

农村电商的发展对于农村地区的经济繁荣有着积极的推动作用，能够显著提升农村地区的经济发展水平。随着电商的普及，越来越多的农民开始接触并利用电商来销售农产品和购买生产资料，这不仅拓宽了销售渠道，也增加了农民的收入来源。此外，农村电商的发展还带动了物流、包装、信息等相关产业的发展，为当地创造了更多的就业机会，从而改善了农民的生活条件。

为了实现农村电商的可持续发展，政府、企业和农民需要共同努力，加强基础设施建设，提高农村电商服务水平。政府应当加大对农村电商的扶持力度，提供税收优惠等政策支持；企业则需要积极布局农村市场，为农村电商提供技术支持和运营指导；而农民作为农村电商的主体，需要不断提升自身的电商意识和技能水平，更好地利用电商来推动农村经济的发展。

同时，农村电商的发展也需要得到更多的社会关注和支持。政府和社会各界应当加大对农村电商发展的宣传力度，提高农村电商的知名度和美誉度；同时，也需要提供更多的培训和教育机会，帮助农民提高自身的文化素质和技能水平，更好地适应农村电商发展的需要。只有政府、企业和农民共同努力再加上社会的助力，才能够推动农村电商的健康发展，实现农村经济的现代化建设。

（二）农村电商的发展历程

1. 起步阶段

2000 年左右，农村电商开始萌芽，主要形式为农村信息服务网站和农村电商平台。

在 2000 年左右，农村电商开始悄然萌芽，主要表现为农村信息服务网站和农村电商平台的出现。这个阶段，农村经济开始逐渐走向信息化和数字化，电商平台的出现为农村经济的发展提供了新的机遇和动力。这些农村信息服务网站和电商平台主要提供农产品、畜牧产品、水产品等各类农副产品的交易服务，以及农业生产资料、日用品等各类商品的购买服务。这些平台的出现，使得农民可以更加方便快捷地获取各种农业信息和购买各类商品，进一步促进了农村经济的发展。

2. 发展阶段

2010 年左右，农村电商进入快速发展阶段，电商平台开始布局农村市场，农村电商服务体系逐步完善。

大约在 2010 年，农村电商进入了一个快速发展的阶段。在这个时期，电商平台开始积极布局农村市场，以拓展其业务范围。随着互联网技术的不断发展和普及，越来越多的农民开始接触和使用互联网，这为农村电商的发展提供了良好的基础。在这个阶段，农村电商服务体系也逐渐得到完善。电商平台开始提供更加多样化的商品和服务，包括农产品、日用品、文化旅游等。此外，物流配送体系也逐渐覆盖到农村地区，为农村电商的发展提供了更加便捷的物流服务。随着政府对农村电商的支持力度不断加大，农村电商的发展前景也更加广阔。政府出台了一系列扶持政策，包括财政补贴、税收优惠等，为农村电商的发展提供了强有力的政策支持。同时，电商平台也加大了对农村市场的投入力度，不断完善其服务体系，提高其服务质量，以吸引更多的农民使用电商平台。在这个阶段，农村电商逐渐成为推动农村经济发展、促进农民增收的重要力量。

3. 成熟阶段

2015 年左右，农村电商进入成熟阶段，电商平台竞争激烈，农村电商服务体系更加完善，农村电商市场规模不断扩大。

在 2015 年左右，中国农村电商发展进入了成熟阶段。在此期间，电商平台竞争日益激烈，各大平台为了争夺市场份额和用户资源，不断创新和优化自身服务。同时，随着农村电商服务体系的不断完善，包括物流、支付、售后等环节的不断加强，使得农村电商市场逐渐规范化、标准化，为消费者提供了更加优质的购物体验。

此外，政府也加大了对农村电商的支持力度，出台了一系列扶持政策，推动了农村电商市场规模的不断扩大。越来越多的农民开始接触和使用电商，农村电商用户规模也不断扩大。同时，随着消费升级和人们生活水平的提高，农村电商消费需求也逐渐多样化、个性化，推动了电商产品和服务不断升级和创新。因此，成熟阶段的农村电商市场呈现出竞争激烈、服务完善、市场规模不断扩大的特点。

4. 创新阶段

2018 年左右，农村电商进入创新阶段，直播电商、社交电商等新型电商模式开始兴起，农村电商市场更加多元化。

在 2018 年左右，中国农村电商市场进入了一个全新的创新阶段。这个时期的特点是，新型的电商模式如直播电商和社交电商等开始在农村电商市场中崭露头角，为这个市场带来了更多的活力和创新。这些新型电商模式的兴起，使得农村电商市场变得更加多元化，不再仅仅依赖于传统的电商模式，也让更多的农民有机会接触到了新型的电商模式，从而拓宽了他们的商业视野。

在这个阶段，直播电商成为了农村电商市场的一大亮点。通过直播的形式，农民可以更直观地向消费者展示自己的产品，并且与消费者进行实时互动，解答消费者的疑问，这种模式大大提高了销售效率，也为农民带来了更多的收益。同时，社交电商也逐步崭露头角，利用社交媒体平台，如微信、抖音等，将农村的土特产品通过社交分享的方式推向更广泛的消费者群体，进一步拓宽了农村电商市场的销售渠道。

这些新型电商模式的兴起，不仅为农村电商市场带来了新的机遇，也给传统的农村电商市场带来了挑战。在这种情况下，对于农村电商而言，如何适应新的市场环境，利用新的电商模式，提升自己的竞争力，成为必须要面对的问题。同时，这也意味着农村电商市场将会有更多的可能性，更加多元化的发展(图 5.6)。

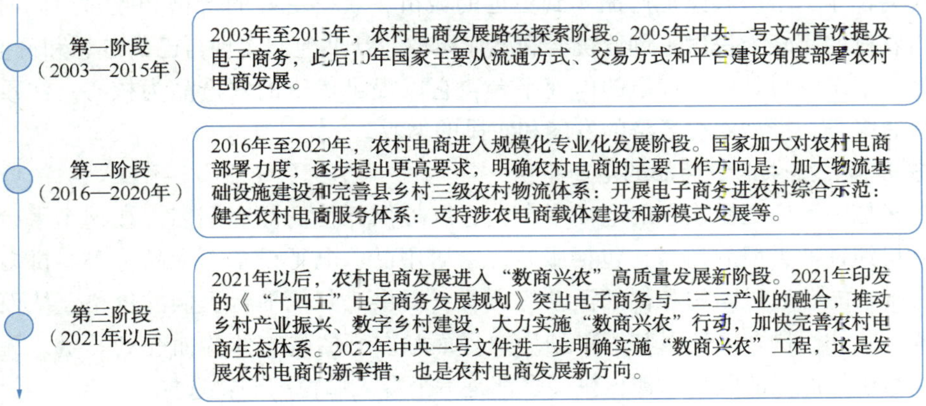

图 5.6　农村电商发展阶段

（三）农村电商常见平台

1. 淘宝村：连接乡村和城市的电商平台

淘宝村是一个充满活力和创新的电商平台，它以独特的模式将乡村和城市紧密地连接在一起。这个平台通过互联网技术和智能化的交易系统，为乡村和城市的用户提供了一个便捷、安全的购物和销售环境。

淘宝村不仅提供了一个丰富的商品选择，包括各种农副产品、手工艺品和地方特色产品，还通过多种方式帮助当地农民脱贫致富。在乡村，淘宝村成为农民们销售农产品的重要渠道，也为他们提供了更多的创业机会和收入来源。而在城市，淘宝村则满足了消费者对于绿色、健康和优质产品的需求，同时也为城市居民提供了接触和了解乡村文化和生活的机会。

淘宝村的运营模式得到了广泛的认可和赞誉。其成功的关键在于通过与各地的合作伙伴共同开发和推广当地特色产品，实现了乡村和城市资源的有效对接。同时，淘宝村还为当地提供了更多的就业机会和创业机会，推动了地方经济的发展。

总之，淘宝村作为一个连接乡村和城市的电商平台，通过创新和合作的理念，为乡村和城市的发展做出了积极的贡献。

2. 京东农村：提供优质农产品的电商平台

京东农村是一款致力于提供优质农产品的电商平台。它通过互联网技术和大数据分析，实现了农产品从田间地头到消费者手中的无缝对接，为消费者提供了更加便捷、安全的购物体验。

在京东农村的平台上，消费者可以购买到各种优质的农产品，包括新鲜的蔬菜、水果、肉类、干货等。这些农产品都是直接从农村直供，经过严格的质量检测和筛选，确保每一份产品都符合健康、安全、美味的标准。

京东农村的电商平台也特别注重产品的品质和售后服务。它与农村的合作伙伴建立了紧密的合作关系，确保产品的供应稳定、价格合理。同时，京东农村还提供了一系列的优惠活动和礼品，让消费者在购物的同时也能享受到更多的实惠。

此外，京东农村还致力于推动农村经济的发展和农民的增收。它通过与农村的合作社和家庭农场合作，帮助农民把产品卖到更远的城市，获得更好的价格和收益。同时，京东农村还为农村的年轻人提供了创业机会和就业岗位，帮助他们实现自己的梦想和价值。

总之，京东农村是一款优质的电商平台，它以提供优质的农产品为核心，注重产品的品质和售后服务，推动农村经济的发展和农民的增收。

3. 拼多多：提供低价商品的电商平台

拼多多是一家广泛受欢迎的电商平台，它以提供低价商品而闻名。在这个平台上，消费者可以找到各种类型的商品，包括服装、家居用品、电子设备、食品等等。拼多多的成功秘诀在于它能够通过团购和促销活动等方式，提供比其他平台更低的价格，从而吸引大量消费者。此外，拼多多还以其简单的用户界面和友好的购物体验而受到赞赏。无论是寻找日常用品还是偶然的购物乐趣，拼多多都是一个令人愉悦的购物选择。

4. 快手/抖音助农（新农人）：直播电商平台，帮助农产品销售

快手和抖音作为当今热门的社交媒体平台，吸引了大量新农人和农民的关注。通过使用这些平台，他们能够直接与消费者联系，销售自己的农产品。这种新型的电商模式不仅为新农人和农民提供了更多的销售渠道，还帮助他们更好地了解市场需求和消费者需求，进而更好地规划自己的生产和销售策略。

在这些直播电商平台中，新农人和农民可以借助视频、图片和直播等形式展示自己的农产品，让消费者更好地了解这些产品的外观、品质和口感。同时，他们还可以通过与消费者的互动，了解消费者的需求和反馈，及时调整自己的生产和销售策略。

这些直播电商平台不仅为新农人和农民提供了更多的商机和发展空间，还为消费者带来了更加优质、新鲜、健康的农产品。同时，这种电商模式也为社会带来了更多的就业机会和经济效益，成为当今社会发展的一个重要趋势。

5. 阿里巴巴农村电商：提供全方位的农村电商解决方案

阿里巴巴农村电商致力于为农村地区提供全方位的电商解决方案，以帮助当地农民更好地销售和推广自己的农产品。这些解决方案不仅包括在线销售平台的建设，而且还包括品牌宣传、物流配送和售后服务等方面的支持。通过与当地政府和企业合作，阿里巴巴农村电商还提供了一系列的培训和指导，以帮助农民更好地掌握电商销售技巧和提升自己的产品品质。此外，阿里巴巴农村电商还通过多种渠道和手段，如电视广告、社交媒体和线下推广活动等，帮助农民拓展市场和增加销售渠道，从而促进了农村经济的发展，提升了当地人民的生活水平。

6. 社区团购：通过社区成员分享和购买农产品的平台

社区团购是一种基于社区成员分享和购买农产品的平台，它通过将社区内的居民聚集在一个平台上，以优惠的价格提供各种优质的农产品。社区团购不仅为消费者提供了方便快捷的购物体验，还能享受到来自本地农场的新鲜农产品。这种模式也促进了农民与消费者之间的直接交流，为农民提供了更好的销售渠道，也为消费者带来了更健康、更美味的农产品。此外，社区团购还可以帮助减少物流成本和中间环节，使得农产品价格更加实惠。因此，社区团购成为一种备受欢迎的购物方式，在城市和农村地区都得到了广泛应用。

（四）农村电商的未来趋势

1. 市场规模不断扩大

随着农村经济的发展，农村电商市场规模将持续扩大。

市场规模不断扩大，呈现出蓬勃发展的趋势，随着农村经济的不断繁荣和乡村振兴战略的深入推进，农村电商市场规模将持续扩大。这一趋势不仅受到政策扶持的影响，同时也受到农村电商本身优势的驱动。农村电商能够通过线上线下融合的方式，提供更为便捷的购物体验，降低农民的生活成本，同时能够更好地满足农民的需求。此外，随着农民收入的提高和消费观念的转变，越来越多的农民开始尝试并接受网购，从而进一步扩大了农村电商市场规模。未来，随着乡村振兴战略的深入推进和农村电商基础设施的不断完善，农村电商市场规模将继续保持快速增长的态势。

2. 物流体系不断完善

物流基础设施的完善将降低农村电商的物流成本，提高配送效率。

随着物流体系的不断完善，农村电商的物流成本将逐渐降低，同时配送效率也将得到显著提高。这种完善的物流体系不仅包括硬件设施的建设，还包括物流信息化的提升，以及物流资源的整合和优化。通过引进先进的物流技术和设备，优化配送路线和运营模式，可以大大减少物流环节中的损耗和浪费，提高配送效率。同时，完善的物流体系也为农村电商提供了更好的发展环境，促进了其快速发展。

3. 线上线下融合

农村电商将实现线上线下融合，提高用户体验和购买转化率。

在农村地区，电商的发展正逐渐实现线上线下融合，通过这种方式，农村电商能够提高用户体验和购买转化率，为当地农民带来更多便利和实惠。

线上渠道可以提供24小时的购物服务，让农民随时随地浏览和购买商品，不受时间和地点的限制。同时，线上渠道也可以通过大数据分析、用户画像等方式，精准推送符合农民需求的商品信息，增加购买的针对性。

线下渠道则能够提供更加直观、真实的购物体验，让农民在购买前可以实地考察商品的质量和外观，更加放心地选购。同时，线下渠道也可以提供更多的售后服务，例如技术支持、维修保养等，提高农民的购物满意度。

通过将线上线下的优势结合起来，农村电商可以实现更加高效、便捷的购物体验，提高用户的购买转化率，推动当地经济的发展。同时，这也是农村电商未来发展的必然趋势和重要方向。

4. 技术创新

大数据、人工智能等技术的应用将推动农村电商的创新发展，提高运营效率。

大数据、人工智能等先进技术的应用是农村电商创新发展的核心驱动力。这些技术的运用将显著提升农村电商的运营效率，为其开拓新的市场机会，增强竞争力。通过大数据分析，农村电商能够更准确地了解市场需求和消费者行为，优化产品和服务，提高营销效果。同时，人工智能技术的应用可以提升电商平台的智能化程度，实现自动化、智能化运营，大幅度减少人工干预和错误率，更加精准地满足客户需求。这些技术创新的应用，将为农村电商带来更多的商机和增长动力，推动其快速发展。

四、跨境电商

（一）跨境电商的定义和特点

跨境电商是指通过互联网这一全球性的网络平台，进行跨国界的商品和服务交易的一种商业模式。随着全球化的发展和互联网技术的不断提升，跨境电商已成为国际贸易的重要组成部分。

跨境电商能够实现不同国家和地区之间的无缝对接，使消费者能够跨越地域限制，方便快捷地购买到世界各地的商品和服务。这种新型的商业交易模式，不仅简化了购物流程，降低了消费者的购物成本，同时也为全球范围内的商家提供了更广阔的市场和商机。

由于跨境电商的跨国性质，它需要涉及多个国家的法律法规、税收政策、市场环境等方面的差异。因此，跨境电商的成功运营需要深入了解各国的政策和市场情况，掌握多种语言和跨文化交流的能力，以便更好地为全球消费者提供优质的商品和服务。

总的来说，跨境电商是一种具有全球化视野、创新性的商业模式。它借助互联网这一强大的信息平台，实现了商品和服务的跨国交易，为全球消费者和商家提供了一个更加便捷、高效、互利的商业交易模式。

跨境电商的特点包括全球性、无时空限制、低成本和高效率。全球性指的是跨境电商能够将国内市场与国际市场紧密联系在一起，为企业提供更广阔的市场空间和无限商机，帮助企业开拓国际市场，增强品牌影响力。无时空限制则指的是跨境电商可以随时随地进行交易，不受地域和时间的限制，轻松实现跨国交易，方便快捷，为企业带来更多商机。低成本则表现在跨境电商可以通过减少中间环节和优化供应链等方式降低成本，提高企业的利润空间，实现可持续发展。高效率则是因为跨境电商可以通过数字化、智能化等技术手段提高交易效率，缩短交易周期，快速响应市场需求，提升客户满意度，增加企业销售额和市场份额。

跨境电商的优势包括扩大市场、降低成本和提高竞争力。首先，通过跨境电商，企业可以将其产品或服务销售到全球市场，从而扩大了其目标市场范围。其次，跨境电商可以降低成本，因为通过在线平台进行交易，可以减少中间商和传统贸易壁垒所导致的成本。最后，跨境电商可以提高企业的竞争力，因为它可以提供更多的机会来优化供应链、提高效率和服务质量，从而更好地满足客户需求。

跨境电商面临的挑战是多元且复杂的，其中物流、支付、法规和文化差异等因素都可能成为阻碍其发展的障碍。

首先，物流是跨境电商的核心环节之一，由于涉及跨国运输，因此可能面临到各种问题，如运输时间过长、运费成本高昂、货物在运输途中受损等。此外，不同国家的物流体系和标准也存在差异，这使得跨境电商在物流方面需要面临更多的挑战。

其次，支付也是跨境电商中至关重要的一环，由于涉及不同国家的货币和支付习惯，因此也存在着诸多挑战。例如，不同国家的支付方式、支付习惯和支付安全等方面存在差异，这需要跨境电商企业去了解并适应这些差异，以确保支付的安全和便捷。

最后，跨境电商还需要面对不同国家和地区的法规和文化差异。每个国家的税收政策、进出口限制、质量标准等都存在差异，这使得跨境电商需要更加深入地了解各个市场的法规和标准，以便更好地适应市场需求。同时，不同国家和地区的文化习惯和价值观也存在差异，这可能会对消费者的购买行为和消费心理产生影响，因此也需要跨境电商企业去了解并适应这些文化差异。

综上所述，跨境电商在物流、支付、法规和文化差异等方面都面临着诸多挑战，但只有通过不断的学习和创新，才能更好地应对这些挑战并取得成功。

（二）跨境电商的发展历程

1. 1999 年，eBay 进入中国市场，开启了跨境电商的先河

1999 年，eBay 作为一家全球知名的电子商务公司，以其前瞻性的战略眼光，瞄准了中国市场的巨大潜力，正式进入中国市场。这一重大举措不仅在当时引领了跨境电商的潮流，而且对整个电子商务行业的发展产生了深远的影响。

自进入中国市场以来，eBay 始终致力于为消费者提供丰富多样的商品选择和方便快捷的购物体验。通过搭建一个集商品展示、交易、物流于一体的全球化平台，eBay 不仅让中国消费者轻松接触到来自世界各地的优质商品，还为国内卖家开辟了通往国际市场的便捷通道。

同时，eBay 还非常注重与本地合作伙伴的深度合作，以更好地适应中国市场的需求和特点。例如，与国内知名电商平台如淘宝、京东等建立了战略合作关系，共同推动了中国电子商务行业的发展。

当然，随着市场的不断变化和消费者需求的不断升级，eBay也在持续不断地创新和优化。例如：在支付方式上，eBay支持多种支付方式，包括支付宝、微信支付等，以满足不同消费者的支付需求；在物流方面，eBay与多家国内外物流公司合作，优化了物流效率和配送体验。

总之，作为一家具有全球影响力的电商平台，eBay进入中国市场已经二十余年，为推动中国电子商务行业的发展和跨境电商的普及做出了巨大的贡献。

2. 2004年，阿里巴巴成立淘宝网，开启了中国本土的跨境电商平台

2004年，阿里巴巴在中国本土创立了淘宝网，这标志着中国跨境电商平台的开端。这个平台通过提供广泛的商品选择、灵活的交易方式和便捷的物流服务，迅速赢得了消费者的青睐。淘宝网不断发展壮大，成为全球最大的电商平台之一，并为中国电子商务行业树立了标杆。

3. 2010年，亚马逊进入中国市场，进一步推动了跨境电商的发展

2010年，亚马逊作为全球领先的电子商务公司，成功进军中国市场，这一举措无疑进一步推动了跨境电商的发展。作为一家具有全球视野的企业，亚马逊在中国市场的进入为其打开了新的发展空间，也为中国的跨境电商行业注入了新的活力。

通过提供多种支付方式、物流解决方案和优质的客户服务，亚马逊赢得了消费者的信任，成为了中国电商市场的重要参与者之一。亚马逊的进入还加速了中国电子商务行业的发展，推动了行业的创新和改革。

同时，亚马逊的入驻也带动了一系列相关产业的发展，例如物流、支付、客服等。这些产业的发展又为中国经济的增长注入了新的动力，提供了更多的就业机会，促进了社会的稳定和发展。

总的来说，亚马逊进入中国市场对于跨境电商的发展起到了积极的推动作用，同时也为中国经济和社会的可持续发展做出了贡献。

4. 2014年，中国政府出台了一系列支持跨境电商发展的政策，推动了行业的快速发展

2014年，中国政府出台了一系列支持跨境电商发展的政策，推动了行业的快速发展。这些政策包括降低进口关税、放宽进口限制、简化进口流程等，为跨境电商提供了更加宽松和有利的发展环境。由于这些政策的出台，大量国内外的企业开始进入跨境电商领域，行业竞争逐渐加剧。但是，这些政策也带来了巨大的机遇，推动了跨境电商的快速发展，为消费者提供了更加丰富多样的商品选择。

5. 2018年，中国跨境电商交易规模达到9万亿元，成为全球最大的跨境电商市场

在2018年，中国的跨境电商交易规模达到了惊人的9万亿元，这一数字不仅创造了新的历史纪录，更使得中国在全球范围内跃升为最大的跨境电商市场。这个数字的背后，反映出了中国电子商务行业的快速崛起和持续繁荣，同时也彰显了消费者对于进口商品的需求日益旺盛，以及跨境电商在满足这些需求上发挥的重要作用。

这一市场规模的扩大，进一步推动了国内电商平台的国际化进程，加剧了跨境电商行业的竞争。各大电商平台纷纷加大投入，通过优化供应链、提高物流效率、改进用户体验等多种手段，努力在激烈的竞争中脱颖而出。

此外，2018 年中国政府也加强了对跨境电商的监管，推动行业的规范化发展。例如，政府出台了一系列的政策，规范了跨境电商的税收、支付等问题，保护了消费者的权益，同时也保障了电商平台的公平竞争。

总的来说，2018 年中国跨境电商市场规模的扩大，既是一份成绩单，也是一份挑战书。它既带来了新的机遇，也带来了新的挑战。但无论如何，中国电子商务行业的前景无疑是值得期待的。

6. 2020 年，新冠疫情加速了跨境电商的发展，线上购物成为全球消费者的新常态

在 2020 年，新冠疫情的暴发对全球经济产生了巨大的影响，其中最为明显的是加速了跨境电商的发展。这场全球性的卫生危机使得大量消费者被迫转向线上购物，从而使得线上购物成为了全球范围内的新常态。

由于疫情的限制，许多人无法像以前那样自由地进出实体店铺，因此他们开始寻找更加方便、快捷且安全的购物方式。在这种背景下，跨境电商平台如雨后春笋般涌现，为消费者提供了丰富的商品选择和购物体验。

与此同时，疫情也加速了电商平台的智能化发展。为了提高用户体验和提升自身的竞争力，许多电商平台开始引入人工智能、大数据等先进技术，为用户提供更加个性化、智能化的服务。例如，一些电商平台能够根据用户的购物历史和偏好，为他们推荐更加精准的商品；还有的平台提供智能客服服务，帮助用户解决购物过程中遇到的问题，提升了用户的满意度和忠诚度。

总之，新冠疫情加速了跨境电商的发展，使得线上购物成为了全球消费者的新常态。同时，电商平台也不断引入新技术，提升用户体验和服务质量，进一步推动了电子商务行业的智能化发展(图 5.7)。

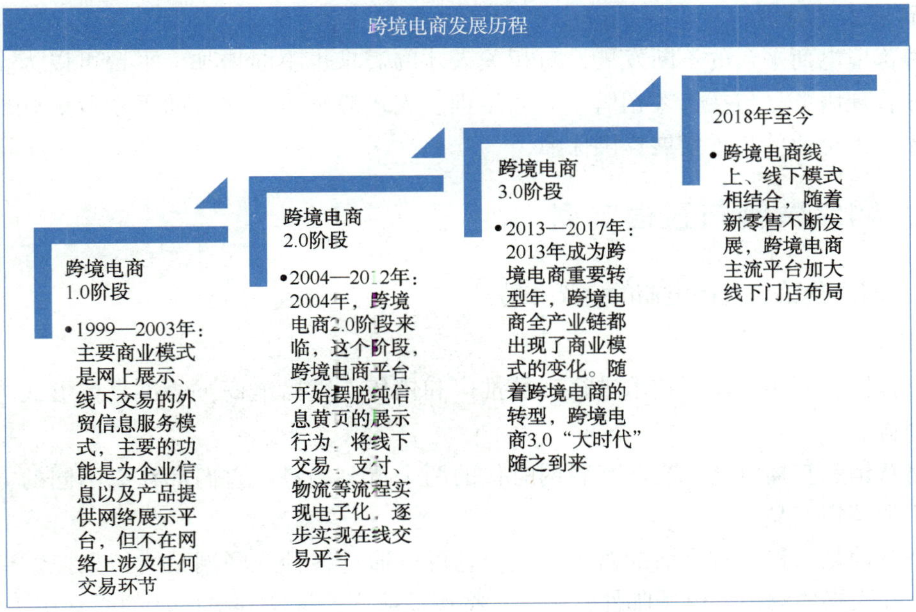

图 5.7　跨境电商发展历程

（三）跨境电商的应用场景

1. 跨国购物

消费者可以在线购买其他国家的商品，享受全球购物的便利。

2. 跨境贸易

企业可以通过跨境电商平台进行国际贸易，降低贸易成本。

3. 跨境支付

消费者和企业可以通过跨境电商平台进行跨境支付，简化支付流程。

4. 跨境物流

跨境电商平台可以提供跨境物流服务，帮助消费者和企业快速收到商品。

5. 跨境数据传输

随着全球化的推进，数据传输已经成为跨境购物的重要一环。消费者可以通过跨境电商平台上传和下载商品信息和交易数据，企业也可以更好地掌握市场需求和消费者行为，提高市场竞争力。

6. 跨境税收管理

跨国购物和跨境贸易涉及多个国家和地区的税收管理。通过跨境电商平台，企业可以更好地了解各个国家和地区的税收政策和税收法规，合理规划税收方案，降低税收成本。

7. 跨境供应链管理

跨境电商平台可以为企业提供跨境供应链管理服务，包括全球采购、库存管理、物流跟踪和订单履行等。这有助于企业优化供应链，降低运营成本，提高运营效率。

8. 跨境金融服务

跨境电商平台可以为企业提供跨境金融服务，如跨境支付、跨境结算、跨境融资等。这可以帮助企业更好地管理资金，提高资金使用效率，增强企业的竞争力。

9. 跨境人才管理

随着跨境电商平台的不断发展，对相关人才的需求也不断增加。平台可以为企业提供跨境人才管理服务，包括人才招聘、人才培训、人才激励等。这有助于企业更好地吸引和留住人才，为企业的长远发展提供保障。

五、网络营销与直播电商

（一）网络营销与直播电商的定义和特点

1. 定义

网络营销：利用互联网技术进行产品推广和销售，直播电商：通过直播形式进行产品推广和销售。

网络营销和直播电商是当前互联网时代的两个重要趋势，它们都在以不同的方式帮助企业推广和销售产品。

网络营销是一种非常灵活的营销方式，它可以通过各种互联网技术，如搜索引擎优化（SEO）、社交媒体营销、电子邮件营销等，将产品或服务推广到更广泛的受众中去。例如：通过 SEO 技术，可以将网站排名提高到搜索引擎结果页的前几名，从而吸引更多的访问者；

通过社交媒体营销，可以使用户在社交媒体平台上与品牌互动，增强品牌认知度和用户忠诚度；通过电子邮件营销，可以将定制的营销邮件发送给订阅者，以促进销售和建立客户关系。

直播电商则是一种非常直观、有吸引力的营销方式，它可以通过直播平台展示产品或服务，与观众进行互动，并鼓励观众购买产品。直播电商具有很强的实时性和互动性，可以更好地吸引观众的注意力，并使产品或服务更加可信和可购买。例如：通过直播平台展示服装、美食等产品的制作过程或使用过程，可以让观众更好地了解产品的特点和质量；通过直播平台进行产品试用或试穿，可以让观众更加直观地了解产品的适用范围和使用效果。

总之，网络营销和直播电商都是互联网时代不可或缺的营销方式。企业可以根据自身情况和目标受众选择适合自己的营销方式，以实现最佳的营销效果。

2. 特点

直播电商特点：实时互动、个性化推荐、社交属性强。

直播电商是一种新兴的电子商务模式，其特点主要表现在以下几个方面：

首先，直播电商具有实时互动的特点。在直播电商中，主播可以与观众进行实时的互动交流，回答观众的问题，为他们提供更加贴心的购物体验。这种互动不仅有助于提高观众的参与度，也能够促进消费者的购买决策。

其次，直播电商具有个性化推荐的特点。通过大数据技术和人工智能技术，直播电商平台可以根据用户的购物历史、浏览记录、购买行为等信息，为他们推荐更加符合个人需求的商品。这种个性化推荐不仅能够提高购物的精准度，还能够激发观众的购买欲望。

最后，直播电商具有社交属性强的特点。直播电商平台不仅可以为消费者提供购物服务，还能够为消费者提供一个社交的平台。在直播间里，观众可以互相交流购物心得、分享购物经验，形成了一个良好的社交氛围。这种社交属性不仅能够增加用户的黏性，还能够提高用户的复购率。

3. 优势

直播电商优势：提高转化率、降低营销成本、增强用户体验。

直播电商的优势包括以下几个方面：

（1）提高转化率

通过直播的形式，商家可以展示产品的详细信息、使用方法和优点等，让消费者更直观地了解产品的特点和价值。此外，直播中的互动环节和优惠活动等也能够提高消费者的购买欲望，从而有效提高转化率。

（2）降低营销成本

相较于传统的广告宣传方式，直播电商的营销成本更低。首先，直播电商不需要大量的广告制作成本和投放成本，而是通过直播平台进行推广，成本相对较低。其次，直播电商可以利用社交媒体等免费资源进行宣传，从而降低营销成本。

（3）增强用户体验

直播电商能够通过多种方式增强用户体验。首先，商家可以通过直播平台提供详细的产品介绍、使用教程和售后服务等，让消费者感受到商家的专业性和服务态度。其次，直播中的互动环节和优惠活动等也能够提高消费者的参与度和满意度，增强用户体验。

（二）网络营销与直播电商的发展历程

1. 网络营销起源于20世纪90年代，随着互联网的普及而逐渐发展壮大

网络营销起源于20世纪90年代，随着互联网的普及和迅速发展而逐渐壮大。它是一种利用互联网技术和平台来进行的营销活动，通过制定和实施有效的营销策略和方案，旨在吸引更多的潜在客户和促进销售增长。网络营销具有高效、快捷、精准和交互性等特点，能够更好地满足消费者的需求和期望，同时也为商家带来更多的商机和销售机会。它的迅速发展和普及已经改变了传统营销模式和方式，成为现代企业不可或缺的一部分。

2. 直播电商起源于2016年左右，随着移动互联网和直播技术的发展而兴起

直播电商这一概念起源于2016年左右，是随着移动互联网和直播技术的飞速发展而崭露头角的。它通过直播平台，将商品展示、推广、销售以及客户服务等环节融为一体，为消费者带来了更为直观、生动的购物体验。在短短几年间，直播电商迅速发展成为一种新型的商业模式，并逐渐成为电子商务领域中的重要一环。

直播电商的兴起，一方面得益于移动互联网技术的不断进步，另一方面也与直播行业的快速发展密不可分。在直播平台上，主播可以实时展示商品的特点、使用方法和优点，同时与观众进行互动交流，解答观众的疑问，为他们提供个性化的购物服务。这种新型的购物方式，不仅让消费者更容易接受并信任产品，同时也为商家提供了更广阔的销售渠道和推广空间。

直播电商的兴起也催生了一系列相关产业的发展。例如：直播平台需要技术支持和运营维护，这促进了IT行业的发展；直播平台也需要广告推广和品牌建设等服务，这推动了营销行业的发展。此外，直播电商还为许多有创业梦想的人们提供了一个全新的机会，让他们可以通过自己的努力和才智实现创业梦想。

总之，直播电商的兴起是移动互联网和直播技术发展的必然结果。它不仅为消费者带来了更为便捷、直观、生动的购物体验，也为商家提供了更广阔的销售渠道和推广空间。未来，随着移动互联网和直播技术的不断进步和发展，直播电商将会继续保持快速发展的趋势，并成为电子商务领域中的重要一环。

3. 网络营销经历了从搜索引擎营销、社交媒体营销到内容营销、短视频营销等多个阶段

网络营销已经经历了多个阶段的发展，包括搜索引擎营销、社交媒体营销、内容营销和短视频营销等。这些不同的营销方式都旨在吸引潜在客户的注意力，提升品牌知名度，促进销售增长。搜索引擎营销主要是通过优化网站排名来获得更多的流量和潜在客户，它是网络营销的早期阶段之一。社交媒体营销则是利用社交媒体平台如Facebook、Twitter、Instagram等来吸引更多的关注者，并与他们进行互动。内容营销是通过创建有价值的内容来吸引潜在客户，它是网络营销的另一个重要阶段。而短视频营销则是利用短视频平台如抖音、快手等来发布有趣、有用的短视频内容，以吸引更多的观众和粉丝。这些不同的营销方式都有其独特的优点和适用范围，企业可以根据自身情况和目标客户来选择最合适的营销方式。

4. 直播电商经历了从秀场直播、游戏直播到电商直播、垂直领域直播等多个阶段

直播电商的发展历程可谓丰富多彩，从秀场直播的兴起，到游戏直播的繁荣，再到电

商直播的爆发，以及垂直领域直播的精细化发展，每个阶段都展现了其独特的魅力和影响力。

在直播电商的初始阶段，秀场直播成为了主流形式。在这个阶段，主播们通过才艺展示、聊天互动等吸引观众的眼球，以此获得打赏和广告收入。随着时间的推移，游戏直播逐渐崭露头角，各大直播平台纷纷引入游戏内容，吸引了大量游戏爱好者的关注。

然而，直播电商并未止步于此。进入电商直播阶段后，直播带货成为了新的潮流。在这个阶段，电商平台与主播合作，通过直播展示和推销商品，带动了线上购物的热潮。与此同时，垂直领域直播也开始崭露头角，各个领域的主播通过专业知识和个人魅力，吸引了大量对该领域感兴趣的观众。

如今，直播电商已经进入了百花齐放的时代，各种类型的直播内容层出不穷。无论是秀场直播、游戏直播、电商直播还是垂直领域直播，每个阶段的发展都离不开技术的不断进步和创新。未来，随着 5G、AI 等新技术的广泛应用，相信直播电商将会迎来更加广阔的发展空间。

5. 网络营销与直播电商的发展历程表明，随着技术的进步和市场需求的变化，新的商业模式和营销方式不断涌现

网络营销与直播电商的发展历程充分证明了科技创新和市场需求变化对于商业模式和营销方式的重要影响。随着时代的进步和技术的不断提升，诸如人工智能、大数据、云计算等先进科技日益成为了驱动业务发展的关键因素。这些技术的进步为网络营销与直播电商提供了多元化的手段和工具，使得企业能够以更加智能、高效、精准的方式与消费者互动，从而更好地满足市场日益个性化的需求。

同时，随着市场需求的变化，消费者对于产品和服务的需求也日趋多样化、个性化，这也催生了网络营销与直播电商不断创新和改进商业模式及营销方式。例如，消费者对于便捷性、个性化的购物体验需求不断提升，推动了直播电商这种新型的营销方式的出现和发展。直播电商通过实时互动、场景化展示等方式，为消费者提供了更为直观、生动的购物体验，同时也为商家带来了更多的销售机会和渠道。

因此，网络营销与直播电商的发展历程充分表明了新的商业模式和营销方式不断涌现是技术进步和市场需求变化的必然结果。未来，我们有理由相信，随着科技的进步和市场需求的不断变化，网络营销与直播电商还将继续发展和创新，为消费者和企业带来更多的机遇和挑战。

（三）平台多样——我国直播平台的现状

1. 抖音直播：短视频与直播的结合，吸引大量用户

近年来，抖音直播已经成为一种备受欢迎的娱乐形式，它的魅力源于其短视频和直播的完美结合。抖音直播为用户提供了一个分享生活、才艺和兴趣爱好的平台，同时也让许多草根选手得以崭露头角，吸引了大量用户的关注和参与。

在抖音直播中，用户可以通过观看、点赞、评论和分享等方式与其他用户互动。主播们可以在直播间展示自己的才艺，与粉丝进行互动交流，分享自己的生活点滴。这种互动性强的特点使得抖音直播吸引了大量年轻用户的青睐。

除了个人主播，抖音直播还吸引了众多品牌和企业入驻。这些品牌和企业在直播中宣传自己的产品和服务，与用户进行互动营销。这种新型的营销方式不仅提高了品牌知名度和曝光率，还帮助企业更好地了解了用户需求和反馈。

抖音直播还为用户提供了丰富的社交功能。用户可以在直播间结交新朋友，建立自己的社交圈子。一些热门的直播间甚至可以吸引成千上万的观众，成为了许多年轻人交流、分享和互动的平台。

然而，抖音直播也面临着一些挑战。一些低质量、虚假甚至是恶意的内容可能会在直播中出现，对用户造成不良影响。因此，抖音平台需要加强对直播内容的审核和管理，确保用户能够在一个健康、积极的环境中互动交流。

总之，抖音直播作为短视频和直播的结合体，已经成为当代年轻人热衷的一种娱乐形式。它不仅为个人提供了展示自我、分享生活的平台，还为企业提供了新的营销方式和社交功能。未来，随着技术的发展和用户需求的不断变化，抖音直播有望继续发展壮大，成为互联网时代不可或缺的一部分。

2. 快手直播：以生活化直播为主，受众广泛

快手直播是一种以生活化直播为主的互动形式，其受众群体非常广泛，吸引了各种年龄段、职业和兴趣爱好的人们参与其中。通过快手直播，人们可以轻松分享自己的日常生活、才艺和兴趣爱好，并与其他用户进行实时互动，分享快乐和感悟。无论是普通百姓还是名人明星，都可以在快手上找到自己的受众群体，进行直播互动。同时，快手直播还积极引入各种主题和活动，让直播内容更加丰富多彩，吸引了更多用户的关注和参与。因此，快手直播成为了当今非常受欢迎的直播平台之一。

3. 京东直播：电商直播与京东购物相结合

京东直播是近年来迅速崛起的一种电商直播平台，它将电商直播与京东购物紧密结合，为消费者提供了一种全新的购物体验。在京东直播中，消费者不仅可以观看到主播对产品的详细介绍和演示，还可以直接在直播过程中进行购买，大大提高了购物的便捷性和效率。

京东直播的兴起，一方面得益于电子商务行业的迅速发展，另一方面也反映了消费者对于购物体验的追求。相较于传统的电商模式，京东直播具有更加丰富多样的交互形式和更贴近实际的购物场景，让消费者在轻松愉快的氛围中完成购买。

京东直播的优势在于其强大的流量和用户基础。作为国内电商领域的巨头，京东拥有庞大的用户群体，这为京东直播提供了广阔的市场空间。同时，京东直播通过与各大电视台、网络直播平台等合作，吸引了众多知名主播和明星加入，在主播和消费者之间建立了紧密的联系。

京东直播的内容涵盖了各种商品类别，包括家电、数码、家居、美妆、服饰等。在直播过程中，主播会针对不同商品进行详细介绍、演示和解答，让消费者更加全面地了解产品信息。此外，京东直播还为消费者提供了优惠券、红包等福利，以及互动环节，增强了消费者的购物体验。

总的来说，京东直播作为一种新型的电商直播模式，将电商直播与京东购物完美结合，充分发挥了电商和直播的优势。它不仅为消费者提供了更加优质、便捷的购物体验，也为京东带来了更多的流量和用户。相信在未来的发展中，京东直播将会继续发挥其巨大的商业价值和社会价值。

4. 拼多多直播：以拼团购物为主的直播平台

拼多多直播，正在中国的电子商务行业掀起一股热潮。作为中国最大的社交电商平台，拼多多一直以来都以创新的模式和高效的运营而著称。而这次，他们将这种高效的模式带入了直播领域，让消费者在享受购物乐趣的同时，也能享受到更多的优惠和便捷。

拼多多直播以“拼团购物+直播”的形式，将娱乐与购物完美结合。在拼多多直播中，消费者可以一边欣赏主播的精彩介绍，一边轻松地拼团购买商品。这种模式不仅让购物变得更加有趣，还大大降低了购物的门槛，让更多的人能够享受到购物的乐趣。

拼多多直播的内容丰富多彩，涵盖了各类商品和活动。无论是生活用品、美食特产，还是时尚服饰、美妆护肤，都可以在拼多多直播中找到。而且，拼多多还定期推出各种主题直播，比如“618 大促”“双 11 狂欢”等，让消费者在享受购物乐趣的同时，也能感受到节日的气氛。

拼多多直播的互动性也非常强。消费者可以在直播间发表评论、参与互动游戏，甚至可以和主播进行互动问答。这种互动不仅增强了消费者的参与感，也让主播能够及时了解消费者的需求和反馈，从而更好地为消费者服务。

此外，拼多多直播还为消费者提供了更为优惠的购物方式——拼团。在拼多多直播中，消费者可以轻松地组织或者参与拼团，享受到更低的价格和更优质的商品。同时，拼多多还为消费者提供了多种优惠券、红包等活动，让消费者在购物的同时，也能够享受到更多的实惠。

总之，拼多多直播作为一个以拼团购物为主的直播平台，将娱乐与购物完美结合，为消费者带来了全新的购物体验。在这里，消费者可以享受到更多的优惠和便捷，也可以找到自己心仪的商品和活动。未来，我们相信拼多多直播将会继续推出更多创新的服务和功能，为消费者带来更多的惊喜和便利。

5. 蘑菇街直播：女性时尚购物直播平台

蘑菇街直播，自问世以来，就以独特的定位和新颖的购物模式，吸引了众多女性的关注和喜爱。

在这个充满活力的直播平台上，女性用户们不仅可以实时观看各类时尚穿搭、美妆护肤、家居生活等商品直播，还能直接通过直播购买主播推荐的商品。同时，蘑菇街直播还特别注重用户体验，提供了详细的商品信息和主播的详尽介绍，使消费者能够更加放心地购买。

蘑菇街直播以“购物+直播”的新模式，打破了传统电商和直播平台的界限。在蘑菇街直播上，用户们不仅可以享受到购物的乐趣，还能体验到与志同道合的朋友们分享时尚、交流心得的愉悦。而这种独特的体验，正是蘑菇街直播能够从众多直播平台中脱颖而出的关键。

此外，蘑菇街直播还积极与各大电商平台合作，实现了直播与电商的无缝对接。用户在观看直播的同时，可以直接通过蘑菇街进入合作电商平台的店铺，方便快捷地购买商品。这种创新合作模式，不仅给消费者带来了更多的购物便利，也为电商平台带来了更多的流量和销售机会。

作为女性时尚购物直播平台的佼佼者，蘑菇街直播将继续秉持创新和用户至上的理念，为用户提供更多优质的直播内容和便捷的购物体验。未来，蘑菇街直播还将积极探索 AI、VR 等技术，力求打造出更加智能化、个性化的购物环境，让女性用户在享受时尚的同时，也能感受到科技带来的惊喜。

6. 小红书直播：以美妆、时尚为主的直播平台

在小红书直播上，美妆和时尚一直是热门话题，吸引着无数观众的眼球。但在这个充满个性和创意的时代，小红书直播也在不断拓展自己的内容领域，为广大网友带来更多有趣的直播内容。

除了美妆和时尚，小红书直播也逐渐引入了更多与生活方式相关的内容。比如家居生活、旅游攻略、美食分享等，这些内容不仅让观众了解到更多元化的直播内容，同时也为网友们提供了更多实用的生活指南。

在小红书直播中，观众们不仅可以欣赏到专业美妆博主和时尚达人的精彩分享，还可以参与到直播互动中来。通过弹幕、点赞、礼物等方式，观众们可以与主播进行实时互动，提出自己的问题或者发表自己的看法，这种互动方式也给观众带来了更具沉浸式的直播体验。

小红书直播还特别注重用户体验的优化。通过不断改进直播功能和增加新功能，小红书直播让观众们可以更轻松地浏览自己感兴趣的内容。比如：观众可以自定义直播间的背景、音乐等元素，让直播间更加个性化；小红书直播还提供了多种清晰度选项和播放速度调节功能，让观众可以根据自己的需求来选择适合自己的观看体验。

总的来说，小红书直播已经从美妆和时尚领域扩展到更多元化的生活方式领域，为广大网友带来更多有趣实用的直播内容。同时，小红书直播也不断优化用户体验，让观众们可以更轻松地浏览自己感兴趣的内容，参与到直播互动中来，获得更具沉浸式的直播体验。未来，小红书直播还将继续拓展自己的内容领域，为网友们带来更多精彩实用的直播内容。

7. B 站直播：以二次元文化为主的直播平台

B 站直播以其独特的二次元文化氛围，吸引了无数动漫爱好者的关注。在这里，用户可以观看到各种与二次元相关的直播内容，包括动漫赏析、游戏解说、cosplay 展示等。

在 B 站直播中，最受欢迎的当属游戏解说。许多知名 up 主通过直播玩游戏的方式，向观众展示自己的游戏技巧和策略。同时，他们还会在直播中分享自己的游戏心得和体验，与观众进行互动交流。许多观众在看直播的过程中，不仅能够学习到一些游戏技巧，还能感受到 up 主们的热情和专业精神。

除了游戏解说，cosplay 展示也是 B 站直播的热门内容之一。许多 coser 在直播中向观众展示自己精心制作的 cos 作品，还原度极高，令人惊叹。观众可以通过弹幕和评论向 coser 提问或者发表自己的看法，与 coser 进行互动。这种直播形式不仅展示了 coser 们的才华和努力，也为动漫爱好者提供了一个展示自己热爱和信仰的机会。

此外，B 站直播还积极探索多元化的直播内容。例如，一些 up 主会进行户外直播，向观众展示不同的城市文化和风景名胜；还有 up 主会进行手工艺品制作、绘画等直播内容，分享自己的爱好和才艺。这些多样化的直播内容不仅丰富了观众的选择，也为 up 主们提供了一个展示自己的平台。

总之，B 站直播以其独特的二次元文化氛围和多样化的直播内容，吸引了越来越多的动漫爱好者和观众的关注。它不仅是一个观看直播的平台，更是一个充满热情和活力的社区。

8. 腾讯直播：腾讯旗下的直播平台，覆盖游戏、娱乐等多领域

作为中国互联网巨头腾讯旗下的直播平台，腾讯直播以其广泛覆盖的领域和丰富的内容吸引了大量网友的关注和喜爱。除了传统的娱乐和才艺表演，腾讯直播还涉及游戏、教育、旅游等多个领域，为观众带来了多样化的直播体验。

在游戏领域，腾讯直播平台上有着众多热门游戏的直播内容，包括《王者荣耀》《英雄联盟》等大热游戏。这些直播内容不仅有高端玩家的精彩对决，还有游戏解说的专业分析和战术指导，满足了不同层次玩家的需求。同时，腾讯直播也积极推动独立游戏开发者的作品展示，为游戏爱好者们提供了更多元化的选择。

在娱乐领域，腾讯直播不仅有众多明星艺人的现场演出和访谈，还有民间才艺达人的精彩表演。观众可以在线观看歌舞、相声、脱口秀等各种表演形式，尽享多元化的娱乐盛宴。此外，腾讯直播还推出了一系列生活类直播节目，如旅游、美食、健身等，让观众在放松身心的同时也能学习到新知识。

在教育领域，腾讯直播平台联合多家权威教育机构和知名教师，推出了一系列高质量的在线课程。这些课程涵盖了从 K12 到成人教育的各个阶段，满足了不同年龄段求知者的学习需求。通过直播互动的方式，学生们可以在线与老师和同学进行交流讨论，共同进步。

除了多元化的直播内容，腾讯直播平台在技术和用户体验上也进行了不断的升级和完善。用户可以实时观看直播内容，也可以在直播间参与互动、送礼物、购买周边产品等操作。同时，平台也加大了对恶意行为和不良信息的打击力度，确保用户有一个安全、健康的观看环境。

未来，随着互联网技术的发展和人们需求的不断变化，腾讯直播还将继续拓展新的领域和内容，为用户带来更为丰富、多彩的直播体验。无论是娱乐、学习还是生活需求，腾讯直播都将在未来的发展中为广大网友提供更为优质的服务。

9. 爱奇艺直播：以娱乐、综艺为主的直播平台

爱奇艺直播，一个以娱乐、综艺为主的直播平台，始终致力于为用户提供最新鲜、最有趣的直播内容。自上线以来，始终坚持以用户体验为核心，不断引入各种创新直播节目，以及优秀的直播艺人，让观众在轻松愉快的氛围中享受直播的魅力。

爱奇艺直播以丰富的内容吸引了大量用户。无论是音乐会、颁奖典礼、影视剧宣传等热门综艺节目，还是健身、美食、旅行等生活类直播，都能满足观众的需求(图 5.8)。

(四) 网络营销与直播电商的未来趋势

1. 智能化

通过先进的大数据分析和人工智能技术，AI 能够深度理解和分析用户需求，为不同用户提供个性化的智能推荐和精准营销方案。每个推荐都基于用户的历史行为、偏好和兴趣，从而确保了最大限度的用户满意度和转化率。

此外，AI 还能够对海量数据进行实时监测和分析，以便在毫秒内对市场变化做出响应，并为企业提供定制化的市场趋势预测和竞争情报分析。这些功能都得益于 AI 所采用的先进的人工智能和机器学习技术，使其能够自动化处理大量数据并提炼出有价值的信息，从而

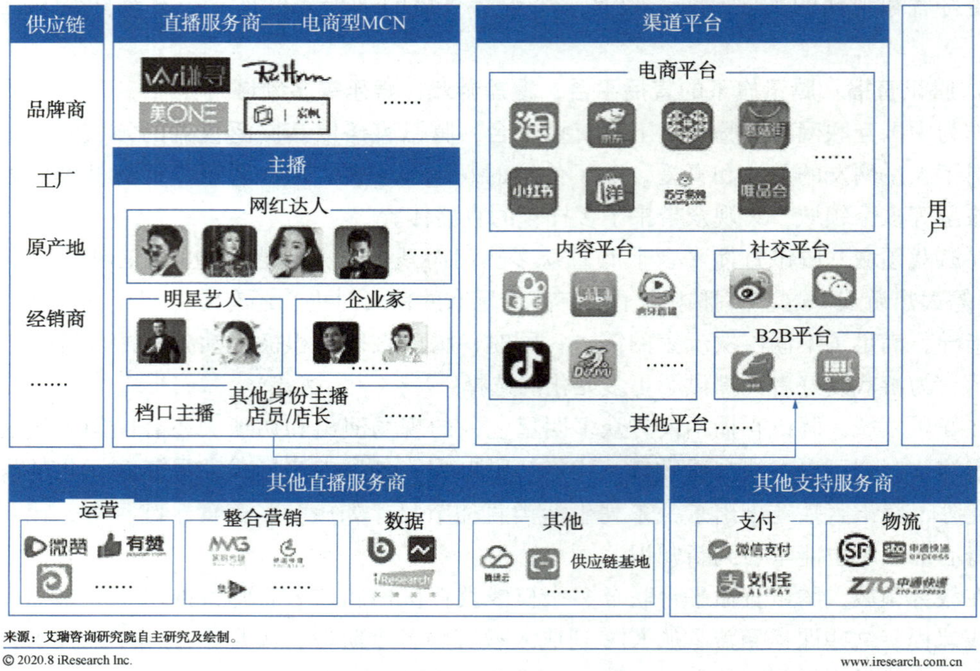

图 5.8　直播电商产业链图谱

提高了企业的决策效率和执行力。

在用户体验方面，AI 也做出了卓越的贡献。它通过自然语言处理技术，自动提取、整理和归纳用户提出的问题或需求，并迅速给予用户智能化的回答和解决方案。这样一来，无论用户何时何地需要帮助，AI 都能为他们提供个性化的、及时的支持，有效提升了用户满意度和忠诚度。

此外，AI 还集成了语音识别、图像识别等多项技术，使得企业可以更加便捷地进行文档处理、图片分析等任务。这些创新功能不仅拓展了 AI 的应用场景，还进一步提高了用户的工作效率，为企业的持续发展和创新提供了有力支持。

总体来说，AI 凭借其强大的智能化技术，不仅为不同用户提供了个性化的智能推荐和精准营销方案，还为企业提供了高效、精准的市场分析和决策支持。在未来，AI 将继续深耕人工智能领域，推动智能化技术的创新与应用，助力企业实现数字化转型。

2. 高效化、自动化、个性化

AI 不仅能理解用户的语言，而且能自动处理和分析大量数据，从而在极短的时间内为用户提供个性化的服务和解决方案。这种高效的工作方式大大节省了用户的时间和精力，使他们能够更专注于自己的核心业务。

高效化：对于许多企业和个人来说，时间是最宝贵的资源。而 AI 拥有的高效化特性，让他们能够在最短的时间内完成最多的事情。不必花费大量的时间和精力在数据处理和烦琐的工作上，他们可以更加专注于创造性的工作，从而为企业带来更大的价值。

自动化：AI 的另一个强大功能是自动化。通过使用自动化工具，企业可以更快、更准确地完成许多重复性的任务，并且不必担心错误或遗漏。这种自动化不仅减少了错误的可能性，而且大大提高了工作效率。

个性化：AI 还可以根据用户的需求和偏好来提供个性化的服务。通过分析用户的数据和行为，AI 可以预测用户的需求，为他们提供最合适的服务和解决方案。这种个性化服务不仅可以提高用户满意度，而且可以帮助企业更好地了解市场需求，从而更好地定位自己的产品和服务。

综上所述，AI 的高效化、自动化和个性化功能可以大大提高企业的工作效率，减少错误，提高用户满意度，帮助企业更好地了解市场需求，从而取得更大的成功。

3. 全面化

AI 不仅能理解和处理文本信息，还能处理图像、音频等多种类型的数据。这种全面的数据处理能力使得 AI 能更好地理解和满足用户的需求，提供更为周到的服务。

4. 定制化

AI 能够根据不同的用户需求进行定制化的服务。无论是为企业提供专业的营销方案，还是为个人提供个性化的学习计划，AI 都能轻松应对。这种高度的定制化服务能力使得 AI 在各种不同的场景中都能发挥出其最大的价值。

5. 便捷化

AI 的界面设计简洁明了，操作方便快捷。无论是专业的技术人员，还是普通的用户，都能在短时间内上手并熟练使用。同时，AI 还提供了丰富的 API 接口，使得用户可以轻松地将 AI 集成到自己的工作流程中。

6. 安全性

AI 在数据安全和隐私保护方面做出了卓越的表现。它采用了先进的数据加密技术和严格的安全管理策略，确保用户数据的安全性和完整性。无论是在传输还是在存储过程中，用户的数据都得到了全方位的保护。

7. 社交化

社交媒体将成为直播电商的重要渠道，实现社交与电商的融合。

直播电商的未来发展除了社交化，还将出现更多新颖的模式和元素。其中，智能化将是另一个重要趋势。例如，通过人工智能技术，直播电商能够实现个性化推荐、智能客服等服务，提升用户体验和购物效率。同时，虚拟现实（VR）和增强现实（AR）技术也将逐渐应用于直播电商中，为消费者带来更具沉浸式的购物体验。

此外，直播电商与传统电商的区别在于，直播电商能够更好地利用互联网和社交媒体等新兴渠道，将商品展示、推销和交易融为一体。因此，未来直播电商的发展将更加多元化和综合性。例如，直播电商可以结合短视频、直播、社群等多种形式，打造全方位的购物体验。

同时，随着消费者对于品质和个性化的追求越来越高，直播电商也能够为消费者提供更加优质、个性化的商品和服务。例如，直播电商可以通过与品牌商、生产商等合作，推出定制化、限量版的商品，满足消费者对于个性化、品质的需求。

总之，未来直播电商的发展将更加多元化、综合性、智能化和个性化。随着技术和模式的不断创新，直播电商也将迎来更加广阔的市场和发展机遇。

8. 内容化

直播电商将更加注重内容质量，通过优质内容吸引用户。

随着直播电商的不断发展，越来越多的主播和商家开始注重直播内容的建设。内容化成为直播电商未来发展的重要趋势之一。在未来的发展中，直播电商将更加注重内容的创新和质量的提高，通过优质的内容来吸引更多的用户，提升用户黏性和复购率。

在未来的直播电商中，内容质量将成为竞争力的重要组成部分。商家和主播们需要不断丰富和优化直播内容，注重内容的实用性和趣味性。例如，可以通过直播展示商品的制作过程、分享搭配技巧、讲解商品的特色和优势等，来吸引用户的关注和兴趣。

此外，在直播内容中，互动性和社交性也将变得越来越重要。商家和主播们需要积极与用户进行互动，回答用户的问题和疑虑，同时通过社交媒体等渠道与用户进行沟通和交流，增强用户的参与感和忠诚度。

除了注重内容的创新和质量提升，直播电商还需要注重供应链管理和物流配送等方面的优化。只有保证商品的质量并及时送达用户手中，才能真正提升用户的购物体验和满意度，从而为直播电商的长期发展打下坚实的基础。

总之，在未来的直播电商市场中，内容化将成为越来越重要的发展趋势。商家和主播们需要注重内容的创新和质量的提升，同时积极与用户进行互动和沟通，不断优化供应链管理和物流配送等方面的服务，以获得更多的市场份额和用户的信任与支持。

9. 专业化

直播电商将更加专业化，提供更优质的产品和服务，满足用户需求。

未来，直播电商行业的专业化程度将不断提高，越来越多的直播间将会把重点放在提供更专业化、更具有品质的产品和服务上。主播们也将不断学习、研究各个领域的知识，提升自身的专业化素养，更好地为观众服务。

在未来的直播电商中，观众将能够看到更多专业化的直播间，每个直播间都将有自己独特的主题和风格。例如，有些直播间会专注于某一特定品牌或品类的产品，如美妆、母婴、家居等，为观众提供专业的购买建议和全方位的商品介绍。另一些直播间则可能会专注于另一特定领域的内容，如科技、健康、旅游等，主播会以专业的角度对相关产品进行详细解读，同时为观众提供各种实用的建议和信息。

除了专业化直播间，未来还将有更多的直播电商平台涌现，这些平台将致力于提供更全面、更便捷的购物体验。观众可以在这些平台上随时随地浏览各种直播间，找到自己感兴趣的产品和内容，并享受更加完善的购物服务。同时，这些平台也将更加注重用户的个性化需求，通过大数据分析和人工智能技术为用户推荐更加符合自身需求的产品和服务。

总之，未来的直播电商将更加专业化、全面化、个性化，为观众提供更优质的产品和服务。同时，越来越多的主播也将不断提升自身的专业素养和综合能力，更好地为观众服务，让观众享受到更加舒适、便捷的购物体验。

课后习题

名词解释

1. 电子商务

2. O2O(Online to Offline)

3. 移动支付

4. B2C(Business to Consumer)

5. C2C(Consumer to Consumer)

单项选择题

1. 电子商务新兴商业模式包括以下哪些?( )

A. B2B、B2C、C2C、O2O
B. B2B、B2C、C2C、P2P
C. B2B、B2C、C2C、G2C
D. B2B、B2C、C2C、F2C

2. 下列哪个不是电子商务新兴商业模式?( )

A. 社交电商 B. 内容电商 C. 直播电商 D. 传统电商

3. 社交电商的核心是?( )

A. 社交网络 B. 电商平台 C. 内容创作 D. 供应链管理

4. 内容电商的核心是?( )

A. 电商平台 B. 社交网络 C. 内容创作 D. 供应链管理

5. 直播电商的核心是?( )

A. 电商平台 B. 社交网络 C. 直播平台 D. 供应链管理

6. 共享经济的核心是?( )

A. 闲置资源共享
B. 电商平台
C. 社交网络
D. 供应链管理

7. 以下哪个是共享经济的代表企业?( )

A. 阿里巴巴 B. 美团点评 C. 滴滴出行 D. 京东商城

8. 以下哪个不是共享经济的代表领域?( )

A. 共享单车 B. 共享汽车 C. 共享充电宝 D. 传统电商

9. O2O 模式是指?( )

A. Online to Offline,线上到线下模式
B. Offline to Online,线下到线上模式
C. Onsite to Offsite,现场到场外模式
D. Overseas to Overseas,海外到海外模式

10. P2P 模式是指?( )

A. Peer to Peer，点对点模式

B. Person to Person，人对人模式

C. Profession to Profession，专业对专业模式

D. Production to Production，生产到生产模式

多项选择题

1. 电子商务新兴商业模式包括哪些？（　　）

A. B2B　　B. B2C　　C. C2C　　D. O2O

E. P2P　　F. 共享经济　　G. 社交电商　　H. 内容电商

I. 直播电商

2. 下列哪些是共享经济的代表领域？（　　）

A. 共享单车　　B. 共享汽车　　C. 共享充电宝　　D. 传统电商

3. 社交电商的核心是什么？（　　）

A. 社交网络　　B. 电商平台　　C. 内容创作　　D. 供应链管理

4. 内容电商的核心是什么？（　　）

A. 电商平台　　B. 社交网络　　C. 内容创作　　D. 供应链管理

5. 直播电商的核心是什么？（　　）

A. 电商平台　　B. 社交网络　　C. 直播平台　　D. 供应链管理

6. O2O 模式是指什么？（　　）

A. Online to Offline，线上到线下模式

B. Offline to Online，线下到线上模式

C. Onsite to Offsite，现场到场外模式

D. Overseas to Overseas，海外到海外模式

7. P2P 模式是指什么？（　　）

A. Peer to Peer，点对点模式

B. Person to Person，人对人模式

C. Profession to Profession，专业对专业模式

D. Production to Production，生产到生产模式

8. 电子商务的发展对传统商业产生了哪些影响？（　　）

A. 提高了消费者的购物体验和便利性

B. 降低了商家的运营成本和营销成本

C. 增加了市场竞争和压力

D. 减少了就业机会和社会福利贡献

9. 电子商务新兴商业模式中，哪些属于 B2B 模式？（　　）

A. 阿里巴巴　　B. 京东商城　　C. 苏宁易购　　D. 慧聪网

10. 电子商务新兴商业模式中，哪些属于 C2C 模式？（　　）

A. 闲鱼　　B. 拼多多　　C. 淘宝网　　D. 天猫

简答题

1. 什么是电子商务新兴商业模式？

2. 请列举几种电子商务新兴商业模式。

3. 什么是社交电商？

4. 什么是内容电商？

5. 什么是共享经济？

第六章

电子商务企业相关法律法规与优惠政策

【思维导图】

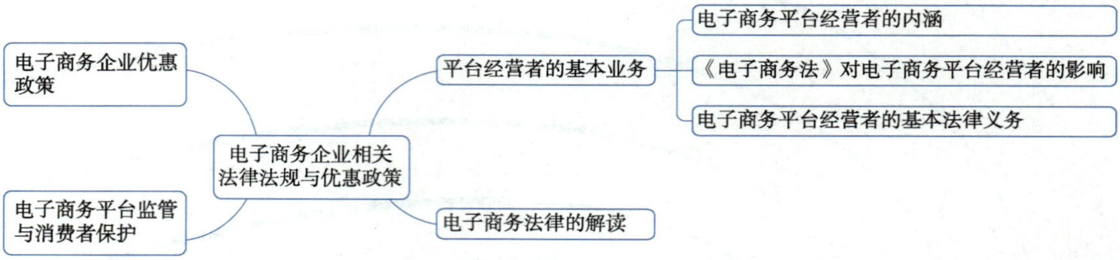

<学习目标>

1. 了解电子商务企业相关的法律法规，包括电子商务法、消费者权益保护法等。
2. 理解电子商务企业在经营过程中需要遵守的法律规定，包括商品信息发布、交易合同、售后服务等方面的规定。
3. 掌握电子商务企业可以享受的优惠政策，包括税收优惠、创业扶持政策等。
4. 能够分析和评估电子商务企业在法律法规和优惠政策方面面临的问题和挑战。
5. 能够在实际操作中合规经营，遵守相关法律法规，并合理利用优惠政策支持企业发展。

一、平台经营者的基本义务

(一) 电商平台经营者的内涵

现行的《中华人民共和国电子商务法》(简称《电子商务法》)共7章，89条见表6.1。

表6.1

章目	主题	条目
第一章	总则	8
第二章	电子商务经营者	38
第三章	电子商务合同的订立与履行	11
第四章	电子商务争议解决	6
第五章	电子商务促进	10
第六章	法律责任	15
第七章	附则	1

《电子商务法》的颁布对电子商务行业的影响是巨大的，具体可以归纳如下：

1. 填补了电子商务行业的法律空白

- 从监管层面认同了电子商务商业模式的合法地位
- 为行业竞争提供了可参考的法律依据

2. 肯定了电子商务行业市场经济的地位和作用

- 线上线下地位平等、融合发展
- 电子商务将被纳入国民经济和社会发展规划

3. 提供了电子商务行业制度保障和支持

- 加强电子商业行业行为规范的监管
- 加强电子商务行业不法行为的处罚

4. 促进了电子商务行业的长远发展

- 推动电子商务诚信体系化建设
- 推动电子商务行业相关支持部门的组织体系化建设
- 打开电子商务行业国际化发展的新时代

所谓电子商务平台经营者是指在电子商务中为交易双方或者多方提供网络经营场所、交易撮合、信息发布等服务，供交易双方或者多方独立开展交易活动的法人或者非法人组织，现实中通常被称为“电商平台”，如：淘宝网、京东、拼多多等。这种类型的电子商务经营者的内涵，主要从以下三个方面认定：

① 电商平台的本质特征在于其平台的属性，即搭建交易平台，既不是买家也不是卖家，通过互联网，利用平台服务协议和交易规则将各类电子商务主体联系起来，供他们进行电子商务经营活动。

② 电商平台的外延要比我们通常认识的更为广泛，对电商平台的认定不能僵化地理解和套用法条定义，在具备一些特殊功能时，它便具有了电商平台属性，例如，微信是一种社交媒体平台，但当其开通了商家入驻功能、支付分账功能等，例如允许商家通过公众号或者其他小程序开展电商务活动。那么此时，微信就具有了电商平台经营者的属性，也应受到电子商务法的规制。

③ 根据相关法律法规的规定，经营电子商务业务自然人是不符合取得该项资质条件的，因此，只有法人或者非法人组织才可以注册成为电商平台。

(二)《电子商务法》对电商平台经营者的影响

1. 平台经营者

电商平台经营者在日常的电子商务活动中应遵循如下两个原则：

(1) 平台经营者应制定合法、合理的平台交易规则

根据《电子商务法》，平台经营者需要建立一套完整的交易规则体系，确保平台上的交易活动合法、公平、透明。这些规则应当包括商品或服务的展示、交易、支付、物流、售后服务等方面，以保障消费者权益和促进市场公平竞争。同时，平台经营者还应当对入驻商家进行审核，确保其具备合法的经营资质，防止虚假广告、欺诈等行为的发生。

(2) 平台经营者应维护安全、健康的平台交易环境

为了保障消费者的权益和维护市场秩序，平台经营者有责任对平台上的交易活动进行

监管。这包括商家的信用评价、售后服务质量、商品质量等方面，发现问题及时采取措施予以整改。此外，平台经营者还应当加强对用户信息的保护，防止泄露、滥用等问题的发生。同时，平台经营者还应当积极配合政府部门的监管工作，定期报送相关数据和信息，接受政府的指导和监督。

此外，从对平台经营者经营影响来具体分析，电子商务行业(平台)经过持续发展出现了一些不同于线下实体的经营方法与营销手段，针对于此电商法分门别类地作出了清晰的解释，简单来说，对于平台经营者在日常电子商务活动中应注意以下几点：

① 禁止虚构交易、编造评价，平台不得删除评价。

电子商务法律条例第 17 条：电子商务经营者应当全面、真实、准确、及时地披露商品或者服务信息，保障消费者的知情权和选择权。电子商务经营者不得以虚构交易、编造用户评价等方式进行虚假或者引人误解的商业宣传，欺骗、误导消费者。

② 禁止误导性宣传，确保广告真实性。

电子商务经营者在进行商品或服务的宣传时，必须确保广告内容的真实性，不得发布虚假或者引人误解的信息。这意味着商家不能夸大产品功能、虚构优惠条件或者隐瞒重要信息，误导消费者作出购买决定。平台经营者有责任对入驻商家的广告内容进行审核，确保其符合法律法规的要求。

③ 加强消费者权益保护，建立健全投诉处理机制。

为了保障消费者的权益，电子商务法要求电子商务经营者建立健全消费者权益保护制度，明确退换货规则，提供便捷的投诉渠道。平台经营者应当设立专门的消费者权益保护机构，及时受理并处理消费者的投诉，维护消费者的合法权益。同时，平台经营者还应当加强对商家的管理，对于违规行为要及时采取措施予以整改，确保平台上的交易活动合法、公平。

④ 规范数据收集和使用，保护用户隐私。

在大数据时代背景下，电子商务经营者往往会收集大量的用户数据用于分析和营销。然而，这也带来了用户隐私泄露的风险。《电子商务法》明确规定，电子商务经营者在收集和使用用户个人信息时，应当遵循合法、正当、必要的原则，明示收集、使用的目的、方式和范围，并经过用户的同意。此外，电子商务经营者还应当采取技术措施和其他必要措施，确保用户信息的安全，防止泄露、篡改或者损毁。

总之，《电子商务法》针对电子商务行业的特点和发展情况，分门别类地作出了清晰的规定和解释。这些规定旨在规范电子商务经营者的行为，保障消费者的权益，促进电子商务行业的健康发展。

2. 店铺经营者

(1) 店铺经营者应明确自身的责任和义务

根据《电子商务法》，店铺经营者在开展经营活动时，应当遵守国家法律法规，履行相应的法定责任和义务。具体包括：

① 发票。店铺经营者应当依法开具发票，确保消费者在购买商品或服务后能够获得有效的消费凭证。

② 价格歧视。禁止利用大数据等技术手段，对老客户实施价格歧视，损害消费者权益。

③ 业务砍单。不得随意取消消费者的订单，除非有合法理由，并及时通知消费者。

④ 捆绑销售陷阱。禁止通过捆绑销售、强制搭售等方式，限制消费者的选择权，侵害消费者权益。店铺经营者应当诚信经营，维护市场秩序，为消费者提供公平、公正的交易环境。

（2）店铺经营者应树立诚信经营的意识

为了保障消费者权益和维护市场秩序，店铺经营者应当树立诚信经营的理念，具体包括：

① 维护知识产权。尊重他人的知识产权，不侵犯他人的商标、专利、著作权等，防止销售侵权产品。

② 打击假冒伪劣产品。严格把关商品质量，确保所售商品符合国家标准和质量要求，不销售假冒伪劣产品。

通过树立诚信经营的意识，店铺经营者可以提高自身的信誉度，赢得消费者的信任，从而促进自身业务的可持续发展。同时，这也有助于维护整个电子商务行业的健康发展，为消费者提供更加安全、放心的购物环境。

【举例】好评与大数据杀熟的规范

好评：《电子商务法》规定，电子商务经营者应当全面、真实、准确、及时地披露商品或者服务信息，保障消费者的知情权和选择权。电商平台经营者不得以虚构交易、编造用户评价等方式进行虚假或者引人误解的商业宣传，欺骗、误导消费者。（诱导好评、购买水军刷好评）

大数据杀熟：《电子商务法》规定，电子商务经营者根据消费者的兴趣爱好、消费习惯等特征向其提供商品或者服务的搜索结果的，应当同时向该消费者提供不针对其个人特征的选项，尊重和平等保护消费者合法权益。（同样视频网站 VIP 会员，苹果手机用户比安卓手机贵；同样的打车起点和终点，不同用户价格也不一样）

（三）电商平台经营者的基本法律义务

对于电商平台经营者的法律权利与义务，要知晓在现行电商法下对于电子商务行业的主体性界定，《电子商务法》对“电子商务”的定义和范畴界定：电子商务，是指通过互联网等信息网络销售商品或者提供服务的经营活动。法律、行政法规对销售商品或者提供服务有规定的，适用其规定。金融类产品和服务，利用信息网络提供新闻信息、音视频节目、出版以及文化产品等内容方面的服务，不适用本法。

因此对于电商的范畴，我们需在具体判断其适用时，先判断电商主体是否适用，在确保其能适用《电子商务法》的基础上，再去寻找相应的法律规范。

2019 年 1 月 1 日新出台的《电子商务法》是一部对电子商务活动全面作出规定的综合性立法，其中关于电商平台经营者应承担的义务和责任的相关规定更是占了半壁江山。而此法的颁布与实施除了以立法的形式规范说明了一系列长期在电子商务行业发展之中无据可依之处，还存在着不少亮点。《电子商务法》明确了电子商务的合法地位与纳税义务，根据《电子商务法》第 4 条：国家平等对待线上线下商务活动，促进线上线下融合发展，各级人民政府和有关部门不得采取歧视性的政策措施，不得滥用行政权力排除、限制市场竞争。

第 11 条：电子商务经营者应当依法履行纳税义务，并依法享受税收优惠。依照前条规定不需要办理市场主体登记的电子商务经营者在首次纳税义务发生后，应当依照税收征收管理法律、行政法规的规定申请办理税务登记，并如实申报纳税。

《电子商务法》中对电商平台经营者的特殊义务及禁止性行为均作了相应规定，对其梳理如下：

1. 电商平台的义务

电商平台的义务分为电商平台的经营性义务和禁止性义务，具体内容将在后续章节中加以阐述。

2. 电商平台承担的连带责任

此次立法中，关于对平台应承担连带责任情形的规定十分引人注目，《电子商务法》对于平台应承担连带责任的情形主要包括两类：一类是第三十八条规定的涉及消费者权益受损的情形——电商平台经营者知道或应当知道平台内经营者销售的商品或提供的服务不符合保障人身、财产安全的要求，或者有其他侵害消费者合法权益行为，未采取必要措施的，依法与该平台内经营者承担连带责任。

第二类则是第 42、45 条规定的涉及知识产权侵权问题——知识产权权利人认为其知识产权受到侵害的，有权通知电子商务经营者采取删除、屏蔽、断开链接、终止交易和服务等必要措施。通知应当包括构成侵权的初步证据。电商平台经营者接到通知后，应当及时采取必要措施，并将该通知转送平台内经营者；未及时采取必要措施的，对损害的扩大部分与平台内经营者承担连带责任。

从上述规定可以看出，《电子商务法》明确了“雷区原则”与“避风港原则”，要求电商平台经营者在知道或者应当知道，或者在接到知识产权权利人的侵权通知后，及时采取删除、屏蔽、断开链接、终止交易和服务等必要措施，否则应当与平台内经营者承担连带责任。而如果电商平台怠于采取必要措施，其行政处罚最高可达 200 万元。

3. 电商平台应采取的“必要措施”

电商平台经营者是否需要承担连带责任，核心就在于平台有无“及时采取必要措施”。那么，在涉及知识产权侵权类的案件中，电商平台需要采取哪些“必要措施”呢？早在 2013 年发布的《关于审理电子商务侵害知识产权纠纷案件若干问题的解答》（以下简称《解答》）中，北京高院就曾对于权利人应当以何种方式通知电商平台，以及电商平台应当如何采取必要措施形成了初步的规则。按照《解答》规定，如果权利人认为网络卖家侵害其知识产权的，可以以书信、传真、电子邮件等方式通知电商平台，要求采取删除、屏蔽、断开链接等必要措施。权利人的通知及所附证据能够证明被控侵权交易信息的侵权可能性较大的，电商平台经营者应当及时采取必要措施。

与此同时，在平台收到网络卖家发送的反通知后，还应当将网络卖家的反通知转送给权利人，并告知权利人在合理期限内对侵权是否成立进行确认；权利人在合理期限内撤回本次通知，或者未对侵权是否成立进行确认的，电商平台经营者应当及时取消必要措施，恢复被删除的内容或者恢复被屏蔽、被断开的链接。

在多起商家、消费者诉讼天猫平台案之后，最高院以指导案例的形式对电商平台的“转送通知”义务进行了明确。如某企业与天猫侵权案中法院认为，天猫公司作为电子商务网络服务平台的提供者，对被诉商品采取的必要措施应当秉承审慎、合理原则，以免损害被投诉人的合法权益。但是将有效的投诉通知材料转送被投诉人并通知被投诉人申辩当属天猫公司应当采取的必要措施之一。而在本案中，天猫公司未履行上述基本义务，导致被投诉人未收到任何警示，从而造成损害后果的扩大，应当就损害的扩大部分与金仕德公司承担连带责任。

而在此次颁布的《电子商务法》第 42 条中也明确规定，电商平台经营者接到通知后应当“及时采取必要措施，并将该通知转送平台内经营者”。也就是说，“转送通知”义务的履行并不能作为电商平台迟延采取必要措施的抗辩。这一点尤其值得平台方注意。

【知识链接】

对于平台经营者而言，日常业务中出现的如“搭售、砍单”这两类业务《电子商务法》作出了明确的界定与解释：

砍单：《电子商务法》第 49 条规定：“电子商务经营者发布的商品或者服务信息符合要约条件的，用户选择该商品或者服务并提交订单成功，合同成立。当事人另有约定的，从其约定。电子商务经营者不得以格式条款等方式约定消费者支付价款后合同不成立；格式条款等含有该内容的，其内容无效。”

搭售：《电子商务法》第 19 条对此亦有规定：“电子商务经营者搭售商品或者服务，应当以显著方式提请消费者注意，不得将搭售商品或者服务作为默认同意的选项。”（酒店、机票预订）

4. 电商平台的必要措施不止于删除

对于平台方而言，有时仅仅采取删除措施是不够的。根据司法实践，网络平台应采取的“必要措施”并不仅限于删除、屏蔽、断开链接，而是应遵循审慎、合理的原则，根据所侵害权利的性质、侵权的具体情形和技术条件等来加以综合确定。

在上海市一中院审理的衣念公司诉淘宝公司、杜国发侵害商标权纠纷案中，原告衣念公司发现淘宝店主杜国发通过淘宝销售侵权商品，先后 7 次向淘宝公司发送侵权通知函，被告淘宝公司审核后先后 7 次删除了杜国发发布的商品信息，但未对杜国发采取处罚措施。原告认为淘宝公司纵容、帮助杜国发实施侵权行为，遂起诉至法院。

① 对进入平台销售商品和提供服务的经营者的相关信息进行核验、登记。

风险提示 1：电商平台经营者违反主体身份登记、核验及公示义务的，情节严重的可能会导致停业整顿并处五十万元罚款的行政责任；同时，发生纠纷之时，如果电商平台不能准确提供平台内经营者的身份信息和有效联系方式，电商平台将对涉事经营者侵害他人合法权益的行为承担不真正的连带责任。

② 对违反电子商务经营者的行政许可、人身保障、财产安全、知识产权等规定的情形的，应当采取必要的处理措施，并向有关主管部门报告。

风险提示 2：可以及时通知被投诉人，并告知被投诉人可以申辩，情况严重的可以采取删除和屏蔽等措施，否则对损害的扩大部分与侵权人承担连带责任。

③ 电商平台经营者对平台内经营者有资格审查义务、安全保障责任。

风险提示 3：如果电商平台经营者对平台内经营者（入驻平台的司机）未尽到法定和约

定的审查义务、监管、安全保障责任等，应承担相应的民事赔偿责任。

④ 对网络安全负有制定应急预案并报告有关主管部门义务。

⑤ 对平台上发布的服务信息、交易信息的保存义务：保存相关信息不少于三年。

⑥ 平台经营者应制定服务协议和交易规则并在其首页显著位置持续公示。如需更改还要公开征求意见，并至少在实施前七日公示。

风险提示 4：未按上述规定履行义务的，可能被处以十万元以上五十万元以下的罚款。

⑦ 对自营业务要有明确、显著的标识。

⑧ 电商平台经营者接到平台经营者提交的不存在侵权行为的声明后，并将该声明转送到知识产权权利人后，权利人在十五日内未投诉也未起诉的，电商平台经营者应当及时终止所采取的措施。

风险提示 5：未及时终止所采取措施的，构成侵权的，承担相应侵权责任。

综上所述，电商平台经营者是电商平台的主导者，不但自己要守法，也要在其管理的范围内，对参与电商平台的其他方有义务采取有效审查、监管职责(包括但不限于：审查资质、删除、屏蔽、断开链接、终止交易等)，使其遵守法律、行政法规和国家有关规定，进而保护电商平台交易安全。

二、电子商务法律的解读

(一) 平台经营者的一般性义务

在市场主体登记及其相关信息公示方面

① 经营主体定义：《电子商务法》第 9 条将电子商务经营者分为“电商平台经营者”和“平台内经营者”两大类，至于“通过自建网站、其他网络服务销售商品或者提供服务的电子商务经营者”应该属于“其他电子商务经营者”，对此，我们认为时下非常流行的各类 APP 销售、微信公众号销售、微信朋友圈销售等，应该遵守《电子商务法》的相关规定；同时，通过线上平台进行信息撮合，线下提供服务，比如网约车中的司机同样应该受《电子商务法》的约束，遵守该法中有关经营信息公示、经营许可、纳税、依法经营等一系列规定。

② 市场主体登记义务：根据《电子商务法》第 10 条规定“便民劳务活动和零星小额交易活动”不需要进行市场主体登记，这一规定对“便民劳务活动”和“零星小额交易活动”没有清晰界定，给自然人从事网络销售活动留下了空间。

③ 在用户信息保护、交易安全、交易信息保存、交易数据提供方面根据《电子商务法》第 23、24、25 条要求平台经营者保护用户信息、确保交易安全，并要保存相关交易信息三年以上，及时向主管部门传送相关交易数据。对此，平台应充分意识到相关信息保存和保护的重要性，否则可能遭行政处罚，同时可能承担本法规定的其他民事责任。

(二) 平台经营者对市场主体的监管义务

《电子商务法》第 27、28、29 条对市场主体在管理其经营信息和监督其依法经营两方面对平台有严格的要求，要求平台登记、核验、归档和更新相关经营者信息，并及时报送相关信息，向税务机关报送与纳税有关的信息，要求平台对经营者是否获得行政许可、是否能保障人身财产安全和环境保护进行监控，发现违法，须及时采取措施，否则将被罚款高达五十万元，甚至是停业整顿。

对此，平台应规制经营者获得行政许可，并敦促经营者履行保障人身财产安全，以及环境保护义务，平台将成为工商、税务稽查和相关行政监管部门的前哨，为行政执法部门提供一手信息。平台内经营涉及方方面面，全面落实对平台而言难度不小，建议相关主管部门因地制宜，与平台采用技术手段进行对接，制定相关配套政策，及时落实可能涉及的行政许可、人身财产安全和环境保护等问题。

（三）平台经营者在服务协议和交易规则方面的特殊义务

1. 规则应具备核心内容，制定和修改都要公示

《电子商务法》第 32、33、34 条要求平台有基本核心内容，制定和修改都应该进行公示，第 34 条规定平台内经营者如不接受修改内容，可以退出，并按照修改前相关规则承担相关责任。第 81 条规定平台不履行将受到高达五十万元的处罚。

对此平台应加快规范其经营行为。平台经营者应全面审慎、理顺其服务协议和交易规则，并注意根据本法规定的步骤和要求作出相应的调整和变动，否则将造成相关经营者集体退出，大面积动荡。相关修改和整理工作最好在本法生效前完成。

2. 不得限制经营者

根据《电子商务法》第 35 条规定，平台经营者不得利用服务协议、交易规则以及技术等手段，对平台内经营者的交易，交易价格以及其他经营者的交易等进行不合理限制或者附加不合理条件，或者向平台内经营者收取不合理费用———此条以法律的形式出现，如何解读“不合理”和实施是重点。

3. 采取措施时应公示

根据《电子商务法》第 36 条规定，平台经营者对平台内经营者违反法行为采取措施的，应当及时公示——这将要求平台非常精准判断其是否违法，否则可能损害平台内经营者合法权益，引发纠纷。

【案例】经营者未尽查验义务，推定明知进口商品质量问题

基本案情：2019 年 3 月，冯某在某平台自营“品牌特卖”频道下单购买一瓶“德国鱼子酱蛋白粉”，并付款 588 元。冯某签收案涉商品并食用 1 个月后，发现案涉商品容器内有白色蠕动小虫。

冯某诉请：某平台退还货款 588 元，赔偿十倍价款损失 5880 元。

裁判结果：某平台既是案涉跨境电商商品的境内提供者，亦是跨境电商中个人报关服务的提供者，属于《消费者权益保护法》规定的经营者以及电子商务法规定的电子商务经营者。冯某提交的商品实物图片显示，涉案蛋白粉内确有肉眼可见蠕虫。在冯某已经对案涉商品存在食品安全问题初步举证的情况下，某平台作为案涉商品的销售者，应当举证证明其已履行了作为食品经营者的法定义务，其经营的商品符合食品安全标准。案涉商品保质期 2 年，冯某发现案涉商品内有蠕虫时，商品尚处于保质期内。在未有证据显示系因冯某自身原因导致案涉商品长虫的情况下，某平台作为经营者，亦应履行法律规定的质量担保义务。因某平台未提交有效证据证明案涉商品在销售前已经出入境检验检疫机构检验合格，故不能认定某平台已尽上述规定的查验义务，应当推定某平台明知案涉商品存在质量问题。

法院判决：

①某平台向冯某退还货款588元，赔偿5880元；

②冯某将涉案订单商品退还某平台。

典型意义：关于跨境电商经营者主体身份认定问题，国务院六部门于2018年11月28日联合发文，明确跨境电商四类主体的定义及责任，实施有效监管。关于跨境电商经营者对商品质量问题明知的判定，《食品安全法》规定，食品经营者采购食品，应当查验供货者的许可证和食品出厂检验合格证或者其他合格证明。食品经营企业应当建立食品进货查验记录制度，如实记录食品的名称、规格、数量、生产日期等内容，并保存相关凭证，否则应承担相应的法律后果。

（四）平台经营者在知识产权保护方面的法律义务

1. 对侵权采取必要措施

根据《电子商务法》第42、45条规定，发生侵权时，知识产权权利人有权通知平台采取必要措施；平台经营者知道侵权时应采取必要措施。

2. 不履行的行政处罚

根据《电子商务法》第84条规定，平台经营者违反本法第42、45条规定，将被处以最高二百万元的罚款。

3. 对侵权未采取必要措施——连带责任

① 接到通知后，未及时采取必要措施的，对损害的扩大部分与平台内经营者承担连带责任；②知道或应当知道侵权，未及时采取必要措施的，与侵权人承担连带责任。

4. 恶意发出错误通知——加倍承担赔偿责任

恶意发出错误通知，造成平台内经营者损失的，加倍承担赔偿责任。

5. 转送声明义务、终止相关措施

根据《电子商务法》第43条规定，平台经营者接到平台内经营者的声明后，应当将该声明转送相关权利人；平台经营者在转送声明后十五日内，未收到权利人已经投诉或者起诉通知的，应当及时终止所采取的措施。

针对上述等条款继续加强了平台的经营责任、增加了平台的经营成本。建议平台经营者可与知识产权人建立相关合作关系，设定相关运作规则，为将来打击侵权行为扫除障碍。同时通过服务协议和平台规则设定虚假或错误通知平台采取措施导致的后果应由权利人自行承担。

（五）平台经营者在电子商务争议解决方面的权利和义务

根据《电子商务法》第58条第1款规定，平台经营者可建立相关商品、服务质量担保机制；第2款规定，平台经营者与平台内经营者协议设立消费者权益保证金的，双方应当就消费者权益保证金的提取数额、管理、使用和退还办法等作出明确约定。

现阶段这项平台经营者的权利已广泛使用，只是平台内经营者被无端扣押金的情况屡有发生，如何监管不使之变味是今后的重点。

在投诉举报调解争议解决方面，主要有如下权利与义务：

① 建立公布投诉举报，及时受理投诉举报：根据《电子商务法》第59条规定，电子商务经营者应当建立便捷、有效的投诉、举报机制，公开投诉、举报方式等信息，及时受理

并处理投诉、举报。

② 争议解决途径：和解、调解、投诉、仲裁或诉讼，根据《电子商务法》第60条规定，电子商务争议可以通过协商和解，请求调解组织调解，向有关部门投诉，提请仲裁，或者提起诉讼等方式解决。

③ 积极协助维权：根据《电子商务法》第61条规定，消费者与平台内经营者发生争议时，平台经营者应当积极协助消费者维护合法权益。

④ 建立争议在线解决机制：根据《电子商务法》第63条规定，平台经营者可以建立争议在线解决机制，制定并公示争议解决规则，根据自愿原则，公平、公正地解决当事人的争议。

对此各电商平台应重点考虑如何规制平台行为，确保其既能正确适用法律又能杜绝腐败。

【案例分析】经营者违反附随义务，应依法承担相应责任

基本案情：贺某于2019年1月通过某平台购买了由优某公司生产的显瘦棉衣1件，货款465.21元。贺某收到衣物后，使用洗衣机水洗洗涤(含甩干)，该衣物出现填充物结团的现象。贺某主张该衣物水洗标并未标明不能机洗，被"洗坏"系因优某公司水洗标注不明确造成。

贺某诉请：优某公司承担退一赔三的产品质量责任，即退回货款465.21元，三倍赔偿1395.63元。

裁判结果：在日常生活中，机洗是常见的水洗洗涤方式，结合日常生活经验可知，在未作特别调整的情况下，家用洗衣机的洗涤程序默认包含甩干过程。案涉衣物虽然可以水洗，但不可甩干，优某公司应当向消费者明确说明，否则容易导致消费者因未作特别操作而使该衣物被甩干、影响性能的后果。对于该损害后果的大小以及是否达到无法实现合同目的的程度，综合考虑优某公司的行为性质、商品价值以及损害情况，优某公司应当赔偿贺某的相应损失，酌情确定优某公司承担责任的方式为向贺某支付赔偿金200元。

法院判决：

① 被告优某公司向原告贺某赔偿200元；

② 驳回原告贺某的其他诉讼请求。

典型意义：经营者在履行合同主给付义务的同时，还负有通知、协助、保密等附随义务。对与商品使用、保养有关的要求，尤其是使用不当可能造成消费者损失的有关情况，经营者应当向消费者作出必要的说明，以保障消费者的知情权。经营者未充分履行附随义务的，应依法承担相应责任。明确经营者在履行主给付义务以外，履行附随义务，对维护消费者合法权益、规范经营者行为方面具有典型意义和引导作用，尤其是在网络购物环境下，将促使电子商务经营者更加规范、全面地展示网页商品信息。

三、电商平台监管与消费者保护

近些年，网络消费日渐兴盛，为消费者的日常需求提供了很大便捷，并且一定程度上降低了购物消费的成本，但是，凡事有利必有弊，在网络消费过程中出现了很多商业乱象，如虚假刷单、恶意搭售、不退押金、信息泄露、大数据杀熟等，随着《电子商务法》的出台及实施，不仅在一定程度上规范电子商务市场秩序，而且为消费者权益的保护提供了更完备的法律遵循。《电子商务法》就保护消费者权益规定了相关措施。

（一）将多种网上购物形式纳入《电子商务法》

《电子商务法》第 2 条第 2 款规定："本法所称电子商务，是指通过互联网等信息网络销售商品或者提供服务的经营活动。"第 9 条第 1 款规定："本法所称电子商务经营者，是指通过互联网等信息网络从事销售商品或者提供服务的经营活动的自然人、法人和非法人组织，包括电商平台经营者、平台内经营者以及通过自建网站、其他网络服务销售商品或者提供服务的电商经营者。"网购的方式呈多元化发展的趋势，像微商、代购、网络直播等均属于通过互联网销售商品或者提供服务，因此都受到该法的规制。

（二）严惩擅自删除消费者评价的不当行为

消费者在网上购买商品或服务时，有权对消费体验进行评价，该评价也可以作为其他消费者购物的参考，但很多消费者在作出体验评价后，该评价却被删掉了。《电子商务法》中对电商平台经营者擅自删除消费者评价的，明确规定惩戒措施。《电子商务法》第 39 条第 2 款规定："电子商务平台经营者不得删除消费者对其平台内销售的商品或者提供的服务的评价。"第 81 条第 4 项规定："电子商务平台经营者违反本法规定，有下列行为之一的，由市场监督管理部门责令限期改正，可以处二万元以上十万元以下的罚款；情节严重的，处十万元以上五十万元以下的罚款：(四)未为消费者提供对平台内销售的商品或者提供的服务进行评价的途径，或者擅自删除消费者的评价的。"

（三）电子商务经营者应依法办理市场主体登记

电子商务经营者属于市场主体，依法应予工商登记，譬如近几年微商的发展，事实上很多经营者成了所谓的"无证经营"，一旦与消费者产生纠纷，不是拉黑就是删除，消费者上当受骗的不在少数。因此，《电子商务法》的应运而生，要求电子商务经营者应该依法办理登记，并且应在其首页公示其营业信息，如果产生纠纷，消费者也不至于无法获知相对人信息。

《电子商务法》第 10 条规定："电子商务经营者应当依法办理市场主体登记。但是，个人销售自产农副产品、家庭手工业产品，个人利用自己的技能从事依法无须取得许可的便民劳务活动和零星小额交易活动，以及依照法律、行政法规不需要进行登记的除外。"第 15 条规定："电子商务经营者应当在其首页显著位置，持续公示营业执照信息、与其经营业务有关的行政许可信息、属于依照本法第十条规定的不需要办理市场主体登记情形等信息，或者上述信息的链接标识。"

（四）限制大数据的个性化推荐，谨防杀熟行为

互联网大数据一日千里，拥有超强的计算能力，如今根据消费者兴趣爱好、消费习惯等进行个性化推荐商品或服务，已成电商平台推销的关键一招。有的电商经营者甚至利用大数据，根据用户的消费习惯和支付能力"画像"，给不同的消费者不同的价格。明明是"老主顾"，却成了任人宰割的"冤大头"，"大数据杀熟"让消费者深恶痛绝。因此《电子商务法》规定了制约大数据个性化推荐措施。

《电子商务法》第 18 条第 1 款规定："电子商务经营者根据消费者的兴趣爱好、消费习惯等特征向其提供商品或者服务的搜索结果的，应当同时向该消费者提供不针对其个人特征的选项，尊重和平等保护消费者合法权益。"第 77 条规定："电子商务经营者违反本法第十八条第一款规定提供搜索结果，或者违反本法第十九条规定搭售商品、服务的，由市场监督管理部门责令限期改正，没收违法所得，可以并处五万元以上二十万元以下的罚款；情节严重的，并处二十万元以上五十万元以下的罚款。"

（五）禁止恶意搭售行为

通过"默认勾选"搭售商品或服务，这种方式在各种电商平台并不少见。如在某电商平台订购火车票、飞机票时，平台向消费者推送搭售保险或接送机服务，消费者如果不自行取消这些"默认勾选"，一不留神就会"中招"。消费者在购买商品或服务，操作手机或电脑的时候，时常在不经意间忘记点开网页中的折叠信息，或者电子商务经营者恶意搭售导致消费者无法察觉，进而导致其花费更多的钱买了自己不需要的商品或服务，或者增添了更多的麻烦。针对这种情况，《电子商务法》作出明确的禁止性规定及惩戒措施。

《电子商务法》第 19 条规定："电子商务经营者搭售商品或者服务，应当以显著方式提请消费者注意，不得将搭售商品或者服务作为默认同意的选项。"第 77 条规定："电子商务经营者违反本法第十八条第一款规定提供搜索结果，或者违反本法第十九条规定搭售商品、服务的，由市场监督管理部门责令限期改正，没收违法所得，可以并处五万元以上二十万元以下的罚款；情节严重的，并处二十万元以上五十万元以下的罚款。"

（六）及时退还消费者押金，不得设置不合理条件

关于押金，实际上并不属于理论上的法律概念，但为了保障消费者的合法利益，《电子商务法》规定电子商务经营者不得对押金退让设置不合理的条件。这是非常有必要的，我们日常可知的共享单车、共享汽车、共享充电宝等都设置了押金，这几年急流勇退迟迟无法退还押金的"小黄车"。随着共享单车的兴起，押金退还难成为一个突出问题，让很多消费者深有体会。

《电子商务法》第 21 条规定："电子商务经营者按照约定向消费者收取押金的，应当明示押金退还的方式、程序，不得对押金退还设置不合理条件。消费者申请退还押金，符合押金退还条件的，电子商务经营者应当及时退还。"第 78 条规定："电子商务经营者违反本法第二十一条规定，未向消费者明示押金退还的方式、程序，对押金退还设置不合理条件，或者不及时退还押金的，由有关主管部门责令限期改正，可以处五万元以上二十万元以下的罚款；情节严重的，处二十万元以上五十万元以下的罚款。"

（七）强化电商平台经营者的举证责任

电商平台经营者在电子商务纠纷处理中，应当提供原始合同和交易记录，如无法提供的，导致审判、仲裁机关无法查明事实的，应依法承担责任。《电子商务法》第 62 条规定："在电子商务争议处理中，电子商务经营者应当提供原始合同和交易记录。因电子商务经营者丢失、伪造、篡改、销毁、隐匿或者拒绝提供前述资料，致使人民法院、仲裁机构或者有关机关无法查明事实的，电子商务经营者应当承担相应的法律责任。"

网络购物中，消费者会遇到各种各样的不合理的问题，不免在其享受迅捷购物体验时蒙上一层阴影，但随着《电子商务法》的不断实施以及其配套法律法规的制定实施，网购一定会越来越规范，消费者的购物体验也一定会越来越好。

【案例】网络刷单有去无回，黑灰产交易不获保护

基本案情：2019 年 4 月，漫漫公司为增加其网络店铺的交易量，委托案外人陈某组织刷手在其网络店铺刷单，漫漫公司需按照交易订单全额退还货款，并支付刷单报酬，标准约为刷单 10000 元支付 50 元。通过陈某的牵线，刷手组织者李某向漫漫公司介绍了刷手何某。何某遂在某平台创建了案涉交易订单，双方均确认案涉商品未实际发货。何某称，漫漫公司未向其退还因刷单垫付的 20000 元及支付刷单费，在某平台提出“仅退款”申请。漫漫公司称其已将涉案款项支付给案外人陈某，拒绝向何某退款。

何某诉请：漫漫公司退还货款 20000 元。

裁判结果：何某与漫漫公司订立网络购物合同，意在以虚假网络购物意思掩盖“刷销量、赚报酬”的真实意思，属于民法总则规定的通谋虚伪行为。对于双方以虚假的意思表示实施的民事法律行为，即网络购物合同的效力，因双方缺乏真实的意思表示而无效。本案中，双方通谋共同实施了刷销量行为，致使涉案合同因违反法律规定被认定无效，客观上已产生了虚假订单，造成了网络营商环境的损害，且何某系自行决定投入款项的数额，故对于何某基于赚取刷单报酬目的投入的款项，依法不予保护。漫漫公司所述向案外人陈某支付款项的行为，与本案何某付款的行为并无二致，二者支出的款项均属于进行非法“刷销量”活动的财物，依照民法通则的规定，本院将另行制作决定书予以处理。

法院判决：驳回原告何某的全部诉讼请求。

典型意义：电子商务经营者以虚构交易为目的与他人通谋订立网络购物合同，双方系以虚假的网络购物意思掩盖真实的“刷销量、赚报酬”意思，该民事法律行为无效。不论刷手是以未收到货款、报酬为理由，还是以商品未实际发货为理由起诉，主张退还货款、支付报酬，都不应得到人民法院的支持。此外，电子商务经营者通过虚构交易获得不当信誉，不但违反了法律的强制性规定，需自行承担相应损失，还将面临市场监督主管部门的行政处罚。

【知识链接】

新《消费者权益保护法》(以下简称“新《消法》”)：「网购七天无理由退货」并非无条件，以下不适用有关条款：

① 消费者定制用品；

② 鲜活易腐的产品；

③ 在线下载或者消费者拆封的音像制品、计算机软件等数字化商品；

④ 已经交付的报纸、期刊等纸质媒介；

⑤ 其他根据商品性质并经消费者在购买时确认不宜退货的商品。

2014 年 3 月 15 日，新《消法》正式实施，其中网络等方式的非现场购物实行“七天无理由退货”是社会各界关注的一大亮点，让时下喜欢网购的消费者心花怒放。东莞市消费者委员会(以下简称“消委会”)副秘书长邹杰解读新《消法》并提醒消费者不要忽略了，“七天无理由退货”也是有条件的。退货无理由并非“无条件”。

近年来，随着互联网技术的发展，网购等非现场购物方式走进了越来越多消费者的生活。与此同时，退货难也成为非现场购物广受欢迎的瓶颈问题。比如市民周先生在网上购买 35 码鞋子，实物却比平常买的 35 码鞋大很多，想退货，但商家说网上已清楚标识拒绝退换。新《消法》规定 7 日之内可无理由退货，那么“3 · 15”之后，像周先生此类的情况是否就可以无理由退货？

东莞市消委会副秘书长邹杰说，“7 天无理由退货”概括地可理解为：消费者收到商品 7 天内无须说明理由可要求退货，但应保证退货商品完好且承担退货运费。经营者应当自收到退回商品之日起七日内返还消费者支付的商品价款。退回商品的运费由消费者承担；经营者和消费者另有约定的，按照约定。

比如周先生买的这双鞋觉得不合适，在收货 7 天内无需理由可要求卖家退货，卖家应无条件退货，但周先生应保证鞋子完好，由此产生的退回商品运费应由周先生承担。邹杰提醒，大部分消费者只片面理解“7 天无理由退货”，却忽略了“应保证商品完好和承担退货运费”的条件，这点消费者必须正确理解。

个性定做产品不宜退货。同时邹杰解释，为防止无理由退货权被滥用，新《消法》第 25 条中也列明了不宜退货的情形，包括：消费者定做的；鲜活易腐的；在线下载或者消费者拆封的音像制品、计算机软件等数字化商品；交付的报纸、期刊；以及其他根据商品性质并经消费者在购买时确认不宜退货的商品，不适用无理由退货。比如说，定做家具含有个性化尺寸和要求；定做蛋糕等易腐食品，有保质期；光碟等数字化商品大多无法证明是否已经使用；报纸、期刊时效性较强。因此这些商品退货后都不能再次出售，不适用无理由退货，这也是国际通行的惯例。

新《消法》实施后，有可能出现新的消费陷阱规避退货责任。市消委会提醒消费者谨慎提防以下网购消费陷阱。

一是非法网站交易难追查，退货无保障。合法网站在网页底端都有工商红盾、网警、相关的备案号和许可证号等公示，且可以点击进入查询。

二是私人账户转账无交易记录，无法证实消费事实。建议消费者必须通过合法电商的交易平台下单交易，且保留相关的交易记录和凭证。

三是陌生链接，易中“钓鱼”等非法网站陷阱。比如消费者千万别相信卖家发来的其他不熟悉的链接，很容易掉进“钓鱼”等黑网站，被套银行卡、密码等重要个人信息，随之被恶意卷款。

【案例】滥用七天无理由规则，退换货未获支持

基本案情：2018 年 4 月，吴某在某平台商城举行的生鲜大卖场活动中购买了 1852.08 元的商品，在配送过程中，商品被拆分为 4 个订单，并由吴某支付全部快递费用。吴某不满，拒收了其中的商品——白虾，并申请办理退货退款手续。吴某购买了该平台的超级 VIP 服务，享有无限免邮和免费退货等权利，但因吴某于短时间内在该商城频繁购物，退货拒收率高达 84.54%，某平台遂暂停其部分账户权限和超级 VIP 服务。

吴某诉请：

① 平台停止侵害，立即恢复账户的完整使用权限，恢复超级 VIP 等级及所有购买使用功能；

② 平台赔偿 500 元；

③ 平台赔礼道歉，赔偿合理费用 30800 元。

裁判结果：

吴某作为某平台商城的会员，虽然购买了超级 VIP 服务，但从权利的名称和规则来看，超级 VIP 享有的免费退货权利只是对部分商品可以由某平台公司免费上门取件，但不等于无限退货。吴某于短时间内频繁购物，退货拒收率高达 84.54%，结合日常生活经验判断，此确属不合常理的高退货率。网络购物的用户虽然依法享有退货的权利，但吴某较短时期内如此高的退货率，反映其在购物时未能尽到起码的谨慎义务，在行使退货权利时又过于随意，这种做法不合理地增加了企业和社会的成本，有悖于诚实信用原则，是对自身权利的滥用。

法院判决：驳回原告吴某的全部诉讼请求。

典型意义：消费者权益保护法虽将七天无理由退货确立为网络购物方式下消费者行使后悔权的依据，但未赋予消费者滥用退货规则的权利。七天无理由退货规则是新《消法》为保护作为在交易一方处于弱势地位的消费者，根据网络购物线上非实物性购物方式的特点，对消费者收到不符合购物预期商品得以退货的权利的保障，同时督促网络销售者提升自身商品质量，不在平台上作出虚假承诺或欺诈行为。此规则的出发点依旧是诚实信用原则。对于滥用退货规则，法律法规并未禁止电商平台通过制定平台规则的方式予以制止。只要平台规则不违反法律法规，就应该允许平台根据该规则对平台内用户作出管理性措施。

四、电子商务企业优惠政策

（一）高新技术企业的所得税优惠政策

一般认为平台型电子商务企业属于科技型企业，当平台获得高新技术企业资格认定后，自高新技术企业证书注明的发证时间所在年度起申报享受税收优惠，并按规定向主管税务机关办理备案手续。企业的高新技术企业资格期满当年，在通过重新认定前其企业所得税暂按15%的税率预缴，在年底前仍未取得高新技术企业资格的，应按规定补缴相应期间的税款。

（二）小规模企业（店铺）或小型微利企业优惠政策

根据财政部和税务总局关于实施小微企业普惠性税收减免政策的通知财税【2019】13号：①对月销售额10万元（季度30万元）以下（含本数）的增值税小规模纳税人，免征增值税。（适用小规模纳税人）②对小型微利企业年应纳税所得额不超过100万元、100万元到300万元的部分，分别减按25%、50%计入应纳税所得额，使税负降至5%和10%。（适用小型微利企业）而现阶段多数电商平台之上的店铺都适合这一判定，因此可以享受小型微利企业的优惠政策。

当然如果电子商务企业本身就是小规模纳税人就可以享受小规模纳税人优惠政策。而对于是否享受小型微利企业的税收优惠政策应从电子商务企业年应纳税所得额、从业人数、利润等指标加以综合判定。如果属于小型微利企业则享受小型微利企业所得税优惠政策。

（三）研发费用加计扣除的优惠政策

关于研发费用加计扣除的优惠政策财税【2018】99号：企业开展研发活动中实际发生的研发费用，未形成无形资产计入当期损益的，在按规定据实扣除的基础上，在2018年1月1日至2020年12月31日期间，按照实际发生额的75%在税前加计扣除；形成无形资产的，在上述期间按照无形资产成本的175%在税前摊销。研究开发费用的相关优惠政策对于初创型电商平台格外重要，一般认为电子商务企业属于轻资产类企业。因此相关管理人员熟识并合理利用研究支出的税收优惠对于企业的发展十分重要。

（四）电商平台（企业）进项税额加计抵减政策

根据财税【2019】39号：自2019年4月1日起至2021年12月31日止，允许生产、生活性服务业纳税人按照当期可抵扣进项税额加计10%抵减应纳税额。该公告所称生产、生活性服务业纳税人，是指提供邮政服务、电信服务、现代服务、生活服务（以下称四项服务）取得的销售额占全部销售额的比重超过50%的纳税人。平台类电子商务行业包含在现代服务中，显然可以享受（服务比重必须超过50%），但是一般认为单纯的零售的店铺类电商就不能享受了，因为它是仅销售货物。

（五）地方性电子商务企业可享受的优惠政策

近年来，地方政府为了进一步加快发展本地电子商务行业与产业，也相继出台了一系列的相关优惠政策，因此对于一些中小型及技术型的电子商务企业可以针对性地利用这些地方性的优惠政策，常见的地方性政策有：人才补助、产业园区入驻补助、税收减免政策等。如2019年兴起的电商直播类业务各地相继出台了一系列的扶持政策，相关的政策都可以在地方政府的人力资源平台上获得。因此合理利用这些政策有时候可以使电子商务企业获得远大于一般税收优惠的收益。

（六）节能环保和安全生产专用设备优惠

根据《企业所得税法实施条例》第100条规定，企业购置并实际使用《环境保护专用设备企业所得税优惠目录》、《节能节水专用设备企业所得税优惠目录》和《安全生产专用设备企业所得税优惠目录》规定的环境保护、节能节水、安全生产等专用设备的，该专用设备的投资额的10%可以从企业当年的应纳税额中抵免；当年不足抵免的，可以在以后5个纳税年度内结转抵免。对于环保、节能、安全生产类电子商务企业，例如涉及二手回收、环保产品、能源管理等相关业务的企业，可以利用这一优惠政策来减少税负。

（七）跨境电商税收优惠政策

跨境电商税收优惠政策是指对跨境电商出口货物实行免税或低税率政策。具体来说，对于通过跨境电商平台出口的货物，无论是个人还是企业，都可以享受出口退税或免税政策。此外，对于进口的跨境电商商品，也有一定的税收减免政策。这些政策的实施可以有效降低跨境电商的税收成本，提高其竞争力。

以上是电商平台常见的国家财政税务优惠政策，不同类型和规模的电子商务企业可以根据自身情况选择适合自己的优惠政策，并咨询专业的税务顾问来获得更详细的指导。

课后习题

名词解释

1. 电子商务法律关系

2. 在线纠纷解决机制（ODR）

3. 电子格式合同

4. 网络交易监管

5. 个人信息保护

单项选择题

1.《电子商务法》于(　　)年1月1日起正式施行。

A. 2016　　B. 2017　　C. 2018　　D. 2019

2.《电子商务法》的出台，最大的意义在于从(　　)认同了这一商业模式的合法地位。

A. 市场层面　　B. 消费层面　　C. 监管层面　　D. 卖家层面

3. 针对国内网络零售市场，京东提供了(　　)类入驻平台。

A. 3　　B. 4　　C. 5　　D. 6

4. 电子商务企业在进行促销活动时，以下哪种行为是不被允许的。(　　)

A. 提供虚假商品信息　　B. 使用绝对化宣传语言

C. 提供优惠券和折扣码　　D. 提供免费试用活动

5. 电子商务企业在销售商品时，以下哪种行为是违法的。(　　)

A. 提供真实有效的商品信息　　B. 保证商品的质量安全

C. 提供退换货服务　　D. 销售过期商品

6.《电子商务法》对店铺经营者的影响是(　　)。

A. 应制定合法、合理的平台交易规则　　B. 应维护安全、健康的平台交易环境

C. 应明确自身的责任和义务　　D. 应维护平台经营环境

7. 下列选项哪个是《电子商务法》促进了电子商务行业的长远发展？(　　)

A. 线上线下地位平等、融合发展

B. 电子商务将被纳入国民经济和社会发展规划

C. 推动电子商务诚信体系化建设

D. 明确了店铺经营者自身的责任和义务

8. 电子商务企业在与消费者签订合同时，以下哪种行为是不被允许的。(　　)

A. 强制消费者签订不公平合同条款　　B. 提供合同文本供消费者阅读和选择

C. 明确合同内容和条款　　D. 保障消费者的知情权和选择权

9.《电子商务法》调整的对象是(　　)。

A. 商家与消费者之间的服务关系　　B. 电子商务活动中的各种社会关系

C. 实践过程中的各种商事活动　　D. 企业与员工之间的劳务关系

10. 电子支付体系的核心是(　　)。

A. 电子银行　　B. 电子货币　　C. 支付工具　　D. 网络消费者

多项选择题

1. 电子商务企业需要遵守哪些法律法规？(　　)

A. 消费者权益保护法　　B. 电子商务法

C. 刑事诉讼法　　D. 广告法

2. 电商平台经营者应当履行哪些义务？(　　)

A. 提供真实、准确的商品信息和服务信息

B. 保障消费者合法权益

C. 维护平台秩序和公平竞争环境

D. 承担产品质量责任和售后服务责任

3. 电子商务企业如何申请税收优惠政策？(　　)

A. 根据相关法规和政策要求进行申请和备案

B. 提供相关证明材料和财务报表等资料

C. 通过线上申报或线下申请的方式提交申请材料

D. 经过审核后获得税收优惠资格并享受相应政策待遇

4. 电子商务企业如何申请科技创新扶持政策？(　　)

A. 根据相关法规和政策要求进行申请和备案

B. 提供相关证明材料和项目计划书等资料

C. 通过线上申报或线下申请的方式提交申请材料

D. 经过审核后获得科技创新扶持资格并享受相应政策待遇

5. 电子商务企业如何申请市场推广扶持政策？(　　)

A. 根据相关法规和政策要求进行申请和备案

B. 提供相关证明和市场推广方案等资料

C. 通过线上申报或线下申请的方式提交申请材料

D. 经过审核后获得市场推广扶持资格并享受相应政策待遇

6. 电子商务企业在进行促销活动时，以下哪些行为是不被允许的？(　　)

A. 提供虚假商品信息　　B. 使用绝对化宣传语言

C. 提供优惠券和折扣码　　D. 虚构原价和虚假降价幅度

7. 电子商务企业需要遵守的法律法规包括以下哪些？(　　)

A.《消费者权益保护法》　　B.《广告法》

C.《食品安全法》　　D.《产品质量法》

8. 电子商务企业在销售商品时，以下哪些行为是违法的？(　　)

A. 提供真实有效的商品信息　　B. 保证商品的质量安全

C. 提供退换货服务　　D. 销售过期商品

E. 接受假冒伪劣产品和具有侵权行为的合作供应商

9. 电子商务企业在与消费者签订合同时，以下哪些行为是不被允许的？(　　)

A. 强制消费者签订不公平合同条款

B. 提供合同文本供消费者阅读和选择

C. 明确合同内容和条款

D. 保障消费者的知情权和选择权

E. 确保供应商具备合法经营资质和产品质量认证

10. 电子商务企业在进行市场营销活动时，以下哪些行为是不被允许的？（　　）

A. 使用消费者的个人信息进行精准营销

B. 发送垃圾邮件和短信

C. 提供个性化推荐服务

D. 进行市场调研和分析

E. 确保广告内容真实准确并提供明确的广告标识和证明文件

11. 电子商务企业在开展广告宣传活动时，以下哪些行为是违法的？（　　）

A. 确保广告内容真实准确

B. 遵守《广告法》规定的广告发布渠道和方式

C. 提供明确的广告标识和证明文件

D. 使用虚假宣传语言和效果承诺

E. 确保供应商提供的货物符合质量要求和服务标准

12. 电子商务企业在销售食品时，需要遵守的法律法规包括以下哪些？（　　）

A.《食品安全法》　　B.《食品药品监督管理法》

C.《食品标签法》　　D. 食品添加剂使用标准规定

E. 所有以上选项

13. 电子商务企业在开展价格促销活动时，以下哪些行为是不被允许的？（　　）

A. 提供真实的促销信息和优惠条件

B. 确保促销价格不低于成本价

C. 提供优惠券和折扣码

D. 虚构原价和虚假降价幅度

E. 确保供应商具备合法经营资质和产品质量认证

14. 电子商务企业在与供应商合作时，以下哪些行为是违法的？（　　）

A. 确保供应商具备合法经营资质和产品质量认证

B. 与供应商签订正式合同并明确双方权益义务

C. 确保供应商提供的货物符合质量要求和服务标准

D. 接受假冒伪劣产品和具有侵权行为的合作供应商

E. 确保广告内容真实准确并提供明确的广告标识和证明文件

15. 电子商务企业在运营过程中，应如何规范广告宣传行为以确保消费者权益？（　　）

A. 禁止发布虚假广告和误导性宣传

B. 确保广告内容真实、准确、清晰、易懂

C. 对新产品进行过度炒作，制造虚假口碑

D. 按照法定程序和规定，申请和发布广告

E. 广告中不得含有对竞争对手的恶意攻击和诽谤

16. 以下哪些措施有助于提高电子商务企业的客户服务质量？（　　）

A. 优化物流配送流程，提高配送速度

B. 建立健全售后服务体系，提高响应速度和处理效率

C. 严格把控产品质量和检验流程，确保消费者购买到的商品符合标准

D. 设立专门的客户服务团队，不定期对客户进行回访和满意度调查

E. 关注销售额的同时，不忽视客户需求和满意度

17. 电子商务企业在面临市场竞争时，以下哪些策略有利于脱颖而出？（　　）

A. 优化产品结构和定位，满足消费者多样化需求

B. 提高运营效率，降低成本，提供更具竞争力的价格

C. 创新营销模式，运用大数据分析和“用户画像”进行精准营销

D. 提升品牌形象和知名度，树立行业口碑

E. 采取价格战，不顾成本地降低商品价格

18. 为了保护消费者权益，我国政府采取了以下哪些措施？（　　）

A. 制定和完善相关法律法规，规范电子商务市场秩序

B. 加强对电子商务企业的监管，严厉打击违法行为

C. 强化消费者权益保护，设立专门的消费者维权机构

D. 鼓励电子商务企业自觉履行社会责任，提升消费者满意度

E. 忽视电子商务领域的消费者权益保护问题

19. 以下哪些做法有助于提升电子商务企业的品牌形象？（　　）

A. 注重产品创新和研发，提升产品品质

B. 诚信经营，严格遵守法律法规，树立良好口碑

C. 优化售后服务，提高客户满意度和忠诚度

D. 开展公益活动，提升企业社会责任感

E. 采用正当手段获取市场份额，损害竞争对手利益

20. 电子商务企业在应对市场变化时，以下哪些策略有助于保持竞争力？（　　）

A. 关注行业动态，及时调整发展战略和经营策略

B. 弱化与供应商、合作伙伴的沟通与合作，共享资源、降低成本

C. 提升企业内部管理水平，提高员工素质和技能水平

D. 注重创新，不断开发新产品和新业务模式

E. 忽视市场变化，坚持原有经营模式和发展战略

判断题

1. 电商平台必须按照规定向市场监督管理部门报送平台内经营者的身份信息，提示未办理市场主体登记的经营者依法办理登记。否则最高处5万罚款。（　　）

2. 电子商务运营必须税务登记，平台交易信息保存不少于三年。（　　）

3. 网络商品经营者和网络服务经营者提供商品或者服务，应当遵守《商标法》《反不正当竞争法》《企业名称登记管理规定》等法律、法规、规章的规定，不得侵犯他人的注册商

标专用权、企业名称权等。（　　）

4. 在我国，平等民事主体之间的财产与人身关系的调整主要由《电子商务法》规范。（　　）

5.《电子商务法》具有一定的开放性但缺乏一定的灵活性，这是基于因特网的开放性所产生的。（　　）

6. 电商平台应当建立健全消费者权益保护机制，保障消费者合法权益，不得以格式条款、通知等方式侵犯消费者合法权益。（　　）

7. 电商平台应当对平台内经营者的商品和服务进行审核和管理，确保其符合法律法规、行业标准和相关规范要求。（　　）

8. 电商平台应当加强对平台内经营者的信用评估和监管，防止不良商家利用平台从事违法违规行为。（　　）

9. 电商平台应当建立健全信息安全保障措施，确保用户数据和信息安全，不得泄露、篡改、毁损用户数据，不得非法出售或者非法向他人提供用户数据。（　　）

10. 电商平台应当遵守国家有关知识产权法律法规，加强对侵权行为的打击，维护知识产权权利人的合法权益，必要时可以私下警告。（　　）

简答题

1. 简述《电子商务法》对电商平台的责任规定。

2. 简述《电子商务法》对消费者权益的保护措施。

3. 简述电子商务经营者的税收管理规定。

4. 简述电商平台应当遵守的相关法律法规。

5. 简述《电子商务法》对跨境电商的规范要求。

【案例分析】

案例分析一："虚拟服务日趋多样，电子商务法律合理规范"

一个刚上小学二年级的男童，在某购物网站以他父亲李某的身份证号码注册了客户信息，并且订购了一台价值 1000 元的小型打印机。但是当该网站将货物送到李某家中时，曾经学过一些法律知识的李某却以"其子未满 10 周岁，是无民事行为能力人"为由，拒绝接收打印机并拒付货款。由此交易双方产生了纠纷。

李某主张，电子商务合同订立在虚拟的世界，但却是在现实社会中得以履行，应该也能够受现行法律的调控。而依我国现行《民法通则》第 12 条第 2 款和第 55 条的规定，一个不满 10 周岁的未成年人是无民事行为能力人，不能独立进行民事活动，应该由他的法定代理人代理民事活动。其子刚刚上小学二年级，未满 10 周岁，不能独立订立货物买卖合同，所以该打印机的网上购销合同无效；其父母作为其法定代理人有权拒付货款。对此，网站主张：由于该男童是使用其父亲李某的身份证登录注册客户信息的，从网站所掌握的信息来看，与其达成打印机网络购销合同的当事人是一个有完全民事行为能力的正常人，而并不是此男童。由于网站是不可能审查身份证来源的，也就是说网站已经尽到了自己的注意义务，不应当就合同的无效承担民事责任。

问题：

(1) 当事人是否具有行为能力？请说明理由。

(2) 电子合同是否有效？请说明理由。

案例分析二："线上竞拍盲点多，交易安全法保护"

韩某有一天在网上浏览，发现一辆二手帕萨特汽车起拍价只有10元，他想可能是网站在搞什么促销活动，就参加了竞拍。几轮下来他成功了，成交价是116元。网站通过电子邮件进行了确认，并给他发来了电子合同。韩某根据网站提供的电话，跟卖主联系，卖主是一家卖二手车的汽车经销公司，也收到了网站发来的那份电子合同，但是该公司坚决不同意交车，理由是这份合同无效。第一，汽车的起拍价是10万元而不是10元，在网站上显示的10元起拍价是由于其工作人员输入失误造成的；第二，他们认为116元就把车卖了，这样一个合同是不公平的。韩某的手上有三份证据：一份是网络公司给他发来的电子确认书，第二份是电子合同，另外还有一份整个交易过程的证据。经多次交涉无果，韩某最后只好把汽车经销公司告到法院。

结合所提供的案例分析下列问题：

（1）这个网上竞拍的电子合同是否有效？为什么？

（2）本案反映出电子商务活动中的法律规范存在哪些问题？

第七章

电子支付

【思维导图】

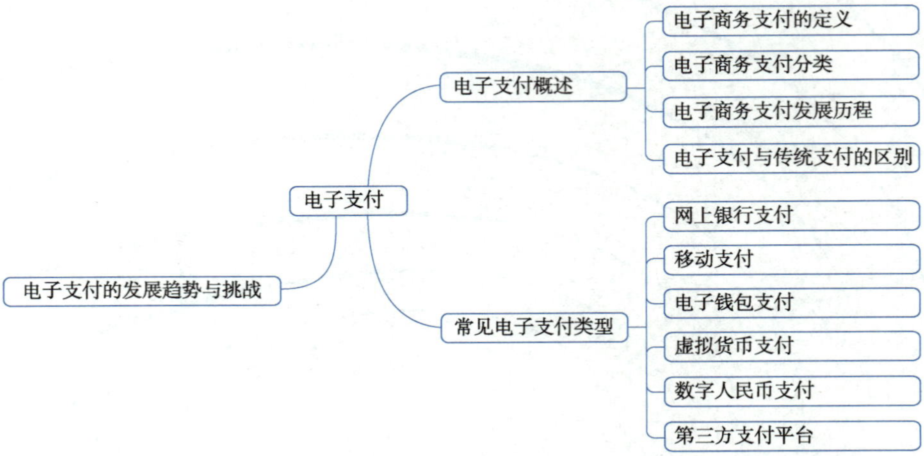

< 学习目标 >

1. 了解电子支付的概念和发展历程。

2. 掌握常见的电子支付方式，如网上银行支付、第三方支付平台、移动支付等。

3. 理解电子支付的原理和流程，包括支付请求、支付授权、支付结算等环节。

4. 能够评估电子支付的优势和风险，如便捷性、安全性、隐私保护等方面。

5. 能够应用电子支付知识解决实际问题，如选择适合的电子支付方式、防范支付风险等。

在当今的数字化时代，电子商务已经成为全球商业活动的重要组成部分。随着互联网技术的发展和普及，电子支付作为电子商务的重要环节，也在全球范围内得到了广泛的应用和发展。电子支付不仅改变了传统的支付方式，也为商家和消费者提供了更加便捷、安全的支付手段。然而，电子支付也带来了一些新的挑战，如网络安全问题、法律法规的制定和执行等。因此，对电子支付的理解和掌握，对于理解和掌握电子商务的全貌具有重要意义。本章将详细介绍电子支付的基本概念、类型、流程以及相关的安全问题，帮助读者全面理解电子支付的重要性和应用。

一、电子支付概述

（一）电商支付的定义

电商支付是指通过互联网进行商业交易的双方，使用电子支付方式进行付款和收款的过程。随着互联网的普及和电子商务的快速发展，电商支付已成为日常生活中不可或缺的一部分。

电商支付具有方便、快捷、安全等优点。通过电商支付，人们可以随时随地完成付款和收款，无须到银行或实体店铺。同时，电商支付采用了加密技术、数字签名等技术手段，保证了交易的安全性和隐私性。然而，电商支付也存在一些风险和挑战。例如，网络“钓鱼”、诈骗等安全问题时有发生；同时，一些商家可能存在虚假宣传、欺诈等问题。因此，在进行电商支付时，消费者需要选择信誉良好的商家和支付平台，并注意保护个人隐私和账户安全(图 7.1)。

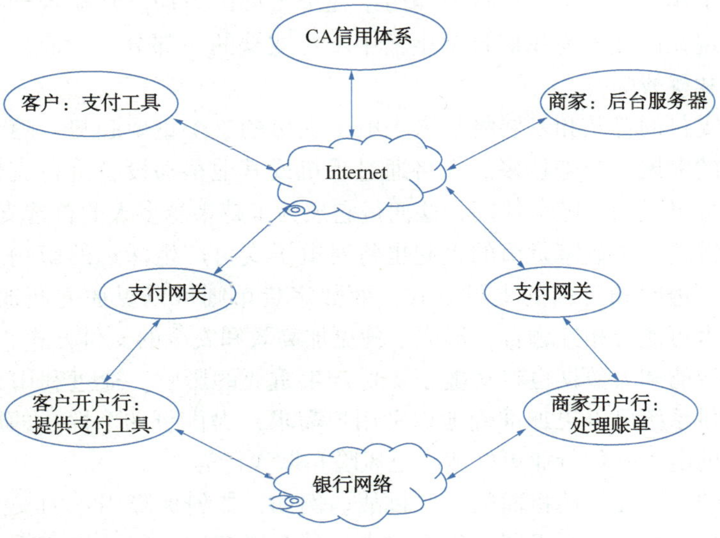

图 7.1　电子支付体系的基本组成

（二）电商支付的分类

电商支付方式多种多样，包括网上银行转账、第三方支付平台、移动支付等。其中，第三方支付平台是最常用的电商支付方式之一，如支付宝、微信支付等。这些支付平台在交易中扮演了中介的角色，保障了交易的安全性和可靠性。

电商支付的分类主要有以下几种：

① 按照交易对象分类：B2C 型网上支付方式、B2B 型网上支付方式。

② 按网上支付金额的大小分类：微支付、消费者级网上支付、商业级网上支付。

③ 根据网络货币的不同类型分类：电子现金网上支付、电子信用卡网上支付、电子支票网上支付等。

④ 第三方平台支付：支付宝、财付通、快钱等，客户和商家首先在第三方支付平台处开立账户。

⑤ 网银支付：通过银行的网上银行系统进行支付。

⑥ 货到付款：又称送货上门，指顾客在收到商品时再进行付款。

⑦ 银行转账：通过银行的转账服务进行支付。

⑧ 数字货币：数字货币是一种基于密码技术的货币形式，它与传统的货币不同，因为它不受任何中央机构或政府的控制。

（三）电商支付的发展历程

初始阶段：1970—1990 年，电子支付技术初现。

商业化阶段：1991—2000 年，电子支付服务开始商业化。

全球化阶段：2001—2010 年，电子支付全球化进程加速。

数字化时代：2011 年至今，电子支付进入数字化时代。

未来展望：电子支付的未来趋势和挑战。

在过去的几十年里，电子支付技术经历了几个重要的阶段，从初现到商业化，再到全球化和数字化，现在已经成为我们日常生活中不可或缺的一部分。然而，未来的电子支付将面临哪些趋势和挑战呢？

首先，移动支付的普及和发展将是未来电子支付的一个重要趋势。随着智能手机的普及和移动互联网的发展，越来越多的人将通过手机或其他移动设备进行支付。移动支付不仅方便快捷，而且可以随时随地使用，这使得它成为了越来越多人的首选支付方式。

其次，区块链技术和数字货币的兴起也将对电子支付产生深远的影响。区块链技术可以提供更加安全、透明和可信的支付方式，而数字货币则可以更加方便地进行跨境支付。未来，这两种技术可能会相互融合，形成一种更加高效和安全的支付方式。

再次，人工智能和大数据也将对电子支付产生重要的影响。通过利用人工智能和大数据技术，电子支付系统可以更加准确地识别用户需求，提供更加个性化的服务。同时，这些技术也可以帮助电子支付行业更好地防范风险和欺诈行为。

最后，未来的电子支付还将面临一些挑战。例如，如何保障用户的安全和隐私是一个重要的问题。此外，如何促进不同支付方式之间的互联互通，以及如何适应不断变化的监管环境也将是未来电子支付需要面对的问题。

总之，未来的电子支付将面临许多新的趋势和挑战，但随着技术的不断进步和创新，我们有理由相信，未来的电子支付将更加便捷、安全和智能。

（四）电子支付与传统支付的区别

电子支付与传统支付的区别主要体现在以下几个方面。

1. 流转方式不同

电子支付是采用最先进的科技手段，通过数字化信息流实现资金的传输；而传统的支付方式则依赖于物理形式的现金、票据以及银行汇款等来完成资金的流转。

2. 操作环境不同

传统支付方式主要在封闭的系统中进行，例如在实体店铺中进行的交易；相比之下，电子支付则是在一个开放的系统平台中运作，比如互联网，它突破了时间和空间的限制，可以随时随地完成支付操作。

3. 使用媒介不同

传统支付方式所使用的媒介是纸币、硬币等传统的通信媒介；而电子支付则依赖于先进的通信技术，比如互联网、Extranet 等，并且对软、硬件设施的要求较高，一般需要在联网的微机上使用特定的软件及其他一些配套设施。

4. 用时和费用不同

传统支付方式需要消费者亲自到实体店面进行交易，过程可能较为烦琐，而且在不同地点之间转移资金可能需要较长时间，同时可能产生较高的交通费用；相比之下，电子支付更加便捷、快速，且一般情况下费用较低。

5. 安全性要求不同

由于传统支付方式的物理特性，其安全性相对较高；但是电子支付基于互联网的特性，面临着更多的安全挑战，因此需要采取更加复杂的加密技术、防黑客攻击等措施来确保资金的安全。

6. 全球化程度不同

由于电子支付基于互联网的特性，可以在全球范围内的任何地方进行支付，突破了地域限制；而传统支付方式则受到地域限制，难以实现全球化支付。

7. 用户便利性不同

电子支付可以随时随地在线完成支付，无须携带现金或银行卡，非常方便快捷；而传统支付则需要携带现金或银行卡，使用起来相对烦琐一些。

8. 交易透明度不同

电子支付可以实现实时交易记录和账单查询，方便用户了解自己的交易情况；而传统支付方式则需要在银行或商家进行查询，相对麻烦一些。

9. 效率不同

电子支付可以实现即时到账，提高了交易的效率；而传统支付方式则需要经过烦琐的人工操作和较长时间的处理过程。

10. 环保性不同

电子支付可以减少纸质货币的使用量，从而减少纸张和印刷等资源消耗，更环保；而传统支付方式则需要使用大量的纸质货币，对环境造成一定的影响(图 7.2)。

	电子支付	传统支付
进行方式	采用先进的技术通过数字流转来完成信息传输，其各种支付方式都是采用数字化的方式进行款项支付的	通过现金的流转、票据的转让及银行的汇兑等物理实体的流转来完成款项支付
系统环境	开放的因特网系统平台	在较为封闭的系统中运作
配置要求	要求最先进的通信手段，如因特网、Extranet，对软、硬件设施的要求很高，一般要求有联网的微机、相关的软件及其它一些配套设施	传统的通信媒介即可，配置要求不是很高
经济效益	具有方便、快捷、高效、经济的优势。用户只要拥有一台上网的机器终端，便可足不出户，在很短的时间内完成整个支付过程。支付费用仅相当于传统支付的几十分之一，甚至几百分之一	比较耗费时间与精力，经济效益不明显

图 7.2　电子支付与传统支付区别

二、常见电子支付类型

(一) 网上银行支付

1. 网上银行概念

网上银行(Internet Banking)是一种通过互联网渠道向客户提供金融服务的银行业务模

式。它利用先进的计算机技术和网络安全技术，为客户提供高效、便捷、安全的金融服务。网上银行通常包括个人银行和企业银行两种类型，个人银行主要面向个人客户提供存款、取款、转账、理财等金融服务，而企业银行则主要面向企业客户提供支付、结算、对账、企业资金管理等金融服务。

随着互联网技术的不断发展，网上银行已经成为银行业务的重要拓展领域。它不仅提供了方便快捷的金融服务，还打破了时间和空间的限制，让客户可以在任何时间、任何地点享受到金融服务。此外，网上银行还具有成本低、效率高等优势，可以为客户提供更优质的金融服务体验。

然而，网上银行也存在一些风险和挑战。其中最主要的是网络安全问题，包括客户信息泄露、账户被盗等风险。因此，网上银行在提供金融服务的同时，也需要加强网络安全管理，确保客户信息的安全性和隐私权。

总之，网上银行是一种新型的金融服务模式，具有高效、便捷、安全等优势，可以为客户提供更优质的金融服务体验。但同时也需要加强网络安全管理，确保客户信息的安全性和隐私权。

2. 网上银行的分类

网上银行是一种基于互联网技术的金融服务，其分类可以根据不同的标准进行划分。以下是网上银行的主要分类。

（1）全能型网上银行和专业化网上银行

根据服务范围和重点的不同，网上银行可以分为全能型网上银行和专业化网上银行。全能型网上银行提供的服务范围广泛，包括个人和企业金融服务的各个方面，如存款、贷款、投资、保险等。专业化网上银行则专注于某一类金融服务，如信用卡服务、贷款服务、投资服务等。

（2）完全网上银行和有限网上银行

根据是否提供实体分支机构，网上银行可以分为完全网上银行和有限网上银行。完全网上银行仅通过互联网提供金融服务，没有任何实体分支机构。有限网上银行则同时拥有实体分支机构和互联网服务。

（3）传统银行和纯网上银行

根据历史渊源和发展阶段的不同，网上银行可以分为传统银行和纯网上银行。传统银行在发展过程中逐渐引入了互联网技术，提供网上金融服务。纯网上银行则是在互联网时代成立的网络金融机构，完全依赖互联网提供金融服务。

（4）个人网上银行和企业网上银行

根据服务对象的不同，网上银行可以分为个人网上银行和企业网上银行。个人网上银行主要面向个人用户提供金融服务，如个人存款、个人贷款、个人投资等。企业网上银行主要面向企业用户提供金融服务，如企业存款、企业贷款、企业支付等。

（5）国内网上银行和国际网上银行

根据服务范围的不同，网上银行可以分为国内网上银行和国际网上银行。国内网上银行主要面向国内用户提供金融服务，如中国银行、工商银行等。国际网上银行则面向全球用户提供金融服务，如花旗银行、渣打银行等。

（6）移动网上银行和桌面网上银行

根据终端设备的不同，网上银行可以分为移动网上银行和桌面网上银行。移动网上银行主要通过手机、平板等移动设备提供金融服务，桌面网上银行则通过电脑等桌面设备提供金融服务。

（7）封闭式网上银行和开放式网上银行

根据账户结构的不同，网上银行可以分为封闭式网上银行和开放式网上银行。封闭式网上银行是指用户只能在指定范围内进行金融交易，开放式网上银行则允许用户在任何时候、任何地点进行金融交易。

以上是网上银行的几种主要分类方式，不同类型的网上银行有着不同的特点和优势，用户可以根据自己的需求选择适合自己的网上银行服务。

3. 网上银行的功能

网上银行的功能非常丰富和多样，它不仅提供了基本的银行业务服务，还涵盖了投资、保险、贷款等其他金融领域。以下是一些常见的网上银行功能。

① 账户管理：用户可以在网上银行上查看和管理自己的银行账户，包括余额、交易记录、账单等。此外，用户还可以随时随地在线转账、支付和购买商品或服务。

② 贷款和信用卡申请：许多网上银行提供了各种类型的贷款和信用卡服务。用户可以在线申请贷款和信用卡，并在短时间内获得审批结果。此外，一些网上银行还提供了个性化的贷款和信用卡推荐服务。

③ 投资和保险：网上银行通常提供各种类型的投资和保险产品，包括股票、基金、债券、人寿保险和财产保险等。用户可以在线购买这些产品并管理自己的投资组合。

④ 账单支付和收款：网上银行提供了账单支付和收款功能，用户可以在线支付各种账单，如水电费、电话费、信用卡账单等。此外，用户还可以通过网上银行接收付款和转账。

⑤ 移动银行：许多网上银行还提供了移动银行服务，用户可以在手机上随时随地查看和管理自己的银行账户、支付账单、转账等。

⑥ 定制服务：一些高级的网上银行提供了定制服务，用户可以根据自己的需求定制个性化的银行服务，如定制提醒服务、定制投资组合等。

总之，网上银行的功能非常丰富和便利，用户可以根据自己的需求选择适合自己的服务。

（二）移动支付

1. 移动支付概念

移动支付是指通过手机、平板电脑等移动设备进行支付的一种新型支付方式。它利用了无线通信技术和互联网技术，使得用户可以在任何时间、任何地点进行支付，无须携带现金或银行卡。移动支付通常需要使用移动设备上的应用程序，如支付宝、微信等，通过身份验证和密码等安全措施来完成支付过程。

随着智能手机的普及和互联网技术的发展，移动支付已经成为人们日常生活中不可或缺的一部分。它不仅方便快捷，还可以提供多种支付方式，如在线购物、线下支付、转账等。此外，移动支付还可以提供更多的金融服务，如理财、投资、贷款等，使得人们可以更加便捷地管理自己的财务。然而，移动支付也存在一些风险和挑战。例如，网络安全问题、隐私泄露等。因此，在选择移动支付服务时，用户需要选择可信的服务提供商，并加强安全意识，保护好自己的个人信息。同时，政府和监管机构也需要加强对移动支付的监管，确保移动支付的安全和稳定。

总之，移动支付是一种新型的支付方式，它具有方便快捷、多种选择、更多金融服务等优点，但也存在一些风险和挑战。未来，随着技术的不断发展和监管的不断完善，相信移动支付将会更加安全、便捷、普及。

2. 移动支付的分类

移动支付可以分为近场支付和远程支付两种。近场支付是指通过手机等移动设备在实体店或交通领域等现场进行支付，例如通过手机扫描二维码或 NFC 进行支付。远程支付是指通过手机等移动设备在网络上进行支付，例如通过支付宝、微信支付等应用程序进行支付。

根据支付金额的多少，移动支付可以分为小额支付和大额支付。小额支付通常用于购买日常用品、食品、交通等消费场景，而大额支付则用于购买高价值商品、服务或进行大额投资等。

另外，移动支付还可以分为账户式支付和代扣式支付。账户式支付是指用户在移动设备上开设账户，并将账户与银行卡或第三方支付平台绑定，通过账户进行支付。代扣式支付是指用户将银行卡或第三方支付平台与特定的商户或服务绑定，当需要支付时，直接从绑定账户中扣款。

此外，移动支付还可以分为线上支付和线下支付。线上支付是指通过网络进行的支付，通常用于在线购物、在线教育等服务场景。线下支付是指在实际生活中进行的支付，通常用于实体店购物、交通等场景。

总的来说，移动支付的分类方式多种多样，不同的分类方式可以更好地理解移动支付的特点和应用场景。

3. 移动支付的技术

移动支付的技术是指在移动设备上实现支付功能的技术。移动支付的技术有很多种，其中最常见的是以下几种。

① 短信支付：短信支付是最早的移动支付方式之一，它通过发送短信指令来支付。用户将银行卡或支付宝等支付应用与手机绑定，在购物后发送短信指令到指定号码即可完成支付。

② 扫码支付：扫码支付是一种基于二维码技术的移动支付方式。在购物后，用户打开移动设备上的支付宝或微信等应用，扫描商家的二维码，确认支付金额和信息后即可完成支付。

③ NFC 支付：NFC 支付是一种利用近场通信技术的移动支付方式。用户将银行卡或公交卡等实体卡绑定到移动设备上，然后在支持 NFC 支付的商家或地铁等场所，将移动设备靠近读卡器即可完成支付。

④ 移动刷卡支付：移动刷卡支付是一种将手机变成虚拟信用卡的移动支付方式。用户在手机上安装相应的应用程序，然后在支持移动刷卡支付的商家或自动售货机等场所，用手机代替信用卡进行支付。

⑤ 语音支付：语音支付是一种利用语音识别技术的移动支付方式。用户通过语音指令来确认支付金额和信息，然后完成支付。

除了以上几种常见的移动支付技术外，还有一些其他的技术，如人脸识别技术、虹膜识别技术等也正在逐渐被应用于移动支付领域。

4. 移动支付的场景

移动支付是一种便捷、高效、安全的支付方式，它具有多种功能，使得人们的生活更加便利。以下是移动支付的一些主要场景。

① 线上购物：通过移动支付，用户可以在各种在线购物平台上购买商品或服务。只需在手机上选择所需的商品或服务，然后输入支付密码或使用指纹识别进行验证即可。

② 线下支付：移动支付也可以用于线下支付。用户可以在商店、超市、餐厅等实体店使用手机进行支付。只需打开移动支付应用程序，向收银员展示二维码或条形码，然后进行扫描和确认即可。

③ 转账：移动支付还可以用于向其他人转账。通过移动支付应用程序，用户可以轻松地将资金转账给其他人的移动支付账户或银行卡。这使得用户可以方便地转账给朋友、家人或商业合作伙伴。

④ 公共交通支付：一些城市的公共交通系统已经支持移动支付。用户可以在手机上购买车票或通行证，然后在乘坐公共交通工具时展示手机上的电子车票或通行证即可。

⑤ 自动扣费：一些移动支付平台还提供了自动扣费功能。用户可以将日常生活费用(如水电煤气费、电话费、有线电视费等)与移动支付账户关联，然后由移动支付平台自动扣费即可。这有助于避免因忘记缴纳费用而产生的滞纳金和带来的不便。

⑥ 扫码付：一些移动支付应用程序还提供了扫码付功能。用户可以在手机上打开支付应用程序，扫描商家的二维码，然后输入密码或使用指纹识别验证身份即可。

⑦ 紧急付款：通过移动支付，用户可以在紧急情况下快速完成付款。例如，在遇到紧急医疗情况或交通事故时，用户可以通过移动支付快速支付医疗费用或赔偿金(图 7.3)。

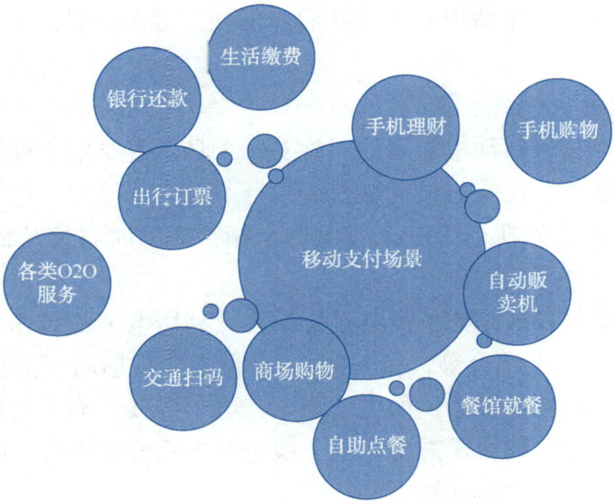

图 7.3　移动支付场景

总之，移动支付具有多种功能，可以满足用户的各种需求。它已经成为现代生活中不可或缺的一部分，使得人们的生活更加便捷和高效。

（三）电子钱包支付

1. 电子钱包的概念

电子钱包是一种便捷的支付方式，它允许消费者通过互联网或移动设备进行安全、快速的在线支付。电子钱包通常与银行账户或信用卡绑定，使消费者可以在电子钱包应用程序中直接支付账单，而无须在每次购物时都输入银行卡信息或密码。

电子钱包的优点在于其方便性和安全性。由于电子钱包与消费者的银行账户或信用卡绑定，因此消费者可以在任何时候进行支付，而无须携带实体卡片或现金。此外，电子钱包通常具有双重身份验证功能，这使得支付更加安全可靠。

电子钱包的应用范围非常广泛，包括购物、账单支付、转账、在线预订等服务。随着互联网和移动设备的普及，电子钱包已成为日常生活中不可或缺的一部分。

电子钱包是一种非常便捷的支付方式，它可以让消费者通过互联网或移动设备进行安全、快速的在线支付。绑定银行账户或信用卡后，消费者可以在电子钱包应用程序中直接支付各种账单，而无须每次购物时都输入银行卡信息或密码，从而节省了大量的时间和精力。

电子钱包的优点在于其方便性和安全性。由于电子钱包与消费者的银行账户或信用卡绑定，因此消费者可以在任何时候进行支付，而无须携带实体卡片或现金。这种支付方式不仅简化了购物流程，而且还有助于防止因携带大量现金而导致的财产损失或被盗的风险。

除了方便性，电子钱包还提供了更高的安全性保障。电子钱包通常具有双重身份验证功能，这使得支付过程更加安全可靠。即使电子钱包账户被盗，由于双重身份验证的设置，黑客也无法轻易地转移资金或进行恶意交易。

电子钱包的应用范围非常广泛，包括购物、账单支付、转账、在线预订等服务。无论是购买日常生活用品还是进行大额消费，电子钱包都可以满足。随着互联网和移动设备的普及，电子钱包已成为日常生活中不可或缺的一部分，为人们提供了更加便捷、安全、快速的支付方式。

2. 电子钱包的作用

电子钱包是在电子商务活动中常用的一种支付工具，主要用于进行网上消费和账户管理。它可以是纯粹的软件，通常与银行账户或银行卡账户连接在一起，也可以是小额支付的智能储值卡，持卡人预先在卡中存入一定的金额，交易时直接从储值账户中扣除交易金额。

电子钱包的网络支付模式是电子商务过程中客户利用电子钱包作为载体，选择其存放的电子货币如信用卡、电子现金等，在 Internet 平台上实现即时、安全可靠的在线支付形式。此外，电子钱包中的电子货币，如电子现金、电子零钱、电子信用卡等，都可以直接用于购物。使用电子钱包购物通常需要在电子钱包服务系统中进行，而且电子商务活动中电子钱包的软件通常都是免费提供的。

电子钱包的出现，极大地便利了人们的日常生活。它不仅让我们能够随时随地进行网上消费，还让我们可以更加方便地管理自己的账户。在电子钱包中，我们可以轻松地查看自己的交易记录，了解自己的消费情况，还可以随时随地对自己的账户进行充值或提现。

电子钱包的支付过程也非常简单快捷。只需要在电子钱包 App 中选择需要购买的商品，然后选择支付方式，确认支付金额后，就可以使用电子货币进行支付。支付完成后，交易记录会保存在电子钱包中，同时也会收到相应的支付确认信息。

另外，电子钱包的安全性也是非常可靠的。在电子钱包中，我们的个人信息和电子货币都得到了很好的保护。电子钱包通常采用了多种安全措施，如密码保护、指纹识别、动态验证码等，确保我们的账户安全和支付过程的安全性。

总之，电子钱包的出现让我们的生活更加便捷、高效、安全。在未来，随着电子商务的不断发展，电子钱包的应用也将越来越广泛，成为我们生活中不可或缺的一部分。

3. 电子钱包的应用场景

电子钱包的应用场景非常广泛，以下是一些常见的应用场景。

① 线上购物：电子钱包可以在各种电商平台上使用，用户只需在电子钱包中添加支付密码或生物识别信息，即可完成支付。这种方式方便快捷，安全性高。

② 线下支付：电子钱包可以在实体店中使用，用户只需在电子钱包中添加支付密码或生物识别信息，即可完成支付。这种方式既避免了携带现金或银行卡的麻烦，也更加环保。

③ 转账汇款：电子钱包可以在个人之间进行转账汇款，只需输入对方的电子钱包账号或银行卡信息，即可完成转账。这种方式手续费更低，到账时间更快。

④ 公共事业缴费：电子钱包可以用于缴纳水电煤气费、话费、有线电视费等公共事业费用。这种方式方便快捷，避免了排队等待的烦恼。

⑤ 交通购票：电子钱包可以用于购买火车票、飞机票、电影票等交通票据。这种方式方便快捷，也避免了携带大量现金的麻烦。

⑥ 公共服务：电子钱包可以用于公共服务，如身份证、社保卡、医疗卡等。这种方式方便快捷，也避免了携带大量证件的麻烦。

⑦ 跨境支付：电子钱包可以在跨境电商中使用，用户只需在电子钱包中添加外币支付账户或使用跨境支付接口，即可完成跨境支付。这种方式手续费更低，到账时间更快。

⑧ 餐饮外卖：电子钱包可以用于在线订餐和外卖服务。用户只需在电子钱包中选择餐饮商家，下单并支付，即可等待送餐上门。这种方式方便快捷，也为餐饮商家提供了更广阔的销售渠道。

⑨ 线上预订：电子钱包可以在各类在线预订平台上使用，用户只需选择需要的服务或商品，添加预订信息和支付密码，即可完成预订。这种方式方便快捷，也为服务或商品提供商提供了更广阔的销售渠道。

⑩ 旅游度假：电子钱包可以用于在线旅游和度假产品购买。用户只需选择旅游目的地、酒店、机票等，并使用电子钱包完成支付，即可轻松预订旅游和度假产品。这种方式方便快捷，也避免了携带大量现金和银行卡的麻烦。

总之，电子钱包的应用场景非常广泛，涉及人们日常生活的方方面面。随着科技的不断进步和普及率的提高，电子钱包将会越来越受到人们的青睐。

（四）虚拟货币支付

1. 概述

（1）虚拟货币的定义和发展历程

虚拟货币是一种基于区块链技术、去中心化的数字货币，如比特币、以太坊等。它不依赖于特定的中央机构来发行和管理，而是通过密码学和分布式共识机制来保护交易的安全性和可信度。虚拟货币的发展历程可以追溯到 2009 年，当时比特币诞生，随后出现了许多其他的虚拟货币，如以太坊、莱特币等。随着区块链技术的发展和应用，虚拟货币逐渐被广泛接受和应用，成为数字经济时代的一种重要支付方式。

（2）虚拟货币的重要性和影响

虚拟货币在当今社会中扮演着越来越重要的角色，其影响范围广泛且深远。从支付领域到金融市场，再到国际经济，虚拟货币都发挥着不可或缺的作用。

首先，从支付领域来看，虚拟货币提供了一种高效、便捷的交易方式。在传统的支付方式中，人们通常需要使用现金、支票或银行卡等物理介质来完成交易，这种方式不仅需要物理存储和传输，还可能面临安全风险和欺诈问题。而虚拟货币通过数字加密技术实现了去中心化的交易，使得交易过程更加安全、快捷和高效。

其次，虚拟货币对金融市场的影响也日益显著。一方面，虚拟货币的交易不受时间和地域限制，使得投资者可以随时随地进行交易，大大提高了市场的流动性和活跃度；另一方面，虚拟货币的波动性较大，为投资者提供了更多的投资机会。但是，虚拟货币市场的波动性也可能给投资者带来损失，因此投资者需要具备较高的风险承受能力和投资技巧。

最后，虚拟货币还对国际经济产生了深远的影响。随着越来越多的国家开始接纳和使用虚拟货币，国际的交易和资本流动变得更加便捷和高效。这有助于降低交易成本和促进国际贸易的发展。同时，虚拟货币也给传统货币体系带来了挑战和压力。例如，比特币等一些虚拟货币试图取代传统货币的地位，这可能对中央银行等传统金融机构的职能和地位产生影响。

综上所述，虚拟货币的重要性和影响不容忽视。随着技术的不断发展和应用场景的不断扩大，虚拟货币将在未来发挥更加重要的作用。我们需要认真研究虚拟货币的特点和规律，以便更好地应对其带来的机遇和挑战。

（3）虚拟货币的特点

虚拟货币的特点主要表现在以下几个方面。

① 虚拟性：虚拟货币的本质是数字信息，它们不是物理意义上的货币，而是以电子形式存在。

② 高度安全性：虚拟货币通常采用高级加密技术，确保交易过程的安全性。

③ 全球化：虚拟货币不受地域限制，可以在全球范围内进行无障碍流通。

④ 高度透明性：虚拟货币的交易记录通常是公开的，这有助于提高交易的透明度。

⑤ 交易成本低：虚拟货币的交易成本通常比传统货币低很多。

⑥ 高效率：虚拟货币可以实现即时交易，大大提高了交易的效率。

⑦ 接受度高：随着人们对数字货币的认识和接受程度的提高，越来越多的商家开始接受虚拟货币支付。

⑧ 数量有限：虚拟货币的数量是有限的，这使得它们具有很高的稀缺性。

⑨ 快速创新：随着技术的不断进步和创新，虚拟货币也在不断发展和创新。

⑩ 环保：与传统的金融体系相比，虚拟货币可以减少纸张和能源的消耗，对环境更加友好。

综上所述，虚拟货币具有许多独特的优势，可以为用户提供更加便捷、安全、高效的交易体验。

2. 虚拟货币的种类

(1) 主流虚拟货币的介绍(如比特币、以太坊等)

在数字货币的世界里，比特币和以太坊无疑是两大巨头。比特币，作为最早的虚拟货币，它的出现彻底改变了我们对货币的认知。这是一个去中心化的系统，不依赖于任何中央机构，交易记录被储存在一个去中心化的账本上，称为区块链。它的特点是数量有限，具有极强的稀缺性，因此也被称为“数字黄金”。而以太坊，作为一个智能合约平台，它允许开发者在其上建立和发布去中心化的应用，被誉为“数字石油”。这两种货币各有各的特点和优势，但都凭借其独特的价值在数字货币的世界中独领风骚。

随着时间的推移，数字货币的世界不断扩大，比特币和以太坊的地位也受到了挑战。比特币虽然仍是最大的虚拟货币，但它的价格波动性大、交易速度慢等问题也逐渐凸显出来。而以太坊的智能合约平台虽然强大，但交易费用高昂、速度也受到限制。

在这种情况下，新的数字货币开始崭露头角。其中，EOS 是一个典型的例子。EOS 被称为“区块链的操作系统”，它允许开发者在其上建立和发布高性能的去中心化应用。EOS 的特点是使用了并行链技术，使得交易速度大大提高，同时降低了交易费用。

另外，XRP 也是近年来备受瞩目的数字货币。XRP 被设计为跨境支付和汇款的解决方案，其特点是交易速度快、费用低廉。XRP 的背后有一个强大的团队支持，其技术实力和市场推广能力都得到了认可。

除了这些新兴的数字货币，还有一些稳定币也逐渐受到关注。稳定币是一种与法定货币挂钩的数字货币，其价格稳定，适合用于日常支付和结算。目前最知名的稳定币是 Tether，其背后有强大的公司支持，被广泛用于加密货币市场。

总的来说，数字货币的世界是一个不断变化和发展的世界。比特币、以太坊、EOS 和 XRP 等货币各有各的特点和优势，但都凭借其独特的价值在数字货币的世界中独领风骚。而随着技术的不断进步和市场的发展，相信未来还会有更多的数字货币涌现出来，为我们的生活带来更多的可能性。

(2) 其他常见的虚拟货币(如莱特币、瑞波币等)

在数字货币的世界中，除了比特币这一巨头，还有许多其他类型的虚拟货币，它们各有各的特点和优势。莱特币和瑞波币就是其中两个非常著名的例子。

莱特币，全称 Litecoin，它是一种基于开源代码的数字货币，诞生于 2011 年。与比特币相比，莱特币的交易速度更快，同时总量也更大，达到 8400 万。这使得莱特币在交易过程中具有更高的安全性和更广泛的适用性。它的创造者 Charlie Lee 是一个华裔美国人，他的初衷是让更多的人有机会接触和使用数字货币。

瑞波币，全称 Ripple，它是一种基于区块链技术的数字货币，由 OpenCoin 公司于 2012

年推出。瑞波币的最大特点是实现了全球范围内的即时支付和汇款，同时具有极高的安全性和稳定性。这一特性使得瑞波币在跨境支付、银行间转账等领域具有广泛的应用前景。

无论是莱特币还是瑞波币，它们都是虚拟货币世界中的重要成员。虽然它们的产生和发展过程各不相同，但它们都为数字货币的发展和应用做出了积极的贡献。对于投资者来说，了解和掌握这些虚拟货币的特点和优势，将有助于他们做出更明智的投资决策。

3. 虚拟货币的应用场景

（1）虚拟货币在金融领域的应用

虚拟货币在金融领域的应用正逐渐被重视。这种新型的货币形式，以其独特的优势，正在改变金融行业的传统业务模式，并为投资者和消费者带来了新的机遇和便利。

首先，虚拟货币具有高度安全性。与传统的金融账户和银行卡相比，虚拟货币的交易过程更加安全，因为它们是基于区块链技术的去中心化网络，具有极高的加密和防伪造能力。这使得投资者和消费者在使用虚拟货币时能够更加放心，降低了因欺诈和黑客攻击而遭受损失的风险。

其次，虚拟货币具有高度流动性。由于虚拟货币可以在全球范围内进行交易，因此投资者和消费者可以随时随地使用它们进行支付和投资。这使得金融行业能够更加便捷地实现跨境交易和跨境支付，从而扩大了业务范围和市场规模。

最后，虚拟货币具有高度透明性。在区块链技术的支持下，虚拟货币的交易记录是公开可查的，这使得投资者和消费者可以更加准确地了解交易对手的情况和交易历史记录。这有助于减少信息不对称和信任问题，从而提高了市场的透明度和公正性。

综上所述，虚拟货币在金融领域的应用具有高度安全性、高度流动性和高度透明性等优势，这些优势将为金融行业带来更多的机遇和便利，也将为投资者和消费者带来更多的选择和收益。

（2）虚拟货币在供应链管理中的应用

虚拟货币在供应链管理中的应用，无疑为全球贸易带来了创新与变革。这种新型的支付方式，不仅简化了交易流程，减少了交易成本，还为全球的供应链带来了更高的透明度和可追溯性。

首先，虚拟货币的应用极大地提高了交易的便利性。传统的跨境交易往往需要烦琐的银行转账和复杂的支付流程，而虚拟货币则简化了这一过程，使得交易更加快捷、高效。无论是个人还是企业，都可以通过电子设备在任何时间、任何地点进行交易，极大地提高了交易的便利性。

其次，虚拟货币的使用降低了交易成本。传统的跨境交易不仅需要支付高额的转账费用，还可能因为汇率波动而产生额外的成本。而虚拟货币则避免了这些问题，其低廉甚至免费的转账费用和稳定的汇率，使得交易成本大大降低。

最后，虚拟货币的应用提高了供应链的透明度和可追溯性。通过使用虚拟货币，供应链上的各个环节都可以被实时监控，从而使得整个供应链更加透明。此外，虚拟货币的交易记录可以被永久保存，使得每一笔交易都可以被追溯，从而增加了供应链的可追溯性。

然而，虚拟货币在供应链管理中的应用也存在一些问题。例如，虚拟货币的价格波动性较大，可能会对供应链的稳定性产生影响。此外，虚拟货币的使用也可能会引发一些法律和监管问题。

总的来说，虚拟货币在供应链管理中的应用具有巨大的潜力。虽然仍存在一些问题需要解决，但随着技术的不断发展和应用场景的不断扩大，我们有理由相信，虚拟货币将在未来的供应链管理中发挥越来越重要的作用。

（3）虚拟货币在社交媒体和内容创作中的应用

随着数字经济的发展，虚拟货币逐渐成为一种重要的支付手段，广泛应用于各种场景。在社交媒体和内容创作领域，虚拟货币的应用也日益受到关注。

在社交媒体平台上，用户可以通过发布有价值的内容，如文章、视频、图片等，来赚取虚拟货币。这些内容可以是有关新闻、娱乐、生活、科技等各种主题的原创作品。用户赚取的虚拟货币可以用来兑换实物奖品、获取更多曝光机会或者进行其他增值服务。

对于内容创作者来说，虚拟货币可以成为一种有效的收入来源。通过在平台上发布优质内容并获得关注度，创作者可以吸引广告商家的赞助或者通过虚拟货币交易获得收益。这些收益可以用于支持创作者继续创作更多优质作品，从而形成一个良性循环。

虚拟货币在社交媒体和内容创作中的应用还有许多潜在的优势。首先，虚拟货币的交易过程相对简单快捷，可以大大提高交易效率。其次，虚拟货币的匿名性和去中心化特点可以为内容创作者提供更好的保护，避免因平台政策等原因遭受封禁或者不公平待遇。最后，虚拟货币的全球性特点使得创作者可以更容易地拓展海外市场，提高作品的影响力和收益。

总之，虚拟货币在社交媒体和内容创作中的应用为创作者提供了更多的机会和保障，同时也为平台和广告商家提供了更多元化的商业模式。随着数字经济的发展，我们有理由相信，虚拟货币在这两个领域的应用将会越来越广泛。

4. 虚拟货币面临的风险与挑战

（1）法律和监管问题

虚拟货币在法律和监管方面面临着一些重要挑战和风险。首先，虚拟货币的合法性在各个国家和地区可能存在差异，这导致了法律地位的不明确和监管的混乱。一些国家可能没有明确的法律规定来规范虚拟货币，而另一些国家则可能将其视为非法活动。这种法律和监管的不确定性给投资者和消费者带来了风险，也增加了市场的波动性。

其次，虚拟货币的匿名性和去中心化特性使得交易难以追踪和监管。这为洗钱、非法交易和其他犯罪活动提供了便利，也使得监管机构难以发现和打击这些活动。这种状况不仅增加了市场的风险，也威胁到了金融稳定和安全。

再次，虚拟货币的波动性也是一项重大风险。由于缺乏有效的价值支撑和稳定的货币政策，虚拟货币的价格往往会出现剧烈波动。这种波动性将给投资者和消费者带来巨大的风险，也使得虚拟货币在作为支付手段或价值储存工具方面的可靠性受到质疑。

最后，虚拟货币还面临着技术安全和隐私保护方面的挑战。由于虚拟货币是基于区块链技术运行的，因此容易受到黑客攻击和网络故障的影响。此外，虚拟货币的交易记录是公开可查的，这可能会泄露用户的隐私信息，增加隐私泄露的风险。

综上所述，虚拟货币在法律和监管方面面临着多重风险和挑战，包括合法性、匿名性和去中心化特性带来的监管难度、波动性以及技术安全和隐私保护问题。为了确保虚拟货币市场的健康和稳定发展，有必要加强相关法律法规的制定和执行，提高监管效率，并加强国际合作。

（2）安全和隐私风险

虚拟货币在为我们带来便利的同时，也伴随着安全和隐私方面的风险。随着虚拟货币的普及，越来越多的人开始使用它们进行交易和存储，但这也使得我们的个人信息和资产面临被泄露的风险。一些黑客和不法分子可能会利用虚拟货币交易的匿名性，进行欺诈和盗窃等犯罪活动，这给用户带来了极大的安全隐患。此外，虚拟货币的交易记录是公开的，这也使得我们的隐私受到了威胁。一些人可能会通过分析交易记录来追踪我们的消费习惯、社交关系等敏感信息，这无疑是对个人隐私的侵犯。因此，在使用虚拟货币时，我们需要时刻保持警惕，加强安全意识，采取有效的措施来保护自己的信息和资产安全。

（五）数字人民币

数字人民币是一种先进的货币形式，它利用数字技术来增强货币的可靠性和安全性。与传统的货币相比，数字人民币具有更高的便携性和可追溯性，同时也能够更好地适应现代社会的需求。

在发展方面，数字人民币的推出可以促进金融创新和数字化进程。它可以通过电子支付等方式方便快捷地进行交易，提高支付效率和便利性。此外，数字人民币还可以促进金融普惠和包容性发展，为更多人提供金融服务的机会。

然而，数字人民币的发展也面临着一些挑战。首先，它需要建立完善的法规和监管机制来保障货币的安全和稳定。其次，数字人民币的推广和应用需要与现有的金融体系相协调，避免出现不兼容和冲突的情况。最后，数字人民币的普及还需要解决一些技术问题和用户接受度问题，例如网络安全和用户隐私保护等方面的问题。

总之，数字人民币是一种具有潜力和前景的货币形式，它的发展将有助于推动金融创新和数字化进程，但同时也需要应对一些挑战和解决一些问题。

（六）第三方支付平台

1. 第三方支付概念

第三方支付是指通过与银行签约，并使用自己的计算机系统或平台，将支付指令处理后，由银行进行支付结算的一种支付方式。这种支付方式在电子商务领域被广泛应用，因为其可以提供便捷、快速、安全的支付体验。

第三方支付平台通常拥有强大的技术实力和丰富的业务经验，能够为用户提供多种支付方式，如网银支付、快捷支付、二维码支付等。同时，这些平台还提供了丰富的数据分析和风险控制功能，帮助用户更好地管理自己的资金和账户安全。

随着互联网技术的发展和普及，第三方支付市场也得到了快速发展。越来越多的商家和个人开始使用第三方支付平台进行交易和支付。同时，政府也加强了对第三方支付市场的监管，保障了市场的稳定和健康发展。

总之，第三方支付是一种便捷、快速、安全的支付方式，在电子商务领域被广泛应用。随着互联网技术的发展和普及，第三方支付市场也将迎来更加广阔的发展前景。

2. 常见的第三方支付平台

以下是一些常见的第三方支付平台。

① 支付宝：这是国内领先的独立第三方支付平台，由阿里巴巴集团旗下的蚂蚁集团运营。

② 微信支付：属于腾讯公司的支付产品，用户可以通过微信进行支付、转账等交易。

③ 银联：中国银联是中国银行卡联合组织，其推出的银联电子支付和银联商务也是国内主要的支付方式。

④ 拉卡拉：成立于2005年的综合性金融科技集团，以“为消费者创造价值，与创造者分享成果”为使命，打造了以支付和金融科技服务为核心的共生系统。

⑤ PayPal：虽然起源于国外，但在国内也有很多用户使用的第三方支付平台。

⑥ 快钱：比较知名的第三方支付平台，提供便捷的支付解决方案。

⑦ 壹钱包：是平安银行旗下的移动支付品牌，提供多种便捷的移动支付服务。

⑧ 京东支付：京东集团旗下的支付工具，主要用于京东商城的交易。

3. 第三方支付交易流程

第三方支付交易流程通常包括以下几个步骤。

① 用户注册和登录：用户需要在第三方支付平台上注册一个账户并进行实名认证。完成认证后，用户可以登录到自己的账户。

② 绑定银行卡或电子钱包：用户需要将自己的银行卡或其他电子钱包（如支付宝、微信支付等）与第三方支付平台进行绑定，以便在交易过程中使用这些支付工具。

③ 选择商品或服务：用户在电商平台、实体店或其他服务提供商的网站上选择自己需要购买的商品或服务。

④ 下单并选择支付方式：用户将所选商品或服务加入购物车，然后提交订单。在支付页面，用户可以选择使用第三方支付平台进行支付。

⑤ 输入支付信息：用户在支付页面输入自己的支付密码、短信验证码或其他验证信息，以确认支付操作。

⑥ 发起支付请求：用户点击“确认支付”按钮，第三方支付平台会向用户的银行或其他支付机构发起支付请求。

⑦ 银行或支付机构处理支付请求：用户的银行或其他支付机构收到支付请求后，会检查用户的账户余额、信用额度等信息，如果一切正常，会批准支付请求。

⑧ 返回支付结果：银行或支付机构将支付结果返回给第三方支付平台，第三方支付平台再将结果通知给用户。如果支付成功，用户会收到订单确认、电子发票等信息；如果支付失败，用户会收到失败原因和解决方法。

⑨ 商家发货：商家在收到第三方支付平台的支付成功通知后，会安排发货或提供服务。

⑩ 用户收货并确认：用户收到商品或服务后，需要在规定的时间内确认收货。如果用户对商品或服务满意，可以给予好评；如果有问题，可以申请退款或换货。

⑪ 交易完成：用户确认收货后，第三方支付平台会将款项划拨给商家，交易完成。

4. 电子支付流程与安全措施

随着互联网的普及和电子商务的快速发展，电子支付已成为人们日常生活中不可或缺的一部分。电子支付是指通过互联网或其他电子渠道进行支付，具有方便、快捷、高效、可靠等优点。然而，随着电子支付的普及，安全问题也日益突出。因此，了解电子支付流程和安全措施对于保护个人财产安全非常重要。

(1) 电子支付流程

电子支付的流程一般包括以下几个步骤。

① 用户登录电子支付平台，输入需要支付的金额和收款方的信息。

② 电子支付平台将支付信息发送到银行或第三方支付机构的服务器进行处理。

③ 银行或第三方支付机构对支付信息进行验证，并从用户的账户中扣除相应的金额。

④ 如果验证通过，银行或第三方支付机构会将支付金额划拨到收款方的账户中。

⑤ 如果验证不通过，银行或第三方支付机构会将支付金额退回到用户的账户中。

(2) 安全措施

为了确保电子支付的安全性，可以采取以下措施。

① 使用强密码：密码是保护个人账户安全的第一道防线。应使用复杂、独特的密码，避免使用容易猜测的密码。同时，定期更换密码，以减少被破解的风险。

② 绑定手机验证：为了防止账户被盗用，可以将手机与电子支付账户绑定。在进行支付时，需要输入手机收到的验证码才能完成支付。这种方法可以有效保障账户的安全性。

③ 安装杀毒软件：可以防止病毒和恶意软件入侵用户的电脑或手机，窃取个人信息。要定期更新杀毒软件，并定期进行全面扫描。

④ 不要轻易透露个人信息：不要轻易将个人信息(如身份证号、银行卡号、密码等)透露给陌生人或在不安全的网络环境下操作。同时，要警惕“钓鱼”网站和虚假邮件等诈骗手段。

⑤ 定期查看账户明细：定期查看电子支付账户的交易明细，以便及时发现异常情况并采取相应措施。如果发现账户存在异常情况，要立即联系银行或第三方支付机构进行处理。

三、电子支付的发展趋势与挑战

随着科技的不断发展，电子支付已成为人们日常生活中不可或缺的一部分。在过去的几年里，我们可以看到电子支付的方式和手段不断丰富和拓展，覆盖了线上线下的各个领域。然而，随着电子支付的普及，也出现了一些问题和挑战。

首先，电子支付的安全问题一直困扰着人们。电子支付涉及用户的个人信息和财产安全，一旦发生信息泄露或被盗用，后果不堪设想。因此，电子支付的安全性是至关重要的，需要加强技术和管理手段，确保用户信息和资金的安全。

其次，电子支付的便捷性和效率也是需要考虑的因素。虽然电子支付带来了很多便利，但是在一些情况下，比如信号不好或者网络不稳定时，电子支付就会受到限制。此外，在某些场景下，比如大型商场或者公共交通，由于用户数量众多，电子支付的效率也是一个需要考虑的问题。

再次，电子支付的监管也是一个重要的挑战。电子支付涉及金融、电商等多个领域，需要多个部门的协同监管。但是，由于不同部门的监管标准和监管手段不同，容易导致监管不协调和不透明的情况。因此，需要建立完善的监管机制和标准，保障电子支付的健康发展。

最后，电子支付还需要考虑用户体验和隐私保护的问题。电子支付涉及用户的个人信息和消费习惯，需要保护用户的隐私权和数据安全。同时，也需要提高用户体验和服务质量，满足用户多样化的需求。

（1）无现金社会与电子支付的关系

从电子支付的发展趋势与挑战来看，以下三点内容需要我们格外关注。

首先，我们需要关注无现金社会与电子支付的关系。随着科技的进步和互联网的普及，越来越多的国家和地区正在朝着无现金社会的方向发展。在这个过程中，电子支付作为一种新型的支付方式，正逐渐成为主流。无现金社会意味着货币将完全数字化，人们不再使用现金进行交易，而是通过电子支付工具来完成交易。这种趋势不仅提高了支付效率，还降低了交易成本，同时也带来了一些新的挑战，如安全问题、隐私保护等。因此，我们需要认真思考如何解决这些问题，以推动无现金社会的健康发展。

其次，我们需要关注电子支付的便利性与安全性的平衡。电子支付虽然方便快捷，但也存在着一些安全隐患。例如，电子支付可能会遭受黑客攻击、欺诈等行为，导致用户财产损失。因此，我们需要加强电子支付的安全保障措施，提高用户对电子支付的信任度。同时，我们还需要在便利性和安全性之间寻求平衡点，以满足用户对支付效率和交易安全的需求。

最后，我们需要关注电子支付行业的监管问题。随着电子支付的快速发展，监管问题也日益凸显。由于电子支付涉及用户的个人信息和财产安全，因此监管部门需要对电子支付行业进行严格的监管。我们需要制定相关法律法规和行业标准，明确监管职责和监管手段，确保电子支付行业的健康、稳定、可持续发展。

综上所述，从电子支付的发展趋势与挑战来看，我们需要关注无现金社会与电子支付的关系、电子支付的便利性与安全性的平衡以及电子支付行业的监管问题。只有解决好这些问题，才能更好地推动电子支付行业的发展，为用户带来更加便捷、安全、高效的支付体验。

（2）新兴技术对电子支付的影响

随着科技的飞速发展，新兴技术对电子支付的影响日益显著。电子支付作为现代社会中不可或缺的一部分，在新技术的影响下不断变革和完善。

首先，人工智能（AI）技术的进步为电子支付提供了强大的支持。AI 在电子支付领域的应用主要体现在风险控制、数据分析、客户服务和业务决策等方面。通过 AI 算法，电子支付平台能够更准确地识别欺诈行为，保护企业和消费者的利益。同时，AI 技术还可以帮助企业深入挖掘用户数据，了解用户需求，优化产品和服务，提高客户满意度。

其次，区块链技术也对电子支付产生了深远的影响。区块链技术的去中心化特性使得交易过程更加安全、透明和高效。通过区块链技术，电子支付可以摆脱传统金融机构的束缚，实现点对点的直接交易。这大大降低了交易成本，提高了支付效率，同时增强了交易的可追溯性，有助于打击金融犯罪。

最后，物联网技术也对电子支付产生了积极的影响。物联网技术使得智能设备能够相互连接并进行数据交换。在物联网的支持下，电子支付可以拓展到更多的场景和应用领域，例如智能家居、智能交通等。消费者可以通过智能设备进行便捷的支付操作，提高了支付的便利性和效率。

综上所述，新兴技术对电子支付的影响广泛而深远。它们不仅改变了电子支付的方式和习惯，还推动了电子支付行业的创新和发展。在未来，随着技术的不断进步和应用领域的不断拓展，电子支付将继续发挥重要作用，为人们的生活带来更多的便利和价值。

(3) 全球电子支付的发展与挑战

随着科技的进步和互联网的普及，全球电子支付已成为日常生活和商业活动中不可或缺的一部分。这种转变不仅改变了人们的支付方式，还极大地推动了电子商务的发展，加速了经济的全球化进程。然而，尽管电子支付带来了诸多便利，但在其迅速发展的背后，也暴露出了一系列挑战和问题。

电子支付的发展推动了金融服务的普及和便捷性。通过电子支付，人们可以随时随地完成交易，无须携带现金或支票。这为消费者提供了更多的支付选择和更大的便利性。同时，电子支付还提高了交易的效率和安全性，减少了假币和欺诈的风险。

然而，电子支付也带来了一些挑战。其中最突出的是网络安全问题。随着电子支付的普及，黑客攻击和网络犯罪也随之增加。这些攻击可能导致消费者的个人信息被盗取，资金被转移，给消费者带来巨大的损失。此外，电子支付还面临着技术故障和系统崩溃的风险，这可能会导致交易失败或延迟，给消费者带来不便。

另外，电子支付还引发了关于数据隐私和保护的问题。但在电子支付过程中，消费者的个人信息和交易数据都会被记录和传输。这使得消费者的隐私面临被泄露的风险。因此，如何保护消费者的隐私和数据安全，已成为电子支付发展过程中亟待解决的问题。

此外，电子支付还对传统金融行业造成了冲击。随着电子支付的兴起，传统银行和其他金融机构的客户基础正在逐渐流失。这使得这些机构面临着巨大的竞争压力，不得不进行数字化转型和创新以适应市场的变化。

综上所述，全球电子支付的发展带来了诸多便利和挑战。但在享受电子支付带来的便捷性和效率的同时，我们也应关注并解决其带来的网络安全、数据隐私和传统金融行业受到冲击等问题。只有这样，我们才能更好地利用电子支付的优势，推动全球经济的发展和繁荣。

【案例分析】

PayPal 是全球最大的在线支付平台之一，服务覆盖超过 200 个市场，支持 25 种货币支付。以下是一些与 PayPal 相关的实际案例。

在中国，PayPal 与 eBay 进行了合作。eBay 于 2002 年收购了 PayPal，使其成为 eBay 的全资子公司。这种合作使得 eBay 的用户可以直接使用 PayPal 进行交易，从而极大地方便了用户。

PayPal 近年来通过二维码大力推进线下支付业务。其旗下二维码支付于 2020 年 5 月上线，由于较低的费率和庞大的用户基础，用户量迅速扩张。到 2021 年第二季度，已有超过 130 万商家接受 PayPal 二维码支付。

电子商务持续发展，新型支付方式随之兴起，电子钱包成为了打开电子支付新局面的最佳途径。使用 PayPal 电子钱包进行电子支付，能够快速触达全球新生代客群，降低购物车放弃率，帮助企业把握住未来商机。

（1）请分析 eBay 与 PayPal 合作的优势和挑战，并讨论这种合作对双方的影响。

（2）请分析 PayPal 二维码支付的发展前景和潜在风险，以及 PayPal 如何应对这些挑战来保持其竞争优势。

从线上购物到线下支付，从水电煤气的缴费到信用卡还款，电子支付的便利性和高效性已经得到了广泛的认可和使用。它不仅简化了交易过程，降低了交易成本，还促进了商品和服务的流通，为经济发展做出了巨大的贡献。

然而，随着电子支付的普及和发展，也出现了一些问题和挑战。安全性问题、监管政策、消费者权益保护等方面的问题都需要电子支付行业不断关注和解决。同时，随着技术的不断进步，电子支付行业也需要不断探索和创新，以满足消费者对支付方式多样化的需求，并为经济发展注入新的活力。

未来，电子支付的发展方向可能会更加多元化和个性化。例如，基于人工智能和大数据技术的个性化推荐服务将会更加精准和智能化，使用户能够更加便捷地找到自己需要的商品和服务。同时，区块链等新兴技术的发展也将为电子支付带来更多的可能性，例如去中心化支付、智能合约等。

然而，随着电子支付的发展，也可能会出现一些新的挑战。例如，如何保障用户隐私和数据安全、如何应对监管政策的变化、如何提高支付效率和用户体验等方面的问题都将是电子支付行业需要面对的挑战。因此，我们需要不断关注电子支付的发展动态，积极探索和创新，以应对未来的挑战和机遇。

总之，电子支付作为现代社会中的重要组成部分，其重要性和影响已经深入我们生活的方方面面。我们需要不断关注电子支付的发展动态，积极探索和创新，以应对未来的挑战和机遇。

课后习题

名词解释

1. 电商支付

2. 一键支付

3. 电子凭证

4. 数据分析

5. 金融服务合作

6. 虚拟货币

7. 电子钱包

8. 第三方支付平台

单项选择题

1. 电商支付方式不包括以下哪种？(　　)

A. 支付宝　　B. 微信支付

C. 银行卡支付　　D. 现金支付

2. 电商支付流程中，用户需要输入的密码是(　　)。

A. 登录密码　　B. 支付密码

C. 交易密码　　D. 验证码

3. 电商支付中，哪些因素会影响支付安全性？(　　)

A. 网络环境安全　　B. 支付密码强度

C. 支付平台信誉度　　D. 所有以上因素

4. 电商支付中，哪些风险需要注意防范？(　　)

A. 假冒网站诈骗　　B. 虚假链接欺诈

C. "钓鱼"邮件攻击　　D. 所有以上风险

5. 电商支付中，哪些服务可以提高用户体验？(　　)

A. 一键支付功能　　B. 多种支付方式选择

C. 优惠券抵扣优惠　　D. 所有以上服务

6. 电商支付中，哪些技术可以提高支付效率？(　　)

A. 扫码支付技术　　B. 人脸识别技术

C. 声波支付技术　　D. AR 虚拟购物技术

7. 电商支付中，哪些问题可能导致交易失败？(　　)

A. 余额不足　　B. 银行卡过期

C. 网络连接不稳定　　D. 订单信息错误

8. 电商支付中，哪些措施可以保障用户权益？(　　)

A. 退换货政策保障　　B. 投诉处理机制建立

C. 消费者权益保护法律法规遵守　　D. 个人信息保护措施落实

9. 电商支付中，哪些因素可能影响交易速度？（　　）

A. 网络宽带限制　　B. 银行系统繁忙程度

C. 支付平台服务器负载情况　　D. 用户设备性能差异

10. 电商支付中，哪些服务可以提高商家收益？（　　）

A. 手续费减免政策申请　　B. 营销活动策划与执行

C. 数据分析与优化建议提供　　D. 金融服务合作拓展机会获取

多项选择题

1. 电商支付方式包括哪些？（　　）

A. 支付宝　　B. 微信支付　　C. 银行卡支付　　D. 货到付款

2. 电商支付流程中，哪些环节需要用户参与？（　　）

A. 选择支付方式　　B. 输入支付密码

C. 确认订单信息　　D. 生成电子凭证

3. 电商支付中，哪些因素会影响支付安全性？（　　）

A. 网络环境安全　　B. 支付密码强度

C. 支付平台信誉度　　D. 个人信息保护措施

4. 电商支付中，哪些风险需要注意防范？（　　）

A. 假冒网站诈骗　　B. 虚假链接欺诈

C. “钓鱼”邮件攻击　　D. 恶意软件感染

5. 电商支付中，哪些服务可以提高用户体验？（　　）

A. 一键支付功能　　B. 多种支付方式选择

C. 优惠券抵扣优惠　　D. 积分兑换礼品活动

简答题

1. 电商支付的优势有哪些？

2. 电商支付中常见的支付方式有哪些？

3. 电商支付中如何保障用户个人信息安全？

4. 电商支付中常见的风险有哪些？如何防范？

5. 电商支付对商家的收益有何影响？

第八章

客户服务与关系管理

【思维导图】

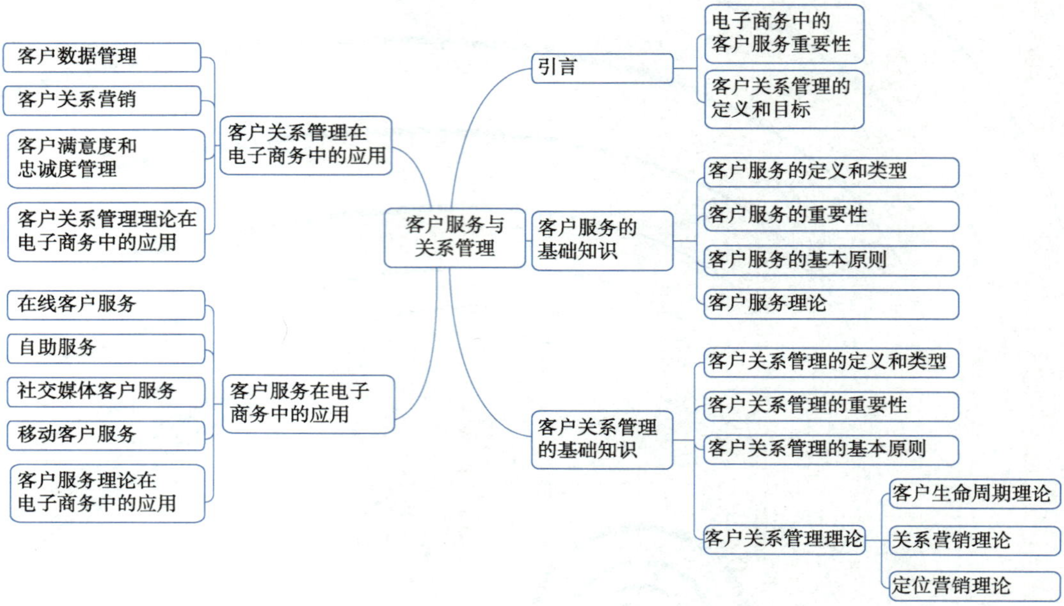

<学习目标>

1. 了解客户服务与关系管理的概念和重要性。

2. 掌握客户服务的基本原则和技巧，包括有效沟通、问题解决、客户满意度等方面。

3. 理解客户关系管理的概念和方法，包括客户分类、客户关系建立和维护等。

4. 能够应用客户服务与关系管理的知识解决实际问题，如处理客户投诉、提升客户忠诚度等。

5. 能够评估客户服务与关系管理的效果，并提出改进措施。

一、引言

（一）电子商务中的客户服务重要性

在电子商务中，客户服务的重要性不言而喻。随着互联网的普及和电子商务的快速发展，消费者对于购物体验和服务质量的要求越来越高。优秀的客户服务不仅能够提高客户的满意度和忠诚度，还能够为企业带来更多的口碑传播和业务机会。

首先，客户服务是维护客户关系的纽带。在电子商务中，客户与企业的联系主要通过在线沟通工具进行，如聊天室、电子邮件、在线客服等。通过提供及时、专业、热情的服务，企业能够与消费者建立良好的关系，增强消费者的信任感和满意度。这种良好的客户关系可以为企业带来稳定的客源和更多的推荐客户。

其次，客户服务是提高品牌形象的关键。消费者在选择商品或服务时，往往更倾向于那些口碑良好、服务优质的企业。通过提供高效的客户服务，企业能够树立良好的品牌形象，增加消费者的购买意愿和再次购买的可能性。同时，良好的客户服务还能够为企业带来更多的好评和口碑传播，进一步扩大品牌的影响力。

最后，客户服务也是提高客户忠诚度的关键因素。消费者在购买过程中可能会遇到各种问题，如商品质量、配送问题等。如果企业能够通过优质的客户服务及时解决问题，并给予消费者适当的补偿或关怀，消费者往往能够感受到企业的重视和关心，从而成为企业的忠实客户。这些忠实客户不仅会持续购买企业的产品或服务，还会为企业带来更多的推荐客户，促进企业的业务增长。

总之，在电子商务中，客户服务的重要性不言而喻。企业应该重视客户服务的管理和培训，通过提供专业、热情、周到的服务，维护良好的客户关系，提高品牌形象和客户忠诚度，从而在竞争激烈的电子商务市场中取得优势。

（二）客户关系管理的定义和目标

客户关系管理(CRM)是一种以客户为中心的经营理念，旨在提高客户满意度和忠诚度，通过与客户建立长期、稳定的关系来实现企业目标。CRM 将客户视为企业最重要的资产之一，通过分析和挖掘客户数据，了解客户的需求、偏好和行为，从而提供更加个性化和优质的服务(图 8.1)。

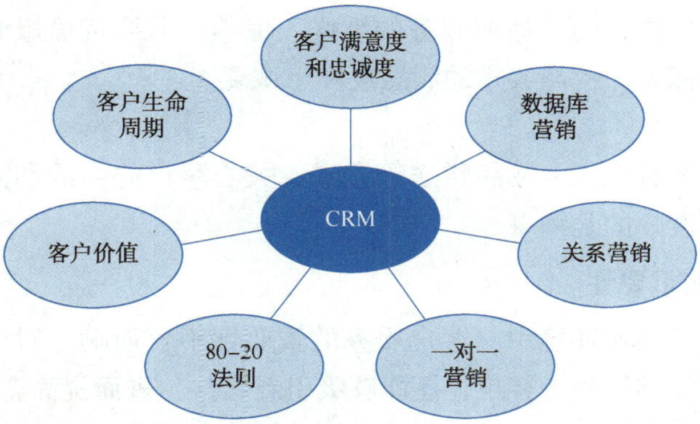

图 8.1　客户关系管理核心管理思想

客户关系管理的目标主要包括以下几个方面。

① 提高客户满意度和忠诚度：通过提供优质的产品和服务，满足客户需求，提高客户对企业的信任和认可，从而增加客户的忠诚度和口碑传播。

② 增加客户生命周期价值：通过深入了解客户需求，提供个性化的产品和服务，以及持续优化客户体验，延长客户的生命周期，从而增加客户的价值。

③ 提高客户推荐率：通过提高客户满意度和忠诚度，增加口碑传播，以及提供推荐奖励机制，鼓励客户向亲朋好友推荐企业的产品和服务。

④ 降低客户流失率：通过及时解决客户问题和投诉，提高客户服务质量，以及建立稳定的客户关系，降低客户的流失率。

⑤ 增加企业市场份额和销售额：通过提高客户满意度和忠诚度，增加客户生命周期价值和推荐率，以及降低客户流失率，增加企业的市场份额和销售额。

总之，CRM 是一种以客户为中心的经营理念，旨在提高客户满意度和忠诚度，增加企业市场份额和销售额。通过分析和挖掘客户数据，了解客户需求和行为，提供更加个性化和优质的服务，建立稳定的客户关系，从而实现企业目标。

二、客户服务的基础知识

（一）客户服务的定义和类型

客户服务是一种以客户为中心的活动，旨在满足客户的需求和期望，提高客户满意度和忠诚度，并促进企业的长期发展。客户服务涵盖了售前、售中和售后三个阶段，包括产品咨询、订单处理、售后服务、客户关怀等方面。

1. 售前服务

在销售之前为客户提供的产品或服务的信息和咨询，帮助客户了解产品或服务的特点和优势，激发客户的购买欲望。

2. 售中服务

在销售过程中为客户提供的产品或服务的配送、安装、调试、培训等服务，确保客户能够正确使用和享受产品或服务。

3. 售后服务

在销售之后为客户提供的产品或服务的维修、保养、退换货等服务，解决客户在使用过程中遇到的问题和困难，提高客户的满意度和忠诚度。

4. 客户关怀

通过定期回访、节日祝福、礼品赠送等方式，关心客户的生活和需求，增强客户的归属感和忠诚度，提高客户的复购率。

（二）客户服务的重要性

在当今竞争激烈的商业环境中，客户服务的重要性不言而喻。对于企业来说，提供高质量的客户服务不仅能够留住老客户，还能够吸引新客户，进而提高企业的市场竞争力。

首先，提供优质的客户服务能够增强客户对企业的信任感。当客户感受到企业员工对自己的需求和问题认真负责的态度时，会对企业产生更好的印象，并愿意与企业建立长期的合作关系。这种信任感在商业关系中非常重要，它能够减少客户在选择合作伙伴时的疑虑，并提高企业的声誉和口碑。

其次，优质的客户服务能够提高客户的满意度。在市场竞争日益激烈的今天，客户的需求和期望也在不断提高。只有通过提供优质的客户服务，才能够满足客户的这些需求，进而提高客户的满意度。当客户对企业的服务感到满意时，他们不仅会再次选择企业的产品或服务，还会向亲朋好友推荐企业的产品或服务，进而为企业带来更多的商机和收益。

最后，优质的客户服务还能够为企业带来更多的新客户。当老客户对企业的服务感到满意时，他们会向亲朋好友推荐企业的产品或服务。这些被推荐的新客户往往会对企业的信任度和满意度更高，因为他们是由信任的老客户介绍而来。这种口碑传播效应能够让企业在市场上迅速扩大影响力，进而吸引更多的新客户。

综上所述，客户服务对于企业的发展至关重要。优质的客户服务不仅能够留住老客户，还能够吸引新客户，进而提高企业的市场竞争力。因此，企业应该重视客户服务的重要性，不断优化客户服务流程，提高客户服务质量，以更好地满足客户的需求和期望(图 8.2)。

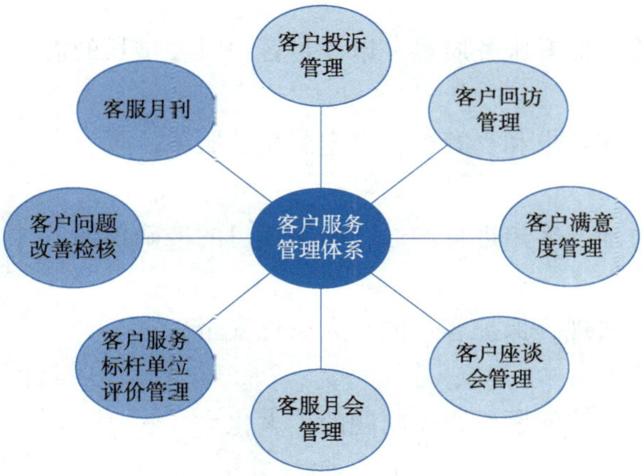

图 8 2　客户服务管理体系

(三) 客户服务的基本原则

在客户服务中，有几个基本原则是必须遵循的，分别是建立信任、提供价值、尊重隐私和持续改进。

首先，建立信任是客户服务最重要的原则之一。客户需要感到被尊重和被理解，他们需要知道他们的需求和问题被认真对待和解决。为了建立信任，客户服务代表必须友好、耐心和诚实。他们需要能够解决客户的问题，并提供准确的信息和建议。

其次，提供价值是客户服务的关键原则之一。客户需要感到他们得到了物有所值的服务，而不仅仅是解决了一个问题。为了提供价值，客户服务代表需要了解客户的需求和期望，并提供高质量的解决方案。他们还需要提供建议和帮助客户找到最适合他们的产品或服务。

再次，尊重隐私是客户服务的重要原则之一。客户需要感到他们的个人信息和隐私被保护和尊重。为了尊重隐私，客户服务代表需要遵守公司的隐私政策和法规，并采取必要的措施保护客户的信息安全。他们还需要保护客户的隐私，避免不必要的披露和共享。

最后，持续改进是客户服务的重要原则之一。客户服务代表需要不断改进他们的技能和服务水平，以满足客户的需求和期望。为了持续改进，客户服务代表需要接受培训和教育，并能够收集和分析客户反馈。他们还需要发现和解决客户的问题，并从中学习和改进。

总之，客户服务的基本原则是建立信任、提供价值、尊重隐私和持续改进。这些原则是客户服务成功的关键因素，也是建立长期客户关系的基础。

1. 客户至上

无论何时何地，都要把客户的需求和满意度放在首位。

2. 响应迅速

对客户的请求和问题做出快速有效的回应。

3. 诚实透明

与客户进行交流时，要坦诚、公正、公开，不隐瞒事实。

4. 尊重客户

尊重每一个客户的个性和选择，避免冒犯他们。

5. 持续改进

不断优化服务流程和提升服务质量，以满足客户日益增长的需求。

6. 个性化服务

根据每个客户的具体需求和喜好，提供定制化的服务。

7. 有效沟通

清晰、准确、及时地与客户进行沟通，确保信息的准确传递。

8. 保护客户隐私

严格遵守相关法律法规，保护客户的个人信息安全。

9. 解决问题

主动发现并解决客户的问题，避免问题的扩大化。

10. 追求卓越

始终追求卓越的服务质量，力求超越客户的期望。

（四）客户服务理论

客户服务理论是近年来企业关注的焦点，它是指在企业提供的产品或服务中，以满足客户的需求和期望为目标，通过一系列流程和机制来实现优质的服务体验。以下是客户服务的理论要点。

1. 客户需求和期望

客户需求和期望是客户服务理论的核心。企业需要了解客户的需求和期望，包括对产品的功能、性能、质量、价格等方面的要求，以及客户对服务流程、服务态度、服务时间等方面的期望。只有深入了解客户的需求和期望，才能更好地满足这些需求和期望，提升客户满意度和忠诚度。

2. 服务流程和机制

为了实现优质的客户体验，企业需要建立科学的服务流程和机制。这些流程和机制应该包括客户服务的基本步骤、环节、时间、地点，以及客户服务人员的职责、权限、沟通技巧等方面。通过建立科学的服务流程和机制，可以保证客户服务的质量和效率，提高客户的满意度和忠诚度。

3. 员工培训和管理

员工是客户服务的关键因素之一。企业想要为客户提供优质的服务体验，就需要有一支高素质的员工队伍。因此，企业需要重视员工的培训和管理，包括客户服务技能、沟通技巧、职业素养等方面的培训，以及员工绩效、激励等方面的管理。通过建立完善的员工培训和管理机制，可以提高员工的专业素质和服务意识，提升客户满意度和忠诚度。

4. 持续改进和创新

客户服务是一个持续改进和创新的过程。企业需要不断关注客户的需求和期望，了解市场变化和竞争对手的动态，及时调整自己的服务策略和措施，以适应市场的变化和客户的需求。同时，企业还需要在服务模式、服务技术等方面积极探索、创新，以满足客户的不断变化的需求和期望。通过持续改进和创新，可以提高企业的竞争力和适应性，提升客户满意度和忠诚度。

总之，客户服务理论是企业管理的重要内容之一。通过深入了解客户需求和期望、建立科学的服务流程和机制、重视员工的培训和管理、持续改进和创新等措施，可以提高企业的服务质量和效率，提升客户的满意度和忠诚度，实现企业的可持续发展。

针对客户服务这一内容主要的理论有如下三个，即服务利润链理论与顾客价值理论及客户体验管理。

（1）服务利润链理论

服务利润链理论是一种描述了企业如何通过提供优质服务来获取利润的模型。该理论认为，企业的利润主要来源于顾客的满意度和忠诚度，而顾客的满意度和忠诚度又受到企业所提供服务的质量和价值的影响。因此，企业需要通过提供高质量的服务来吸引和留住顾客，并不断提高顾客的满意度和忠诚度，从而实现企业的长期盈利。

服务利润链理论的核心是“服务价值”，即企业所提供服务的价值和顾客对服务的需求和期望之间的匹配程度。企业需要通过了解顾客的需求和期望，提供符合顾客期望的服务，并通过不断改进和提高服务质量来提高顾客的满意度和忠诚度。

（2）顾客价值理论

顾客价值理论是一种描述了顾客对企业所提供产品或服务的主观评价和感知价值的理论。该理论认为，顾客对产品或服务的主观评价和感知价值是决定顾客满意度和忠诚度的关键因素，也是决定企业能否获得更多利润的重要因素。

顾客价值理论的核心是“顾客感知价值”，即顾客对产品或服务的整体评价和感知价值。企业需要通过了解顾客的需求和期望，提供符合顾客期望的产品或服务，并通过不断改进和提高产品或服务的质量和价值来提高顾客的满意度和忠诚度。

总之，客户服务理论是指导企业如何提供优质服务、提高顾客满意度和忠诚度的重要理论。企业需要深入理解和应用这些理论，不断改进和提高自身的服务质量和服务价值，以实现长期的商业成功。

（3）客户体验管理

客户体验管理是一种以客户为中心的企业管理方法，它通过了解客户的需求和期望，设计并实施有针对性的产品、服务、营销和运营策略，从而提高客户对企业的满意度和忠诚度。

客户体验管理注重对客户行为的深入了解，包括客户的需求、偏好、行为模式、购买习惯等。企业需要通过各种渠道收集客户数据，包括销售数据、客户服务记录、社交媒体上的评论和反馈等，以深入了解客户的需求和期望。

在客户体验管理中，企业需要将客户分为不同的群体，针对不同群体制定不同的策略。例如，对于高价值客户，企业需要提供更加个性化的服务和产品，以保持他们的满意度和忠诚度；对于新客户，企业需要提供更加简单、易用的产品和服务，以吸引他们留存并转化为忠实客户。

总之，客户体验管理是一种以客户为中心的企业管理方法，它可以帮助企业更好地了解客户需求和期望，提高客户满意度和忠诚度，从而实现长期的商业成功。

三、客户关系管理的基础知识

（一）客户关系管理的定义和类型

客户关系管理(CRM)是一种以客户为中心的经营理念，旨在提高客户满意度和忠诚度，通过优化企业与客户之间的关系来实现业务价值的提升。CRM 可以帮助企业更好地了解客户需求，提供个性化的服务和解决方案，同时提高客户满意度和忠诚度，降低客户流失率（图 8.3）。

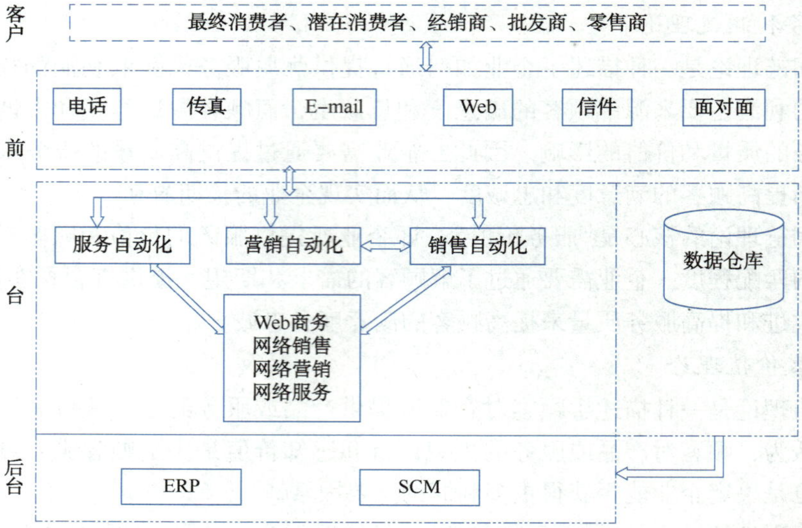

图 8.3　客户关系管理系统的结构

根据实施方式和应用范围的不同，CRM 可以分为以下三种类型。

1. 运营型 CRM

主要关注销售、市场营销、客户服务等日常运营环节，通过优化业务流程、提高工作效率来提升客户满意度和忠诚度。

2. 分析型 CRM

通过对大量客户数据进行分析，挖掘客户需求和行为模式，为企业的战略决策提供数据支持。

3. 协作型 CRM

主要通过客户参与和协作来实现客户满意度和忠诚度的提升，包括多渠道沟通、社交媒体互动等方式。

无论是哪种类型的 CRM，其核心都是以客户为中心，通过优化企业与客户之间的关系来实现业务价值的提升。在实施 CRM 时，企业需要根据自身实际情况选择合适的类型，并结合业务流程进行优化和调整。

此外，CRM 的实施还需要注意以下几个方面。

（1）数据安全性和隐私保护

在实施 CRM 时，需要确保客户数据的安全性和隐私保护，遵守相关法律法规和规定。

(2) 员工培训和管理

CRM 的实施需要全员参与，需要对员工进行培训和管理，确保员工能够正确使用 CRM 系统，并理解以客户为中心的经营理念。

(3) 业务流程优化

实施 CRM 需要对业务流程进行优化和调整，确保业务流程与 CRM 系统相匹配，提高工作效率和客户满意度。

(4) 客户需求和反馈

实施 CRM 需要关注客户需求和反馈，及时调整和优化 CRM 系统和服务，提高客户满意度和忠诚度。

总之，CRM 是一种以客户为中心的经营理念，可以帮助企业提高客户满意度和忠诚度，实现业务价值的提升。在实施 CRM 时，需要选择合适的类型，注意数据安全性和隐私保护、员工培训和管理、业务流程优化以及客户需求和反馈等方面的问题。

(二) 客户关系管理的重要性

CRM 在企业中扮演着至关重要的角色。它是一种以客户为中心的经营理念，旨在提高客户满意度和忠诚度，从而实现企业的长期稳定发展。以下是客户关系管理的重要性及其对企业的影响。

1. 增强客户满意度

CRM 的核心是以客户为中心，通过了解客户需求和偏好，提供个性化的服务和解决方案，从而提高客户满意度。通过有效的客户关系管理，企业能够更好地满足客户需求，提高客户满意度，进而增加客户忠诚度和口碑传播。

2. 提高企业盈利能力

CRM 可以帮助企业提高客户满意度和忠诚度，从而增加客户的生命周期价值。通过深入了解客户需求，企业可以推出更符合市场需求的产品和服务，提高市场占有率，进而提高企业的盈利能力。

3. 提升企业品牌形象

良好的 CRM 有助于提升企业的品牌形象。当客户对企业的服务和产品满意时，会积极向亲朋好友推荐该企业的产品和服务，进而增加企业的口碑传播和品牌形象。这种口碑效应可以为企业带来更多的潜在客户和业务机会。

4. 优化企业业务流程

CRM 可以帮助企业优化业务流程，提高工作效率。通过整合销售、市场营销、客户服务等业务流程，企业可以更好地了解客户需求和反馈，及时调整业务策略，提高工作效率和客户满意度。

5. 增强企业竞争力

在竞争激烈的市场环境中，优秀的 CRM 是企业保持竞争优势的关键。通过深入了解客户需求和市场趋势，企业可以迅速响应市场变化，推出更符合市场需求的产品和服务，进而提高竞争力。同时，良好的 CRM 也有助于企业在市场上树立良好的形象和口碑，吸引更多的潜在客户和合作伙伴。

6. 实现数据驱动的决策

CRM 还能够帮助企业实现数据驱动的决策。通过收集和分析客户数据，企业可以更好地了解客户需求和行为，从而制订更精准的营销策略和产品开发计划。此外，CRM 还可以为企业提供客户洞察，帮助企业识别潜在的商业机会和风险，进而做出更明智的决策。

7. 促进企业创新

CRM 鼓励企业与客户保持紧密联系，不断优化产品和服务以满足客户需求。在快速变化的市场环境中，客户关系管理促进企业不断创新以适应市场变化。通过了解客户反馈和需求，企业可以不断改进产品和服务，同时开发新的产品和服务以满足客户的不断变化的需求。

8. 建立长期稳定的客户关系

CRM 不仅关注当前的销售和市场营销活动，还着眼于建立长期稳定的客户关系。通过深入了解客户需求和偏好，企业可以为客户提供个性化的服务和解决方案，与客户建立良好的关系。这种长期稳定的客户关系可以帮助企业降低客户流失率，提高客户忠诚度和口碑传播，为企业带来更多的商业机会和竞争优势。

总之，CRM 在企业中扮演着至关重要的角色。它可以帮助企业增强客户满意度、提高盈利能力、提升品牌形象、优化业务流程、增强竞争力、实现数据驱动的决策、促进企业创新以及建立长期稳定的客户关系。为了充分发挥客户关系管理的潜力，企业需要以客户为中心，深入了解客户需求和偏好，制定并执行相应的策略和措施，以实现企业的长期稳定发展。

（三）客户关系管理的基本原则

CRM 的基本原则主要有以下几点。

1. 切实履行对客户的承诺

企业在与客户接触时，需要在某个产品或服务上做出承诺，且一定要确保该产品或服务是可以兑现的。如果无法实现承诺，会让客户产生心理落差，一旦产生失望就会导致客户忠诚度尽失，甚至还会对企业的外在形象及口碑带来不利影响。

2. 提高员工工作积极性

在 CRM 过程中，无论哪一个环节都离不开企业员工的支持与帮助。因此，企业应当对员工进行宣导，加强与员工之间的沟通，让员工理解工作的意义，提高他们的积极性与工作效率。

3. 侧重对老客户关系的维护

保持与老客户的联系和互动，了解他们的需求和反馈，及时解决问题并提供优质服务，以增加他们的满意度和忠诚度。

4. 了解客户需求和期望

客户是企业的生命线，只有深入了解客户的需求和期望，才能提供满足他们需求的产品和服务。

5. 采用数据化管理方式对客户信息进行分析

通过收集、整理和分析客户信息，可以更好地了解客户的需求和行为模式，从而提供更个性化且有效的服务。

6. 不断进行改进和更新

随着市场环境和客户需求的变化，企业应不断改进和更新其产品、服务和管理方式，以满足客户的新需求并保持竞争优势。

7. 建立长期且稳定的关系

企业与客户之间的关系需要长期的维护和稳定，这样才能增加客户的忠诚度和企业的口碑。在维护客户关系时，企业需要建立完善的客户档案，了解客户的需求和偏好，及时更新客户信息，并且要积极跟进客户的反馈和投诉，以提供更好的服务。同时，企业还需要注重与客户的沟通和互动，通过多种渠道与客户保持联系，提高客户的参与度和满意度。

8. 注重客户体验和满意度

客户体验和满意度是客户关系管理的重要指标之一，也是企业获得长期成功的重要因素之一。企业需要注重客户体验和满意度，从产品设计、生产、销售、售后等各个环节入手，提高客户体验和满意度。同时，企业还需要积极收集客户的反馈和建议，不断优化产品和服务，提高客户的满意度和忠诚度。

9. 建立完善的客户服务体系

建立完善的客户服务体系是客户关系管理的重要环节之一。企业需要建立完善的客户服务体系，包括客户服务流程、服务标准、服务质量等方面。同时，企业还需要注重对客户服务人员的培训和管理，提高他们的服务水平和专业素养。通过建立完善的客户服务体系，企业可以更好地满足客户需求，提高客户满意度和忠诚度。

10. 保持创新和适应性

CRM 是一个不断发展和变化的过程，企业需要保持创新和适应性，以适应市场的变化和客户的需求。企业需要不断更新其产品和服务，以满足客户的新需求并保持竞争优势。同时，企业还需要积极探索新的营销策略和服务模式，以适应市场的变化和客户的需求。通过保持创新和适应性，企业可以更好地满足客户需求并保持竞争优势。

（四）客户关系管理理论

1. 客户生命周期理论

客户生命周期理论是指客户与企业之间从建立关系到终止关系的整个生命周期过程。这个理论强调了客户在与企业之间的关系发展中的重要性和企业在客户管理中的关键作用。

在客户生命周期理论中，客户与企业之间的关系通常可以分为以下几个阶段。

① 潜在客户阶段：在这个阶段，客户对企业的产品或服务产生兴趣，开始了解企业的业务和产品信息。企业需要通过各种营销手段来吸引潜在客户，并尽可能地收集客户信息，以便进一步开展销售活动。

② 新客户阶段：当潜在客户成为企业的新客户时，他们通常会经历一个适应期，了解企业的产品和服务，并逐渐建立起信任关系。在这个阶段，企业需要提供优质的服务和产品，以便客户能够充分了解企业的业务和产品信息，并建立起长期的关系。

③ 成熟客户阶段：当客户与企业建立了稳定的业务关系后，他们将成为企业的成熟客户。在这个阶段，企业需要持续提供优质的服务和产品，并根据客户的反馈来不断改进产品和服务。同时，企业需要与客户建立更深入的关系，以便提高客户的忠诚度和口碑。

④ 流失客户阶段：在一段时间后，有些客户可能会有各种原因而离开企业，这通常称

为流失客户阶段。在这个阶段，企业需要通过各种方式来尝试挽回客户，并了解客户离开的原因，以便改进企业的产品和服务。

⑤ 终止关系阶段：当客户决定终止与企业之间的关系时，企业需要尊重客户的决定，并尽可能地了解客户离开的原因，以便改进企业的管理和服务。

在客户生命周期理论中，企业需要根据不同阶段的特点来制定相应的营销策略和管理措施，以便提高客户的满意度和忠诚度，最终实现企业的长期发展目标。

另外，客户生命周期理论也可以指导企业如何制定更有效的销售策略。在不同的阶段，客户的购买行为和购买决策过程也是不同的。因此，企业需要根据不同阶段的特点来制定相应的销售策略。例如，在潜在客户阶段，企业需要通过各种营销手段来吸引客户的注意力，并尽可能地收集客户信息，以便进一步开展销售活动。在新客户阶段，企业需要与客户建立信任关系，并了解客户的购买需求和预算限制，以便提供符合客户需求的产品和服务。在成熟客户阶段，企业需要持续提供优质的服务和产品，并根据客户的反馈来不断改进产品和服务。同时，企业也需要与客户建立更深入的关系，以便提高客户的忠诚度和口碑。在流失客户阶段，企业需要通过各种方式来尝试挽回客户，并了解客户离开的原因，以便改进企业的产品和服务。在终止关系阶段，企业需要尊重客户的决定，并尽可能地了解客户离开的原因，以便改进企业的管理和服务质量。

总之，客户生命周期理论是一种非常有用的理论，它可以帮助企业更好地理解客户的需求和期望，并指导企业如何制定更有效的营销策略和销售策略。通过合理运用该理论，企业可以更好地管理客户关系，提高客户的满意度和忠诚度，最终实现企业的长期发展目标。

2. 关系营销理论

关系营销理论是一种强调建立和维持与顾客长期关系的营销方法。这种营销策略认为，企业应该通过与顾客建立良好的关系来获得持续的利润。关系营销理论的核心思想是，通过满足顾客的需求和期望来提高顾客满意度和忠诚度，从而建立长期的商业关系。

关系营销理论的应用范围非常广泛，不仅适用于商业领域，也适用于其他领域。例如，在政治领域中，关系营销理论可以用来建立选民对候选人的信任和支持；在医疗领域中，关系营销理论可以用来建立患者对医生的信任和满意度；在教育领域中，关系营销理论可以用来建立学生和家长对学校的信任和支持。

关系营销理论的关键在于建立和维护与顾客的关系。这需要企业与顾客进行有效的沟通和互动，了解顾客的需求和期望，并提供满足这些需求的产品和服务。同时，企业还需要建立完善的客户服务体系，确保顾客在购买和使用产品或服务的过程中得到充分的支持和帮助。

关系营销理论在当今商业环境中的重要性日益凸显。随着消费者需求的多样化和市场竞争的激烈，企业需要建立和维持与顾客的良好关系，以获得持续的竞争优势。

在实施关系营销策略时，企业需要关注顾客的需求和期望，通过提供优质的产品和服务来满足这些需求。同时，企业还需要建立完善的客户服务体系，确保顾客在购买和使用产品或服务的过程中得到充分的支持和帮助。通过这些举措，企业可以建立顾客忠诚度和满意度，从而与顾客建立长期的商业关系。

总之，关系营销理论是一种非常有效的营销方法，可以帮助企业建立和维持与顾客的长期关系，提高市场竞争力，实现持续的商业成功。

3. 定位营销理论

定位营销理论是一种基于消费者心理的营销策略，它强调在消费者心中找到一个独特的位置，以便将产品或服务与竞争对手区分开来。这个理论的核心思想是，在消费者心中建立一个独特的品牌形象，以便消费者能够将该品牌与竞争对手区分开来，并更容易地选择该品牌。

定位营销理论的应用范围非常广泛。无论是在商业领域还是在其他领域，都可以应用定位营销理论。例如，在商业领域中，企业可以通过定位营销策略来将产品或服务与竞争对手区分开来，从而获得更多的市场份额。在政治领域中，候选人可以通过定位营销策略来将自己与竞争对手区分开来，从而获得更多的选民支持。在医疗领域中，医生可以通过定位营销策略来建立自己的专业形象，从而获得更多的患者信任和支持。

定位营销理论的关键在于找到一个独特的定位，这个定位可以是基于产品或服务的特性、价格、品质、创新、情感等方面的优势。同时，企业还需要在消费者心中建立一个独特的品牌形象，这个形象可以是基于品牌名称、标志、包装、广告语等方面的设计。

在实施定位营销策略时，企业需要进行市场调研和分析，了解消费者的需求和期望，以及竞争对手的情况。然后，企业需要根据市场调研结果来制定营销策略，包括品牌形象设计、广告宣传、促销活动等方面。通过这些举措，企业可以在消费者心中建立一个独特的品牌形象，提高消费者对品牌的认知度和忠诚度，从而获得更多的市场份额。

总之，定位营销理论是一种非常有效的营销方法，可以帮助企业将产品或服务与竞争对手区分开来，提高市场竞争力，实现商业目标。无论是在商业领域还是在其他领域，都可以应用定位营销理论来获得更多的市场份额和商业成功。

四、客户服务在电子商务中的应用

（一）在线客户服务

在电子商务领域，在线客户服务扮演着至关重要的角色。它不仅可以通过实时聊天、电子邮件、电话等方式，快速响应客户的问题和需求，解决客户在购物过程中遇到的困惑和疑虑，还可以通过提供个性化的服务和建议，帮助客户找到最合适的产品或服务，进而提高客户的满意度和忠诚度。

在线客户服务的重要性不仅体现在解决客户问题和提高客户满意度上，还体现在建立和维护良好的客户关系上。通过与客户进行交流和沟通，客服人员可以了解客户的需求和偏好，为客户提供更加贴心和专业的服务和建议。同时，客服人员还可以通过解决客户的问题和疑虑，消除客户的担忧和不满，从而建立信任和忠诚度。

在电子商务企业中，在线客户服务的质量直接关系到企业的生存和发展。如果客户在购物过程中遇到问题或疑虑，而客服人员不能及时解决这些问题或疑虑，客户的信任度和忠诚度将会受到极大的影响。因此，电子商务企业需要重视在线客户服务的重要性，提高客服人员的专业素质和服务水平，从而为客户提供更加优质和专业的服务和建议。

总之，在线客户服务是电子商务中不可或缺的一部分。它可以帮助电子商务企业提高客户的满意度和忠诚度，建立和维护良好的客户关系，进而促进电子商务的发展。因此，电子商务企业需要重视在线客户服务的重要性，不断优化和完善客户服务流程，提高客服人员的专业素质和服务水平，从而为客户提供更加优质和专业的服务和建议。

（二）自助服务

在电子商务中，自助服务是一种非常重要的客户服务形式。它允许消费者自行解决疑问、获取信息，而无须直接与客服人员互动。这种服务形式在很大程度上提高了客户服务的效率，降低了企业的服务成本。

自助服务的表现形式多种多样。其中，最常见的是企业网站上的常见问题解答（FAQ）页面。这些页面通常列出了消费者在购物过程中可能遇到的问题，并提供相应的解答。消费者可以通过搜索或浏览 FAQ 页面，快速找到自己需要的信息。此外，许多电子商务网站还提供在线帮助中心、知识库、论坛等形式的自助服务。

除了网站上的自助服务，企业还会提供一些其他形式的自助服务，例如：语音自助服务、短信自助服务等。这些服务可以让消费者在任何时间、任何地点获取所需的信息或解决问题。

在实施自助服务时，企业需要注意以下几点。

1. 提供有价值的信息

自助服务的内容需要是有价值的，能够真正帮助消费者解决问题或获取信息。如果内容过于复杂或难以理解，消费者可能会失去兴趣，转而寻求人工客服的帮助。

2. 保持更新

由于电子商务领域的变化很快，企业需要不断更新自助服务的内容，以确保其时效性和准确性。

3. 易于使用

自助服务的界面需要简单明了，易于使用。如果消费者需要花费太多时间来查找信息或解决问题，他们可能会选择更为便捷的方式——人工客服。

4. 收集客户反馈

企业需要收集客户的反馈，以了解自助服务的不足之处，并加以改进。同时，也可以利用这些反馈来改进人工客服的服务质量。

总之，自助服务在电子商务中扮演着重要的角色。它不仅提高了客户服务的效率，降低了企业的服务成本，还帮助企业建立了良好的客户关系。因此，企业需要重视自助服务的建设和维护，以满足消费者的需求和期望。

（三）社交媒体客户服务

社交媒体客户服务是一种利用社交媒体平台提供的客户服务。这种服务通常由客户支持团队在社交媒体上提供，以解决用户的问题和提供帮助。社交媒体客户服务已经成为许多公司的重要服务之一，它可以帮助公司更好地与用户互动，提高用户满意度和忠诚度。

社交媒体客户服务有很多优点。首先，社交媒体平台可以让公司直接与用户互动，而不需要通过第三方渠道。这使得公司可以更快地解决用户的问题和提供帮助。其次，社交媒体平台可以提供实时的客户服务，让用户可以随时随地获得帮助。最后，社交媒体平台可以让公司更好地了解用户的需求和反馈，从而改进产品和服务。

社交媒体客户服务的挑战也不容忽视。首先，社交媒体平台上的用户反馈和评论可能会对公司的品牌形象产生影响。如果用户在社交媒体上抱怨公司的产品或服务，这可能会对公司的声誉造成负面影响。其次，社交媒体客户服务需要客户支持团队全天候在线，这可能会增加公司的运营成本。最后，社交媒体平台上的用户信息可能会泄露给第三方，这可能会对公司的信息安全造成威胁。

总的来说，社交媒体客户服务是一种有效的客户服务方式，但它需要客户支持团队全天候在线，并需要公司能够及时处理用户的问题和反馈。如果公司能够克服这些挑战，那么它们就可以通过社交媒体客户服务提高用户满意度和忠诚度，从而获得更多的商业机会。

（四）移动客户服务

在当今的数字化时代，移动客户服务已成为企业成功的重要因素之一。移动设备已经成为人们日常生活中不可或缺的一部分，因此提供优质的移动客户服务是必要的。然而，要提供出色的移动客户服务，企业需要采取一些关键措施。

首先，企业需要确保客户能够方便地联系到他们。这意味着企业需要提供多种联系方式，例如电话、电子邮件、社交媒体和在线聊天等。这些联系方式应该在客户能够方便使用的情况下提供，例如在工作时间提供电话和在线聊天服务，以及在非工作时间提供电子邮件和社交媒体服务。

其次，企业需要培训他们的客服代表以提供出色的服务。客服代表需要具备良好的沟通技巧、产品知识、解决问题的能力以及客户服务的经验。他们需要了解客户的需求和期望，并能够有效地解决客户的问题和疑虑。

最后，企业需要使用 CRM 系统来提高他们的移动客户服务。CRM 系统可以帮助企业跟踪客户的信息、历史订单、偏好和投诉。这有助于企业更好地了解客户的需求和期望，并提供更好的个性化服务。此外，CRM 系统还可以帮助企业跟踪和管理客户的问题和疑虑，并确保这些问题得到及时解决。

总之，提供出色的移动客户服务需要企业采取一系列措施，包括提供多种联系方式、培训他们的客服代表以及使用 CRM 系统来提高他们的服务质量和效率。这些措施有助于企业与客户建立良好的关系，提高客户满意度和忠诚度，从而为企业带来更多的业务和收入。

（五）客户服务理论在电子商务中的应用

1. 电子商务中客户满意度模型

在电子商务中，客户满意度模型是衡量客户对产品或服务满意程度的重要工具。该模型通常包括客户对产品或服务的期望、实际体验和满意度之间的比较。通过了解客户满意度，企业可以更好地了解客户需求，优化产品或服务，从而提高客户忠诚度和口碑。

在电子商务中，客户满意度模型的应用可以通过以下几个方面实现。

① 产品设计：通过了解客户对产品的期望和需求，企业可以在产品设计中充分考虑客户的需求，提高产品的实用性和易用性。

② 服务质量提升：通过了解客户对服务的期望和实际体验，企业可以优化服务质量，提高客户满意度。例如，提供快速响应、专业建议和完善的售后服务等。

③ 营销策略优化：通过了解客户的行为和偏好，企业可以制定更加精准的营销策略，提高营销效果和客户满意度。例如，提供个性化的推荐、优惠和促销活动等。

④ CRM：通过了解客户的反馈和投诉，企业可以及时解决问题，提高客户满意度和忠诚度。同时，通过建立良好的客户关系管理系统，企业可以更好地了解客户需求，为客户提供更加优质的产品和服务。

⑤ 生产流程优化：通过了解客户对产品的反馈和需求，企业可以对生产流程进行优化，提高产品的质量和生产效率。例如，采用先进的生产技术和设备、优化生产流程和降低成本等。

⑥ 产品创新：通过了解客户的反馈和需求，企业可以不断创新产品，满足客户的需求和期望。例如，开发新产品、改进现有产品、提高产品的性能和功能等。

⑦ 供应链管理：通过了解客户的需求和反馈，企业可以优化供应链管理，提高供应链的效率和可靠性。例如，选择优秀的供应商、建立紧密的合作关系、优化库存管理和物流配送等。

⑧ 组织结构优化：通过了解客户的需求和反馈，企业可以优化组织结构，提高企业的管理效率和执行力。例如，建立扁平化的组织结构、优化内部流程和管理制度、提高员工的工作积极性和创新能力等。

总之，在电子商务中，客户满意度模型是提高客户忠诚度和口碑的关键工具。通过了解客户需求和期望，企业可以优化产品设计、服务质量、营销策略和客户关系管理等方面，提高客户满意度和忠诚度。

2. 电子商务中服务质量模型

电子商务中服务质量模型是指通过电商平台提供的产品或服务的质量评估模型。该模型旨在通过定性和定量方法，评估电商平台提供的产品或服务的质量，帮助企业提高客户满意度和忠诚度。

电子商务中服务质量模型的构成要素包括。

① 可靠性：对于电商平台来说，可靠性是至关重要的。它不仅涉及平台自身的稳定性和安全性，还直接影响到客户的信任度和满意度。一个可靠的电商平台需要具备稳定的技术架构、严格的安全措施和高效的物流系统，确保在交易过程中不会出现任何问题。此外，电商平台还应该建立一套完善的客户服务体系，及时解决客户的问题和投诉，增强客户的信任感和忠诚度。

② 响应性：在当今竞争激烈的电子商务市场中，响应性已经成为衡量一个平台是否优秀的重要标准之一。快速、准确的响应能力可以帮助平台赢得更多的客户和市场份额。为了提高响应性，电商平台需要建立一套高效的信息系统，及时获取并处理客户的需求和反馈，以及时提供最优惠的价格、最优质的服务和最准确的信息。此外，电商平台还应该注重员工培训，提高员工的业务素质和服务意识，以提供更优质的服务。

③ 安全性：在电子商务交易中，安全性是至关重要的。客户和平台都需要在安全的交易环境下进行交易。因此，电商平台需要建立完善的安全机制，包括数据加密、身份认证、交易授权等方面，确保客户的信息和财产安全。此外，电商平台还应该建立完善的危机应对机制，及时处理任何可能出现的风险和问题，保障客户的权益和安全。

④ 移情性：随着消费者需求的不断变化和升级，移情性已经成为电商平台不可或缺的能力之一。一个具有移情性的电商平台需要深入了解客户的需求和期望，关注客户的情感

体验，提供个性化的产品和服务。此外，电商平台还应该注重客户关系管理，建立完善的客户数据库，对客户进行分类管理和个性化营销，提高客户满意度和忠诚度。

⑤ 保证性：在电子商务交易中，保证性是客户最基本的需求之一。客户需要确保自己购买的产品或服务是高质量的，同时还需要确保自己能够获得满意的购物体验。为了提高保证性，电商平台需要建立完善的质量管理体系，对供应商进行严格的筛选和考核，确保进货渠道的安全可靠。此外，电商平台还应该注重售后服务体系建设，建立完善的退换货政策和客服体系，提高客户的购物体验和满意度。

通过建立电子商务中服务质量模型，企业可以更好地了解客户对产品或服务的评价和反馈，从而优化电商平台的设计、功能和服务，提高客户满意度和忠诚度。同时，该模型还可以帮助企业识别潜在的问题和风险，及时采取措施加以解决，确保电商平台的稳定性和可持续发展。

五、客户关系管理在电子商务中的应用

（一）客户数据管理

1. 数据收集

在电子商务中，客户数据管理是一个非常重要的环节，因为只有通过收集和分析客户数据，企业才能更好地了解客户的需求和偏好，从而提供更好的产品和服务。在收集客户数据方面，电子商务企业可以通过多种途径来实现。

首先，企业可以通过建立网站和移动应用程序来收集客户数据。在网站或移动应用程序上，客户可以浏览产品信息、提交订单、查询订单状态和历史记录等。这些数据可以用来分析客户的购买行为、偏好和需求，以便企业可以提供更好的产品和服务。

其次，企业可以通过社交媒体和其他在线平台来收集客户数据。例如，企业可以在社交媒体上发布有关其产品和服务的信息，并跟踪客户的反馈和评论。此外，企业还可以通过在线调查和问卷来收集客户的意见和反馈，以便了解客户的需求和偏好。

最后，企业可以通过合作伙伴关系来收集客户数据。例如，企业可以与物流公司合作，以获取关于客户订单的信息，包括订单数量、金额和交付状态等。这些数据可以用来优化企业的供应链和客户服务。

总之，在电子商务中，客户数据管理是一项非常重要的任务。通过收集和分析客户数据，企业可以更好地了解客户的需求和偏好，从而提供更好的产品和服务。同时，这也有助于增强企业的竞争力和提高客户满意度。

2. 数据分析

客户数据管理是现代企业成功的关键之一。通过有效的客户数据管理，企业可以更好地了解客户需求，提供个性化的产品和服务，提高客户满意度和忠诚度。数据分析是实现这一目标的重要手段之一。

首先，数据分析可以帮助企业更好地了解客户需求。通过分析客户的行为、偏好、购买历史等数据，企业可以发现客户的共同点和差异点，从而更好地把握客户需求，提供更符合客户期望的产品和服务。例如，一家电子商务企业可以通过分析用户的购买行为和浏览历史，推荐用户可能感兴趣的商品，提高用户购买意愿和忠诚度。

其次，数据分析还可以帮助企业优化产品和服务。通过分析用户反馈和行为数据，企业可以发现产品和服务的问题和不足，进而进行改进和优化。例如，一家在线教育企业可以通过分析用户的课程学习数据和反馈，优化课程内容和教学方式，提高用户学习效果和满意度。

最后，数据分析还可以帮助企业预测市场趋势和客户需求变化。通过分析市场数据和用户行为数据，企业可以发现市场趋势和变化规律，进而制订相应的营销策略和产品计划。例如，一家汽车制造商可以通过分析市场销售数据和用户购买行为数据，预测未来市场趋势和用户需求变化，从而调整生产计划和营销策略。

总之，客户数据管理和数据分析是企业实现成功的重要手段之一。通过有效的客户数据管理和数据分析，企业可以更好地了解客户需求、优化产品和服务、预测市场趋势和客户需求变化，提高企业竞争力和可持续发展能力。

3. 数据利用

客户数据管理是一个关键的企业战略，它可以帮助企业更好地了解客户的需求和行为，从而提供更好的产品和服务。在客户数据管理的过程中，数据的收集、整理、分析和利用都是非常重要的环节(图 8.4)。

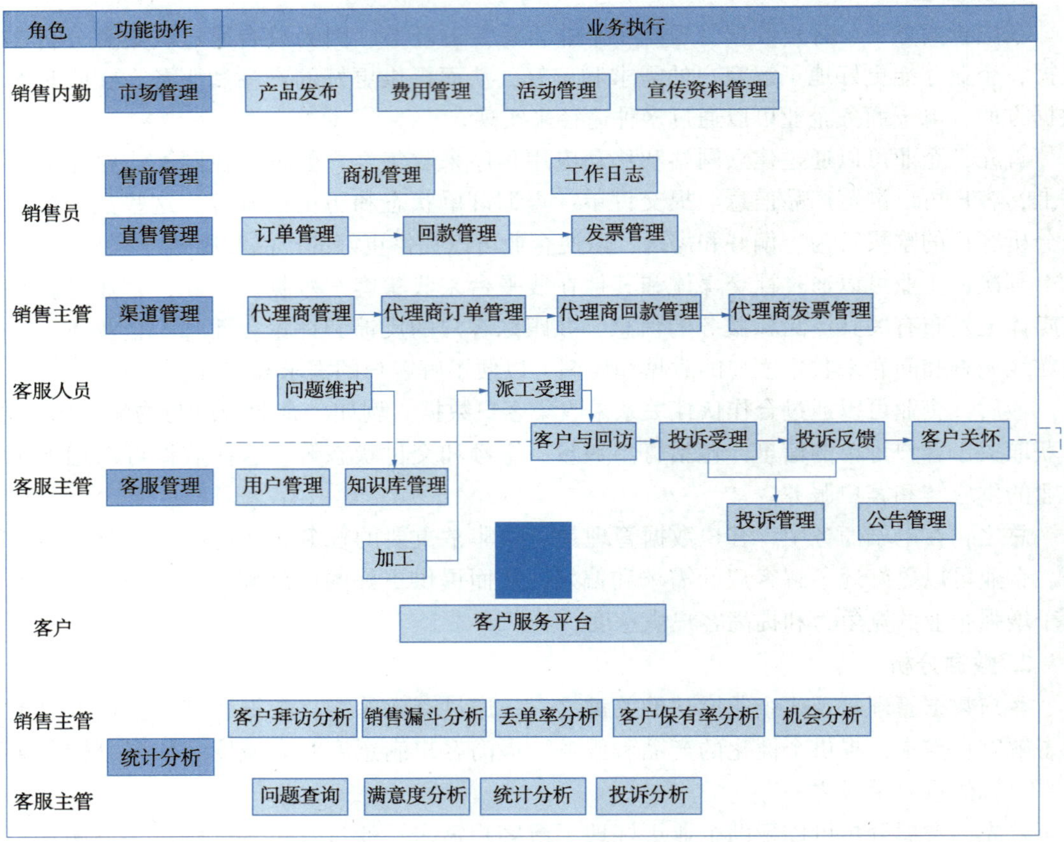

图 8.4　客户关系管理业务流程图

其中，数据的利用是客户数据管理中最重要的一环。收集和整理客户数据只是第一步，如何利用这些数据来提高企业的效率和客户满意度才是最关键的。以下是一些数据利用的策略。

① 制定营销策略：通过分析客户的行为和偏好，企业可以制定更精准的营销策略。例如，企业可以根据客户的购买历史，推荐相关的产品或服务。

② 提高客户满意度：通过分析客户反馈和行为，企业可以发现产品或服务中的问题，并及时改进。这样可以提高客户的满意度和忠诚度。

③ 优化产品和服务：通过分析客户的行为和需求，企业可以优化产品和服务的设计及功能。例如，企业可以根据客户的反馈，增加或减少某些功能，以提高产品的实用性和易用性。

④ 精细化运营：通过分析客户的消费习惯和行为，企业可以精细化运营，提高运营效率。例如，企业可以根据客户的购买历史，调整库存管理和物流计划，以提高库存周转率和配送效率。

⑤ 预测市场趋势：通过分析市场数据和客户的行为，企业可以预测市场趋势和未来需求。这样可以为企业制定更加科学的发展战略提供参考。

⑥ 降低营销成本：通过精准的营销策略和精细化的运营，企业可以降低营销成本和运营成本。例如，企业可以通过分析客户的购买历史和行为，精准地投放广告，以更低的成本获得更多的潜在客户。

⑦ 提高品牌形象：通过优化产品和服务的设计及功能，提高客户的满意度和忠诚度，同时也可以提高企业的品牌形象。例如，企业可以通过提供优质的产品和服务，树立高品质、可信赖的品牌形象。

⑧ 拓展市场渠道：通过分析市场数据和客户的行为，企业可以发现新的市场机会和渠道。例如，企业可以通过分析客户的购买历史和行为，发现潜在的客户群体和销售渠道，进而拓展市场份额。

⑨ 增强竞争能力：通过精准的营销策略、优化产品和服务、精细化运营等手段，企业可以提高竞争力，获得更多的市场份额。例如，企业可以通过分析竞争对手的营销策略、产品和服务等，制定更具竞争力的策略，进而提高市场占有率。

⑩ 实现可持续发展：通过分析市场数据和客户的行为，企业可以制定更加科学的发展战略，实现可持续发展。例如，企业可以通过分析市场趋势和未来需求，制订长期的发展计划，以实现可持续发展。

总之，数据的利用是客户数据管理中最关键的一环。只有充分利用数据，才能更好地了解客户的需求和行为，提高企业的效率和客户满意度。

（二）客户关系营销

1. 客户细分

客户关系营销是一个关键的战略，旨在通过满足客户需求并提供优质服务来建立和维护与客户的长期关系。在客户关系营销中，客户细分是一个重要的步骤，它有助于企业更好地了解客户的需求和行为，以便为目标客户提供更个性化的服务。

在客户细分的过程中，企业可以根据客户的特征、需求、行为等因素将客户划分为不同的群体。这些群体可以是基于人口统计学的，如年龄、性别、地理位置等，也可以是基于客户行为的，如购买频率、购买产品类型、购买时间等。通过客户细分，企业可以更好地了解每个群体的需求和偏好，以便为其提供更个性化的服务和产品。

客户细分的方法有很多种，包括市场细分、聚类分析、决策树等。企业可以根据自己的实际情况和需求选择合适的方法来进行客户细分。在确定了客户细分的方法后，企业需要进一步分析每个群体的特征和需求，以便为其提供更个性化的服务和产品。

通过客户细分，企业可以更好地了解客户需求，为其提供更个性化的服务，从而建立更紧密的客户关系。同时，客户细分还可以帮助企业更好地了解市场趋势和竞争情况，为企业制定更有效的营销策略提供支持。因此，在客户关系营销中，客户细分是一个至关重要的步骤。

2. 客户关系建立

在商业活动中，建立良好的客户关系是非常重要的。通过有效的沟通、了解客户需求和提供优质的服务，企业可以与客户建立长期、稳定的关系。以下是一些建立良好客户关系的技巧。

（1）了解客户需求

了解客户的需求和偏好是建立良好客户关系的基础。企业应该通过市场调研、接受客户反馈和定期与客户交流来收集信息，以便更好地了解客户的需求和期望。

（2）提供优质的产品和服务

优质的产品和服务是留住客户的关键。企业应该确保其产品和服务能够满足客户的期望，并且提供良好的售后服务，以增强客户对企业的信任和忠诚度。

（3）建立良好的沟通渠道

建立良好的沟通渠道是建立良好客户关系的关键。企业应该为客户提供多种沟通方式，如电话、电子邮件、在线聊天等，方便客户与企业联系。

（4）关注客户的反馈

客户的反馈是改进产品和服务的重要依据。企业应该认真听取客户的反馈，及时解决问题和改进产品和服务，以提高客户满意度。

（5）培养员工的客户服务意识

员工是企业与客户关系的重要组成部分。企业应该培养员工的客户服务意识，提高员工的服务技能和沟通能力，以便更好地为客户提供优质的服务。

（6）建立稳定的客户关系

建立稳定的客户关系是企业的长远之计。企业应该通过持续的沟通和互动，了解客户的需求和偏好，提供个性化的产品和服务，建立长期稳定的合作关系。同时，企业还应该关注客户的生命周期价值，为客户提供差异化的服务和产品，以保持客户关系的稳定和持续。

（7）建立快速响应机制

快速响应客户需求是提高客户满意度的重要因素。企业应该建立快速响应机制，包括提供 24/7 的在线客服、制定快速的产品和服务交付周期等，以便快速响应客户的需求和问题。同时，企业还应该建立问题解决机制，确保客户的问题能够得到及时解决和反馈。

（8）创造客户价值

创造客户价值是企业的使命和责任。企业应该通过创新、降低成本、提高效率等方式，创造更多的客户价值，提高客户的满意度和忠诚度。同时，企业还应该关注客户的非货币价值，如提供个性化的定制服务、赠送礼品等，以增加客户的归属感和忠诚度。

(9) 跟踪客户满意度

跟踪客户满意度是持续改进的重要环节。企业应该通过定期的客户满意度调查和评估，了解客户对产品和服务的需求和期望，以及客户对企业的评价和态度。同时，企业还应该制订相应的改进计划，根据客户的反馈进行产品和服务改进，以提高客户满意度和忠诚度。

(10) 持续优化业务流程

持续优化业务流程是提高企业效率和客户满意度的重要手段。企业应该根据客户需求和市场变化，不断优化业务流程和管理流程，提高企业的运营效率和产品质量。同时，企业还应该关注供应链管理，优化供应商管理流程，降低成本和风险，以提高企业的整体竞争力。

总之，建立良好的客户关系是企业成功的关键之一。通过了解客户需求、提供优质的产品和服务、建立良好的沟通渠道、关注客户反馈和培养员工的客户服务意识，企业可以建立良好的客户关系，提高客户满意度和忠诚度，从而实现长期稳定的发展(图 8.5)。

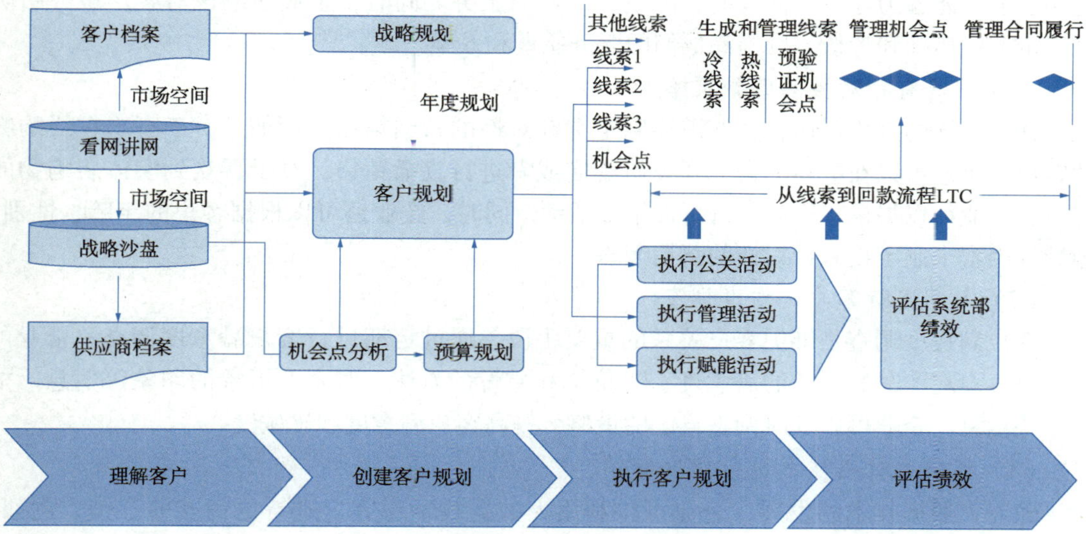

图 8.5 客户关系与业务管理关系

3. 客户关系维护

在商业活动中，客户关系维护是非常重要的一环。对于企业而言，不仅要拓展新客户，更要维护好与老客户的关系，以实现持续的商业成功。那么，如何维护好客户关系呢？以下是一些建议。

(1) 建立良好的沟通机制

与客户的沟通是维护关系的基础。企业需要建立起完善的沟通机制，包括电话、邮件、短信等多种方式，以便及时了解客户的需求和反馈，为客户提供更好的服务。同时，在沟通过程中，企业应该尊重客户的意见，积极倾听客户的需求，并尽可能地满足客户的需求。

(2) 提供优质的产品和服务

优质的产品和服务是维护客户关系的关键。企业需要不断提高产品质量和服务水平，以满足客户的需求。同时，在产品使用过程中，企业应该积极解决客户遇到的问题，提供完善的售后服务，增强客户的信任感和忠诚度。

(3) 建立客户忠诚计划

客户忠诚计划是一种有效的手段来维护客户关系。通过建立积分、会员等制度，企业为客户提供更多的优惠和福利，增强客户的归属感和忠诚度。同时，企业还可以通过客户忠诚计划了解客户的消费习惯和需求，为产品研发和服务提供参考。

(4) 不断改进和创新

在激烈的市场竞争中，企业需要不断改进和创新，以保持领先地位。在客户关系维护方面，企业需要不断了解客户的反馈和需求，针对不同的客户群体制定不同的策略，提供个性化的产品和服务。同时，企业还可以通过技术创新等方式提高产品和服务的质量和效率，以更好地满足客户的需求。

(5) 建立专业的客户服务团队

专业的客户服务团队是维护客户关系的重要环节。这支团队需要具备专业的知识、技能和态度，能够为客户提供及时、准确、专业的服务。同时，企业还应该对客户服务团队进行定期的培训和考核，以提高他们的服务质量和效率。

(6) 制定有针对性的营销策略

针对不同的客户群体，企业需要制定有针对性的营销策略。例如，对于喜欢在线购物的客户，企业可以在电商平台上开设旗舰店或者进行直播销售；对于喜欢到实体店购物的客户，企业可以提供优惠券、打折促销等活动。同时，企业还可以根据客户的年龄、性别、地域等因素来制定更有针对性的营销策略。

(7) 定期进行客户满意度调查

客户满意度调查是维护客户关系的重要手段。通过定期进行客户满意度调查，企业可以了解客户对产品和服务的满意度、对价格和质量的看法、对企业形象的印象等信息。根据这些信息，企业可以及时调整自己的策略，提高客户满意度和忠诚度。

(8) 利用大数据技术进行精准营销

随着大数据技术的发展，企业可以利用大数据技术对客户进行更精准的营销。例如，企业可以通过分析客户的购买记录、搜索记录等数据来了解客户的消费习惯和需求，然后针对不同的客户群体制定不同的营销策略，提高营销效果和客户满意度(图 8.6)。

总之，客户关系维护是企业成功的关键之一。通过建立良好的沟通机制、提供优质的产品和服务、建立客户忠诚计划以及不断改进和创新等方式，企业可以更好地维护客户关系，实现持续的商业成功。

(三) 客户满意度和忠诚度管理

1. 客户满意度测量

客户满意度测量是客户忠诚度管理的重要一环，它可以帮助企业了解客户对产品和服务的满意度，进而采取相应的措施提高客户满意度和忠诚度。

首先，要有效地进行客户满意度测量，企业需要制定合理的调查问卷，并选择合适的调查样本。问卷应该围绕客户的需求和期望展开，以了解客户对企业产品和服务的评价。同时，企业应该考虑调查样本的代表性和分布情况，以确保样本能够反映不同客户群体的

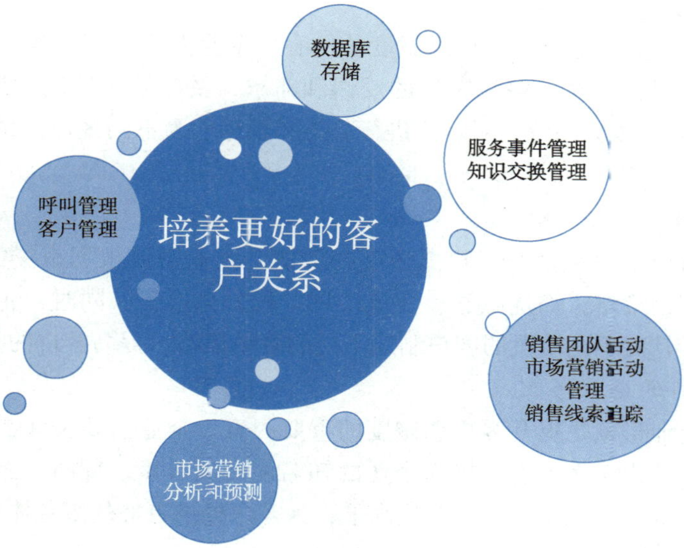

图 8.6　客户关系营销与客户关系管理

意见和反馈。

其次，在收集到客户反馈后，企业需要对数据进行整理和分析。通过对数据的解读，企业可以了解到客户对产品和服务的满意程度，以及客户的需求和期望是否得到满足。此外，企业还可以通过比较不同客户群体的反馈，发现不同客户群体的需求和偏好，进而制定更加精准的产品和服务策略。

最后，企业需要根据客户满意度测量结果采取相应的措施。对于那些不满意的客户，企业需要积极采取补救措施，例如提供额外的服务或者赔偿，以挽回客户的信任和忠诚度。对于那些满意的客户，企业需要继续保持优秀的产品和服务质量，并进一步挖掘客户的潜在需求和价值。此外，企业还可以通过奖励计划、会员制度等方式，激励客户继续购买企业的产品和服务，提高客户的忠诚度。

总之，客户满意度测量是客户忠诚度管理的重要环节，它可以帮助企业更好地了解客户需求和反馈，进而采取相应的措施提高客户满意度和忠诚度。

2. 客户忠诚度提升策略

在当今竞争激烈的市场环境中，客户忠诚度的重要性不言而喻。提升客户忠诚度是企业在市场竞争中取得优势的关键之一。下面将介绍一些有效的客户忠诚度提升策略。

(1) 了解客户需求

了解客户需求是提升客户忠诚度的关键。企业需要密切关注市场趋势和客户需求，通过市场调研、客户反馈等方式获取客户意见和建议，从而更好地满足客户需求。同时，企业需要分析客户的行为和偏好，制定个性化的产品和服务方案，提高客户满意度和忠诚度。

(2) 提供优质的产品和服务

优质的产品和服务是客户忠诚度的基石。企业需要不断提高产品质量和服务水平，确保客户获得满意的体验。同时，企业需要关注产品的创新和升级，以满足客户不断变化的需求。另外，提供附加值服务也是提高客户忠诚度的重要手段，如售后服务、客户支持等。

(3) 建立良好的客户关系

建立良好的客户关系是提升客户忠诚度的核心。企业需要与客户建立长期、稳定的关系，通过多种渠道保持联系，关注客户的反馈和需求，及时解决问题，提高客户满意度。同时，企业需要建立 CRM 系统，对客户进行分类和跟踪，为不同客户提供个性化的服务和关怀。

(4) 实施有效的营销策略

实施有效的营销策略是提升客户忠诚度的关键。企业需要根据市场需求和客户需求，制定有针对性的营销策略，如优惠券、会员计划、积分兑换等。同时，企业需要关注客户的生命周期价值，针对不同阶段的客户制定不同的营销策略，提高客户的复购率和忠诚度。

(5) 建立良好的企业形象

建立良好的企业形象是提升客户忠诚度的重要因素。企业需要关注品牌建设和社会责任，通过公开渠道传递正面信息，提高企业的知名度和美誉度。同时，企业需要关注客户体验和服务质量，提高员工素质和专业化水平，为客户提供更好的服务体验。

(6) 建立完善的客户支持体系

建立完善的客户支持体系也是提升客户忠诚度的重要举措。企业需要提供便捷、高效的客户支持服务，如电话、在线客服、邮件等，以便客户随时能够获得帮助。同时，企业需要关注客户反馈和投诉，及时解决问题，提高客户满意度。另外，建立客户支持知识库，为客户提供全面的解决方案和自助服务，也能有效提高客户忠诚度。

(7) 制订忠诚度计划

制订忠诚度计划是提升客户忠诚度的有效手段。企业可以根据客户需求和行为偏好，制订不同的忠诚度计划，如积分兑换、会员等级制度、优惠券等。通过这些计划，企业可以激励客户增加购买次数、提高购买金额、提高客户忠诚度。同时，企业需要关注客户生命周期价值，针对不同阶段的客户制订不同的忠诚度计划，保持客户持续消费和忠诚。

(8) 强化员工培训

强化员工培训是提升客户忠诚度的关键环节。企业需要关注员工素质和专业化水平，通过定期培训、技能提升等方式，提高员工的服务意识和能力。同时，企业需要建立良好的员工激励机制，提高员工满意度和工作热情，为客户提供更好的服务体验。另外，加强员工沟通与协作，提高团队整体素质和效率，也能有效提升客户忠诚度。

(9) 持续改进和创新

持续改进和创新是提升客户忠诚度的永恒主题。企业需要关注市场趋势和客户需求变化，不断优化产品和服务，以满足客户不断变化的需求。同时，企业需要积极探索新的业务模式和营销手段，不断创新产品和服务，提高市场竞争力。另外，企业需要关注行业动态和竞争对手的动向，及时调整战略和策略，保持竞争优势和客户忠诚度。

(10) 建立口碑传播机制

建立口碑传播机制是提升客户忠诚度的有力保障。企业需要关注客户满意度和口碑传播效应，通过优质的产品和服务、良好的客户关系等手段，积极引导客户进行口碑传播。同时，企业需要建立完善的口碑传播机制，通过线上、线下渠道积极收集客户反馈和评价，及时调整服务和营销策略，提高客户满意度和忠诚度。另外，鼓励现有客户介绍新客户也是提高客户忠诚度和市场占有率的重要手段。

总之，提升客户忠诚度是企业取得竞争优势的关键之一。企业需要从了解客户需求、提供优质的产品和服务、建立良好的客户关系、实施有效的营销策略以及建立良好的企业形象等方面入手，全面提升客户忠诚度(图 8.7)。

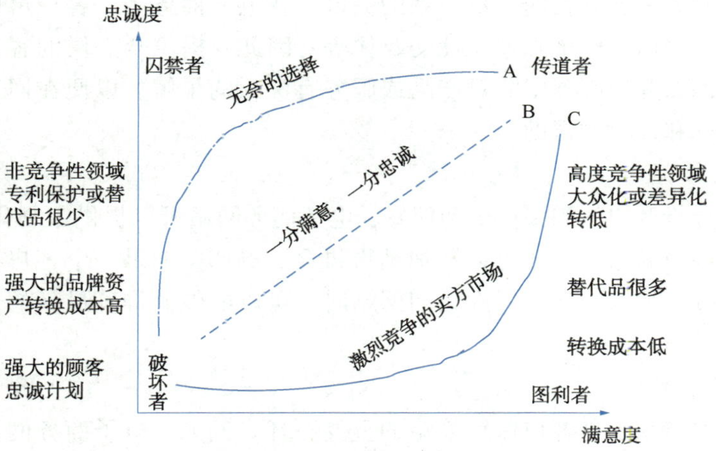

图 8.7 顾客满意度与忠诚度关系

(四) 客户关系管理理论在电子商务中的应用

1. 电子商务中客户关系价值模型

电子商务中客户关系价值模型是一个重要的概念，它可以帮助企业更好地理解客户的需求和期望，从而提供更好的产品和服务。该模型包括客户满意度、客户忠诚度和客户价值三个关键要素。

首先，客户满意度是客户对产品或服务的总体评价。它取决于客户对产品或服务的期望与实际体验之间的比较。如果客户的期望与实际体验相符，那么客户就会感到满意。因此，企业需要了解客户的需求和期望，并努力满足它们。

其次，客户忠诚度是指客户对企业的信任和承诺，以及对企业产品或服务的重复购买。客户忠诚度取决于客户满意度和客户信任度。如果客户对企业的产品或服务感到满意，并且信任企业，那么他们就会成为忠诚的客户。因此，企业需要建立良好的客户关系，提高客户的信任度。

最后，客户价值是指客户为企业带来的收益减去企业为客户提供产品或服务的成本。客户价值是企业获得竞争优势的关键因素之一。如果企业的产品或服务能够为客户提供更高的价值，那么客户就会选择该企业的产品或服务而不是竞争对手的产品或服务。因此，企业需要不断提高产品或服务的价值，并降低成本，以提高客户的价值。

总之，电子商务中客户关系价值模型是一个重要的工具，可以帮助企业更好地了解客户的需求和期望，并提高客户的满意度、忠诚度和价值。通过不断优化产品和服务，企业可以获得更高的客户价值，从而实现商业成功。

2. 电子商务中客户保留策略

在电子商务中，客户保留策略是至关重要的一环。客户保留不仅仅是保持客户的忠诚度和持续购买力，更是一种全面的策略，旨在通过提供卓越的客户服务、优质的商品和具有吸引力的优惠活动来满足客户的需求和期望。以下是一些有效的客户保留策略，可以帮助你保持客户满意度和忠诚度。

（1）提供优质的客户服务

优质的客户服务是建立长期客户关系的关键。在电子商务中，客户可以通过多种渠道与公司联系，包括电话、电子邮件、社交媒体等。因此，提供全天候的客户服务是至关重要的。此外，要确保客户服务团队对产品或服务有深入的了解，以便在回答问题或解决投诉时能够提供准确和及时的帮助。

（2）定制化推荐

通过收集和分析客户的购买历史和偏好，电子商务网站可以提供定制化的推荐和优惠。这不仅可以提高客户满意度，还可以增加销售机会。例如，如果一个客户在过去的几个月里一直购买运动鞋，那么当他们再次访问网站时，可以向他们推荐最新的运动鞋款式或相关产品。

（3）定期联系客户

定期与客户保持联系是客户保留策略的重要一环。例如，电子商务网站可以通过电子邮件发送新闻通讯、促销活动或独家优惠信息给客户。此外，还可以通过电话或短信与客户进行沟通，了解他们的需求和反馈，以便不断改进产品和服务。

（4）忠诚度计划

忠诚度计划是一种有效的客户保留策略，可以通过提供积分、优惠券或其他奖励来鼓励客户持续购买。这些奖励可以激发客户的积极情绪，提高他们的满意度和忠诚度。此外，忠诚度计划还可以帮助电子商务网站了解客户的购买习惯和喜好，以便提供更好的商品和服务。

（5）优化购物体验

优化购物体验是客户保留策略的重要组成部分。电子商务网站应该确保网站易于使用、界面友好且具有吸引力。此外，还应该提供多种支付方式、快速且安全的物流以及易于退换货的政策，以满足客户的需求和期望。

（6）个性化营销

通过利用大数据和人工智能技术，电子商务网站可以对客户进行个性化营销，即根据每个客户的兴趣、需求和购买行为，为他们提供定制化的产品和服务。例如，如果一个客户在之前的购物中显示出对时尚和潮流的偏好，那么电子商务网站可以在推荐和营销中重点突出这些元素，以吸引他们的再次购买。

（7）客户支持的及时性

客户支持的及时性对于客户满意度和保留至关重要。当客户遇到问题或投诉时，他们希望能够得到及时、准确和有效的解决方案。因此，电子商务网站应该建立高效的客户支持团队，以便在客户需要时提供支持。

（8）保护客户隐私和数据安全

保护客户隐私和数据安全是建立客户信任的关键。电子商务网站应该采取必要的措施来保护客户的个人信息和交易数据，确保它们不会被泄露或滥用。此外，电子商务网站还应该采用安全措施，例如，加密和安全套接字层(SSL)等技术，以确保客户交易的安全性。

(9) 提供多元化的产品和服务

提供多元化的产品和服务可以满足不同客户的需求和兴趣。电子商务网站可以通过扩展产品线、增加更多种类的商品或提供其他服务来吸引更多的客户。此外，电子商务网站还可以根据市场需求和趋势，不断更新和优化产品线和服务，以满足客户的不断变化的需求。

(10) 建立品牌形象和声誉

建立品牌形象和声誉是客户保留策略的关键。电子商务网站应该注重塑造品牌形象，包括建立网站标识、打造品牌故事、树立品牌价值观等。此外，电子商务网站还应该通过提供高质量的产品和服务、积极响应客户服务请求、积极参与社会公益等方式来提升品牌声誉，从而吸引更多的客户并保留现有客户。

总之，客户保留策略是电子商务成功的关键之一。通过提供优质的客户服务、定制化推荐、定期联系客户、忠诚度计划以及优化购物体验等多种策略，电子商务企业可以建立强大的客户关系，提高客户满意度和忠诚度，从而获得更多的商业机会和竞争优势。

六、案例研究

【案例一】亚马逊的客户服务、星巴克的客户体验

亚马逊以其卓越的客户服务而闻名于世。无论是在线上的购物网站，还是在实体店，亚马逊都致力于为顾客提供无微不至的服务。以高效的物流系统和便捷的退货政策为例，顾客可以通过简单的操作就能轻松地跟踪订单进度，或者在不需要任何理由的情况下轻松退货。这种以顾客为中心的服务理念，使得亚马逊在竞争激烈的市场中脱颖而出。

同样，星巴克也以其出色的客户体验而备受赞誉。从进入店铺的那一刻开始，星巴克的员工就会热情地欢迎你，并为你提供个性化的服务。他们会根据你的口味和喜好，为你推荐最适合的咖啡或食品。在等待咖啡制作的过程中，你也可以在店内享受免费的 Wi-Fi，看新闻、听音乐或者和朋友聊天。这种轻松愉快的购物体验，使得星巴克成为人们休闲和社交的首选场所。

这些公司的成功告诉我们，在当今的市场竞争中，仅仅依靠产品的质量和价格已经不足以取得成功。企业需要通过提供卓越的客户服务或创造良好的客户体验来增加产品的附加值，从而吸引和留住更多的顾客。

【案例二】苹果公司的售后服务

与前两个案例截然不同，苹果公司的售后服务在一些特定情境下饱受诟病。以下是一个具体的案例：一位客户的苹果笔记本电脑出现了突发的故障，他随即联系了苹果公司的售后服务团队。然而，他很快发现，要与售后服务团队取得联系并非易事，他不得不花费大量的时间与精力去尝试联系，而且往往需要等待相当长的时间才能得到有效的解决方案。尽管问题最终得到了解决，但客户对售后服务团队的服务态度和效率感到极

度不满。

这个案例鲜明地揭示了苹果公司在某些方面的不足，尤其是售后服务方面。尽管公司最终提供了解决方案，但客户对整个服务体验感到失望和不满。这种情况无疑对苹果公司的声誉和客户满意度构成了负面影响。这也提醒我们，作为一家全球知名的科技公司，苹果需要对其售后服务进行深思熟虑的改进和优化，以确保其客户能够得到及时、高效且专业的服务。

【案例三】阿里巴巴的客户关系管理

作为全球最大的电子商务公司之一，阿里巴巴的CRM一直是其业务成功的关键因素之一。通过有效的CRM，阿里巴巴能够吸引大量的客户，并保持较高的客户满意度和忠诚度。

(1) 客户数据收集和分析

阿里巴巴非常注重客户数据的收集和分析。通过分析客户的购物行为、浏览行为、搜索行为等数据，阿里巴巴能够了解客户的需求和偏好，从而为客户提供更加个性化的服务和产品。此外，阿里巴巴还通过分析客户反馈和评价，不断改进产品和服务，提高客户满意度。

(2) 多元化的客户服务

阿里巴巴提供多元化的客户服务，以满足不同客户的需求。例如，对于新客户，阿里巴巴提供一对一的咨询服务，帮助客户了解其产品和服务；对于老客户，阿里巴巴提供专属的客户服务团队，提供更加个性化的服务。此外，阿里巴巴还提供24小时在线客服，随时解决客户的问题和反馈。

(3) 客户忠诚度计划

阿里巴巴推出了一系列客户忠诚度计划，以吸引和留住客户。例如，阿里巴巴的“金牌会员”计划，通过为会员提供更多的优惠和特权，提高客户的忠诚度和购买力。此外，阿里巴巴还推出“积分兑换”计划，让客户在购物时可以获得积分，并可以兑换商品或服务。

(4) 客户关系管理系统的建设

阿里巴巴拥有完善的客户关系管理系统。通过该系统，阿里巴巴能够记录客户的交易记录、反馈和评价等信息，并对其进行深入的分析和挖掘。此外，CRM系统还可以帮助阿里巴巴提高客户满意度和忠诚度，提高销售业绩。

总之，阿里巴巴的客户关系管理是其业务成功的关键因素之一。通过收集和分析客户数据、提供多元化的客户服务、推出客户忠诚度计划以及建设完善的客户关系管理系统，阿里巴巴能够不断提高客户满意度和忠诚度，保持其在电子商务市场的领先地位。

在当今的商业环境中，客户服务和CRM至关重要。优质的客户服务能提高客户满意度和忠诚度，而高效的CRM能提升企业运营效率和服务质量。客户服务和CRM还能推动企业的创新和发展。随着科技的发展，AI和大数据在电子商务中的应用将引领未来的发展趋势。AI将改变客户服务的模式，提高效率并确保24小时运营，而大数据将加深对客户需求和市场趋势的理解，优化服务和营销策略。

课后习题

名词解释

1. 电商客户服务

2. 客户关系管理

3. 在线客服

4. 客户投诉

5. 服务质量

单项选择题

1. 电商客户服务的核心是(　　)。

A. 售前服务　　B. 售后服务　　C. 售中服务　　D. 所有以上服务

2. 客户关系管理的目的是(　　)。

A. 提高销售额　　B. 建立长期稳定的关系

C. 降低运营成本　　D. 提高品牌知名度

3. 在线客服的优势不包括(　　)。

A. 方便快捷　　B. 实时响应

C. 不受地域限制　　D. 无法提供个性化服务

4. 客户投诉处理的原则是(　　)。

A. 尽快解决问题　　B. 给予补偿或赔偿

C. 记录和分析投诉原因　　D. 所有以上原则

5. 服务质量的评估指标包括(　　)。

A. 服务的专业性　　B. 服务的效率性

C. 服务的安全性　　D. 所有以上指标

6. 电商客户服务中，建立信任和忠诚度的途径包括(　　)。

A. 提供优质的产品和服务　　B. 加强沟通与互动

C. 不断优化服务体验　　D. 所有以上途径

7. 客户关系管理中，建立完善的客户信息管理制度的作用是(　　)。

A. 提高客户满意度　　B. 方便客户交流和沟通

C. 提高客户忠诚度和黏性　　D. 所有以上作用

8. 电商客户服务中，采用先进的技术手段可以提高(　　)。

A. 服务质量和效率　　B. 服务成本和利润

C. 品牌形象和口碑传播　　D. 所有以上方面的表现

9. 客户关系管理中，持续改进和创新服务模式的作用是(　　)。

A. 提高客户满意度和忠诚度　　B. 降低运营成本和风险

C. 提高市场竞争力和地位　　D. 所有以上作用

10. 电商客户服务中，建立良好的客户关系需要从客户需求出发，这体现了(　　)。

A. 以产品为中心的理念　　B. 以销售为导向的策略

C. 以客户为中心的理念　　D. 以利润最大化为目标的策略

多项选择题

1. 电商客户服务中常见的服务方式有哪些？(　　)

A. 在线客服　　B. 电话客服

C. 邮件客服　　D. 社交媒体客服

2. 客户关系管理中建立长期稳定的关系需要哪些策略？(　　)

A. 个性化服务　　B. 加强沟通与互动

C. 建立信任和忠诚度　　D. 降低产品价格

3. 电商客户服务中提高服务质量的方法包括哪些？(　　)

A. 建立完善的服务流程和标准　　B. 培训专业的客服人员

C. 采用先进的技术手段　　D. 降低运营成本

4. 客户投诉处理的原则包括哪些？(　　)

A. 尽快解决问题　　B. 给予补偿或赔偿

C. 记录和分析投诉原因　　D. 忽略投诉信息

5. 客户关系管理中建立完善的客户信息管理制度的作用包括哪些？(　　)

A. 提高客户满意度　　B. 方便客户交流和沟通

C. 提高客户忠诚度和黏性　　D. 降低客户满意度

6. 电商客户服务中建立良好的客户关系需要从哪些方面入手？(　　)

A. 客户需求出发　　B. 提供个性化的服务

C. 加强沟通与互动　　D. 降低产品价格

7. 客户关系管理中持续改进和创新服务模式的作用包括哪些？(　　)

A. 提高客户满意度和忠诚　　B. 降低运营成本和风险

C. 提高市场竞争力和地位　　D. 降低品牌形象和口碑传播

8. 电商客户服务中常见的风险有哪些？(　　)

A. 假冒网站诈骗　　B. 虚假链接欺诈

C. “钓鱼”邮件攻击　　D. 产品质量问题

9. 客户关系管理中建立信任和忠诚度的途径包括哪些？（　　）

A. 提供优质的产品和服务　　B. 加强沟通与互动

C. 不断优化服务体验　　D. 忽略客户反馈意见

10. 电商客户服务中常见的支付方式有哪些？（　　）

A. 网上银行支付　　B. 第三方支付平台支付

C. 移动支付　　D. 货到付款

简答题

1. 电商客户服务的重要性是什么？

2. 电商客户服务中常见的服务方式有哪些？

3. 如何建立良好的 CRM？

4. 电商客户服务中如何处理客户投诉？

5. 电商客户服务中如何提高服务质量？